REDEFINE EVERYTHING

重新定义一切

如何看待信息革命的影响

信息社会 50 人论坛◎主编

中国财富出版社

图书在版编目（CIP）数据

重新定义一切：如何看待信息革命的影响 / 信息社会50人论坛主编．—北京：中国财富出版社，2017．12

ISBN 978-7-5047-4899-7

Ⅰ．①重… Ⅱ．①信… Ⅲ．①信息革命—研究 Ⅳ．①G202

中国版本图书馆CIP数据核字（2017）第314725号

策划编辑 刘 晗　　责任编辑 张冬梅 郑晓雯
责任印制 石 雷　　责任校对 孙会香 卓闪闪　　责任发行 董 倩

出版发行 中国财富出版社
社　　址 北京市丰台区南四环西路188号5区20楼　　邮政编码 100070
电　　话 010-52227588转2048/2028（发行部） 010-52227588转307（总编室）
010-68589540（读者服务部） 010-52227588转305（质检部）
网　　址 http：//www.cfpress.com.cn
经　　销 新华书店
印　　刷 北京京都六环印刷厂
书　　号 ISBN 978-7-5047-4899-7/G·0697
开　　本 710mm×1000mm 1/16　　版　　次 2018年4月第1版
印　　张 17　　印　　次 2018年4月第1次印刷
字　　数 287千字　　定　　价 58.00元

为什么要重新定义

在理事会要最后讨论这本书的内容时，我还没有想好书名。最后浏览一遍，便有一句话跳了出来：重新定义一切！果然，这个提名被一致通过了。

信息社会50人论坛每年都要从成员的最新研究成果中选出一些文章，汇编成一本书。刚开始我们称之为年度报告，当然也可以算是一本文集，被选取的文章不一定有多高深的研究水平，有些甚至只是作者在某个讨论会上的即席发言。看似很随机甚至很随便，但集合在一起时便有了灵魂、有了主线。你可以从中感受清晰的时代脉动，攫取跳动的智慧火花，进而绘出迷人的知识图谱。毕竟，这是一群关注未来的思考者的思考结果。

我们不熟悉的东西来得太快，而熟悉的东西又消失得太快，这就是我们所处的这个时代的基本特征。变化越快，未来的不确定性就会越多，人们对关于未来的思考的需求就会越强烈。机器人会不会让更多的人失业？人工智能会不会成为我们最可怕的敌人？基因研究突破真的会让人的寿命延长一倍吗？大数据是否会开启一个新计划经济时代？共享经济是引领人类走向大同还是导致经济走向崩溃……当然，我也想问一个问题：这些问题是切中要害、严肃认真，还是似是而非、滑稽可笑？如果有答案，也许只能是：也是，也不是。

30多年前托夫勒夫妇在《未来的冲击》中就有这样的描述：在太短的时间内发生太多变化，会给个人和社会带来心理问题和精神上的不稳定。这个论断对于当下的中国和世界同样有参考价值。

对变化的渴望与对稳定的需要，始终处在对抗状态，这是这个时代的另一面。实践的快速发展使得理论、政策、治理显得滞后是一回事，理性而故意地拒绝接受变化是另一回事。好在这种对抗预计不会持续太久了，因为越来越多的人开始强调要重新定义了。

动手写这个序之前，我没忘记上网搜一下关于重新定义都已经有了哪些书。尽管有了心理准备，但结果还是不免有些吃惊——好像大多数事物都被人家重新定义过了！从被定义项看，看到的书名就包括但不限于以下清单：

产品被重新定义了，比如汽车、自行车、马桶、冰箱、洗衣机、啤酒、住房等；

产业被重新定义了，比如农业、制造业、商业、服务业、银行、保险、医疗、教育等；

要素被重新定义了，比如组织、人才、团队、安全、文化、战略、品牌等；

模式被重新定义了，比如商业逻辑、股权激励、薪酬绩效、营销、售后服务、无人商店等；

经济和社会被重新定义了，比如 GDP（国内生产总值）、社会财富、世界、现代化、未来等；

人生被重新定义了，比如工作、生活、学习、就业、创业、旅游、养老等。

更有意思的是，就连定义的主体也被重新定义了，比如有人在重新定义互联网、移动互联网、大数据、云计算、人工智能、区块链等，大有“你敢定义，我就敢重新定义”之态势。如果较真儿拿起这些书翻上几页，很快就会哑然：原来熟悉的可以重新定义，不熟悉的也可以重新定义。

不管怎样，这是一件好事，毕竟越来越多的人开始接受变化、思考变化，越来越多的人知道原来的定义过时了。

我们所熟悉的一切都与过去不一样了，所以需要重新定义。

在思考如何重新定义时，这本书也许能提供一些帮助。

是为序。

张新红

2017 年 12 月 8 日

目录

第一编　信息社会与理念创新

第二编　分享经济与模式创新

第三编　科技进步与实践创新

第四编　互联网治理与制度创新

国家信息中心：全球信息社会发展报告 2017

国家信息中心：中国信息社会发展报告 2017

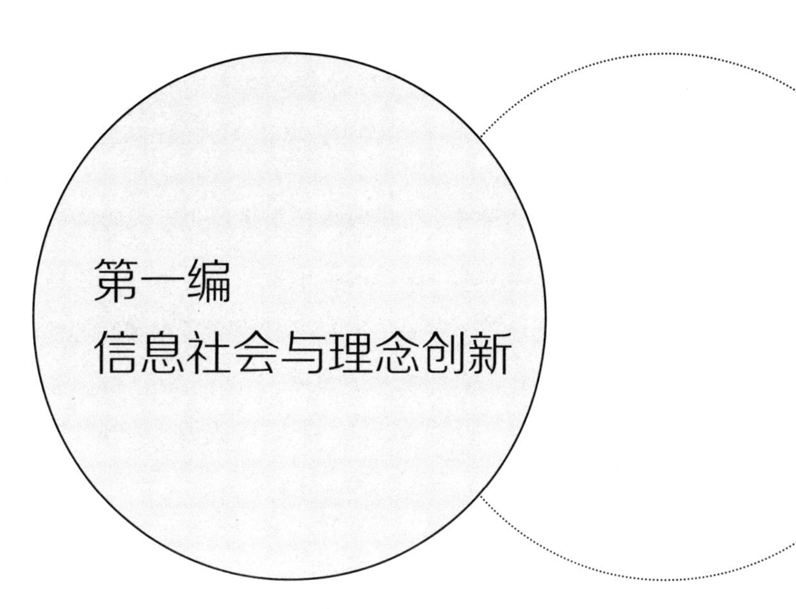

第一编
信息社会与理念创新

杨培芳　构建网络信息生产力时代的协同市场新经济模式

梁春晓　互联网革命重塑经济体系、知识体系与治理体系

——对信息技术革命颠覆性影响的观察

段永朝　意义互联网

——新轴心时代的核心思想

邱泽奇　中国“网民”

——完全的经济，一半的社会

胡　泳　互联网与“观念市场”

陈德人　从马云“五新”之争看新经济的本质

张国华　互联网时代需要重新定义“征信”

杨培芳

构建网络信息生产力时代的协同市场新经济模式

杨培芳，信息社会50人论坛理事，中国信息经济学会名誉理事长，信息社会50人论坛发起人之一，教授级高级工程师。杨培芳长期从事信息通信领域经济与政策研究，1992年获国务院津贴和突出贡献专家称号，曾任国家信息技术政策起草组成员，国家S－863高技术发展规划核心组成员，负责和参与多项信息产业领域改革与发展课题研究，2014年被《经济学家周报》评为年度十大著名经济学家之一。代表论著有《网络协同经济学——第三只手的凸现》《网络钟型社会——公共理性经济革命》《挽在一起的手》等。

2016年5月17日，习近平总书记在哲学社会科学工作座谈会上指出，“这是一个需要理论而且一定能够产生理论的时代，这是一个需要思想而且一定能够产生思想的时代”①。2016年4月19日，习总书记又在一次重要会议上提出，“网信事业代表着新的生产力、新的发展方向，应该也能够在践行发展理念上先行一步”②。面对网络信息生产力的迅猛发展，我们必须努力实现理论创新和经济模式创新，才能真正抓住时代赋予我国的历史机遇。

---

① 2016年5月17日，习近平总书记在哲学社会科学工作座谈会上的讲话。

② 2016年4月19日，习近平总书记在网络安全和信息化工作座谈会上的讲话。

一、互联网精神并不支持新计划经济

20 世纪 70 年代，英国学者斯蒂芬·博丁顿就在《计算机与社会主义》一书中提出，计算机和数字技术很可能与私有制的市场经济不相容，并且系统提出了基于计算机的新计划经济概念。后来国内外经常有学者提出用大型计算机“召回计划经济”的主张。最近又有人提出，“未来 30 年，计划经济的成分会越来越大”。甚至还有人认为，共产主义将在我们这一代实现，一个重要特征就是“公司全部国有化”！

其实 20 世纪 80 年代我国就有人提出，利用大型计算机建立国民经济控制中心，实行新计划经济。1988 年在全国情报所长软科学培训班上，有位控制论专家大讲“国民经济精细控制论”，他认为我国经济一放就乱、一控就死，主要是因为精细控制能力不足，应该采用大型计算机找到最优控制点，从而摆脱欠控制和过控制状态。我在他后面讲了 7 个小时的《信息服务经济学》，认为靠一个控制中心，永远找不到最优控制点，必须采用分布化信息关联方案，实现国民经济的稳定次优发展。也就是在那次讲话中，我首次提出了“信息经济协同论”观点。

无独有偶，20 世纪末，许多国家都面临计算机网络建设方案的选择问题。当时有两个选项，一个是集中发展大型、巨型计算中心方向，一个是小型、微型计算机网络方向。法国选择了国家计算中心数据库加专用可视图文终端系统，由法国电信公司安装了 600 多万个专用终端设备。需要上网的人必须到当地邮电局，通过可视图文系统检索中央数据库的各类信息。2000 年我去法国访问，问到这个问题，法国电信告诉我，他们先是进行互联网改造，结果用了两年时间才改造了 40 万个终端，最后决定全部拆除，重建互联网体系。

现在好多人在讲互联网思维，但是里边掺杂了许多互联网企业的营销理念。我一直提倡互联网的时代精神，它是与耕牛镰刀、动力机械时代相比较而言的。耕牛时代精神是分散封闭，机械时代精神是集中垄断，互联网时代精神是开放共享、扁平关联和协同互利。纵观人类社会信息结构的演化，经过了中心辐射（广播）方式、分级控制（电信）方式，正在走向扁平关联

（互联网）方式。我多次讲，广播方式代表落后的生产力，电信方式代表比较落后的生产力，只有互联网方式代表当代最先进的生产力。多年前我参与了中国长途电话城市编号的制定工作，为了满足工业宝塔型五级汇接网络，北京独占01冠号，上海、广州、沈阳、西安等八大城市分享02，其他省会城市分享03和04，还有地市级城市依次类推，分配极不合理。记得当时就有专家提出应该按照大区网格划分，比如华北用01，东北用02，华东用03……当时没有受到重视。前几年还有几个城市向国家要026城市冠号，我告诉他们这没有任何意义，因为移动电话号码已经淡化了地域概念，现在视频通话都已经非常普及了，连境内境外都分不出来。

信息结构映射出经济结构的演化规律，集中计划经济只适合生产力尚不发达的短缺经济阶段，它既不适合宝塔结构的工业时代，更不适合扁平关联的信息时代。严肃分析新计划经济的提出背景及其理论特征，人们只能得出这样的结论：新计划经济就是利用计算机大数据系统，实现加强型集中计划经济，显然，互联网的时代精神并不支持这种新计划经济。

二、应该认真面对西方市场经济理论的迷失

进入21世纪以来，世界经济遭遇到前所未有的难题——经济下滑、环境污染、灾害频发、贫富差距明显拉大。面对这些难题，源于工业时代的经济学除了在自由市场和政府干预之间“面多加水，水多加面”，完全拿不出有效的药方。

著名经济学大师布坎南说，现代经济学“已经迷失了救世的激情和公平的梦想”。经济学家科斯也感慨，经济学沦为了“飘在空中的学问——已经坏掉了”。另一位经济学家斯蒂格利茨则明确提出，“一旦引入不完备市场和不完全信息这些更接近现实的假设以后，新古典经济学和帕累托效率的论点就站不住脚了”。可见现代经济学已经不能适应信息时代的新经济规律，集中体现在以下三个方面：一是信息经济的共享特征给资源稀缺假设带来挑战；二是日益增加的社会信息成本对信息对称假设形成挑战；三是互联网协同精神对贪婪利己的理性经济人假设的挑战。

两个半世纪以来，经济学理论的发展，从李嘉图到凯恩斯，从马歇尔到

科斯，无不源于亚当·斯密的“看不见的手”和“利己之心能够产生利他之果”的悖论，这是亚当·斯密最主要的贡献。为了摆脱中世纪的“神创论”的统治理念，亚当·斯密旗帜鲜明地为个人利益正名，在那个年代无疑是积极的、进步的、有重要意义的。然而，这个理论鼓励无节制的自私和贪婪，就为后来的社会留下了祸根。借用圣雄甘地的话说：“地球可以满足人类的需要，但是满足不了人类的贪婪！”张五常先生在《经济学为何失败》的讲演中也提出，亚当·斯密并不认为人性本私，而是说在那个时代，不自私不行，现在的时代不一样了，“自私可以使人类发展，也可以使人类毁灭”！

以新古典经济学为代表的亚当·斯密的后继者们，不但没有进一步解决他留下来的议题，反而用简单化、绝对化的方式把原本留有巨大缺陷的理论推向极端和荒谬。先是道金斯通过论证认为自私就是人类的本性，接着就是萨缪尔森认为：均衡的最一般的意义是指经济事物中有关的变量在一定条件的相互作用下所达到的一种相对静止的状态。我们可以清楚地看到新古典主义经济理论追求静止的思维方式和理念，也就不难理解，为什么西方经济理论会走到如此脱离实际的地步。正是这样的理念，导致了今天世界各地的经济，从理论到实际的种种乱象。

对于新古典主义的突破，影响最大的无疑就是“凯恩斯革命”。针对20世纪30年代的经济危机，凯恩斯在1936年出版的名著《就业、利息和货币通论》中提出的变革方案是非常实际的。它突破了只考虑“看不见的手”的偏向，承认和重视政府的干预，为新政提供了理论依据。然而凯恩斯并没有深入到最根本的理念，也没有对政府这只“看得见的手”带给经济的负面影响做深入探索。正因为这样，到了20世纪80年代，出现了市场原教旨主义的大幅度回潮。正如朱特在《沉疴遍地》里所描述的，在这三十多年里，西方世界危机频发，贫富差距急剧扩大，社会矛盾加深。

1991年诺贝尔经济学奖得主科斯被西方认为是现代产权理论的创始人、新制度经济学的代表。他一生所致力考察的不是经济运行过程本身，而是经济运行背后的财产权利结构，即运行的制度基础。他的产权理论发端于对私有制度含义的界定，通过对私人产权的定义，从法律和经济的双重角度阐明了私有产权理论的合规性。

科斯认为，产权不明晰的社会一定是一个效率绝对低下、资源配置绝对无效的社会。另一位诺贝尔经济学奖得主 G. 斯蒂格勒将科斯的上述思想概括为科斯定理，这一概括虽不是科斯本人做出的，却被许多经济学家所承认，并将其与 19 世纪的萨伊定理相提并论。新制度经济学的基本假定不仅是在经济交往中存在追求利益最大化的“理性的人”，还运用了占据西方经济学方法论主流的个人主义还原论。由此造成的直接后果，就是他们的经济思想还是与现实经济生活相去甚远。科斯认为保留公共领域就是公地悲剧，都应该私有化。但是随着现代社会基础设施和公共服务平台经济的扩展，公共领域越来越多，而不是越来越少。许多学者开始质疑，土地可以是地主的，工厂可以是资本家的，互联网是谁的？科斯理论不能回答这个问题，而且连他赖以获得诺贝尔经济学奖的无线电频谱私有化的主张，也正在被“网络中立”的社会化理论所代替。

三、必须同时超越凯恩斯主义和达尔文主义

传统市场经济有五大缺陷：一是必然造成周期性经济危机；二是解决不了日益扩展的公共产品和公共服务问题；三是有钱人的子女可以上最好的学校，造成人生起点的不公；四是有钱人可以请最好的律师，破坏法律面前人人平等；五是不可避免地造成贫富分化，使社会失衡。面对这些实际问题，各国只能在自由市场和政府干预之间采取“面多加水，水多加面”的实用主义政策。

但是进入 21 世纪以来，欧美经济一蹶不振，皮凯蒂的《21世纪资本论》集中揭示了以美国为代表的西方经济和社会的弊端。人们开始厌倦这种交替经济政策的许诺，使欧盟面临解体的危险，美国人则选举出一位没有政治素养的房产商当总统，由此开始了反开放、反全球化的倒行逆施政策，让美国一步步退出经济第一强国的宝座。

由于西方经济学面对新一轮世界性经济危机无能为力，许多大学发生了学生示威游行，要求全面修改经济学教材。斯蒂格利茨曾经深刻提出，凯恩斯主义和达尔文主义都难以保证市场的长期活力，我们正在接近一种新的哲学，它将为未来指明方向。

计划经济的核心价值是利他主义，市场经济的核心价值是利己主义。利

他的结果是阶级固化和集体贫困；利己的结果是两极分化，利润与贫穷同时增长。经济学家约翰·纳什认为，如果人类的本能只有自私贪婪和不合作动机，那么人类社会不可能进化到现在的程度。美国另一位著名供给派经济学家乔治·吉尔德说，在亚当·斯密的笔下，市场经济的主导者不是那些有智慧的企业家和有创造力的商人，而是以扩大私利为目标的理性经济人。实际上，随着信息日益透明，价格的形成必须考虑各方的利益（互利）。他说，现在成功的企业家除了个别之外，他们不但不贪婪，反而工作努力，生活节俭，远远超过学界人士、华盛顿智库人员和教会群体。他们的成功仅仅源于他们真诚地为消费者提供服务和消费者给他们应有的回报。

可见，随着信息日益透明，只有建立平等交易、互利共赢的新商业模式，市场主体才能获得合理持久利益。默克制药集团的缔造者乔治·W. 默克经常告诫他的员工：应当永远铭记，我们旨在救人不在求利，但利润会随之而来。马云也说，现在一个市场主体的成功，必须建立在相关主体也要成功的基础之上。也有学者用计算机多元博弈模型证明，利他主义和利己主义都不可持续，社会将进入只让持“一还一报、平等互利”态度者发财的时代！

四、新经济时代需要新经济理论

当前虽然许多国内外学者开始反思西方经济学的失败，但是面对强大的主流经济学体系，声音依然微弱。乔治·吉尔德说：“亚当·斯密的后继者们提出了均衡理论和自发秩序原理，提出了‘看不见的手’和完全竞争，提出了供给和需求理论，提出了市场机制的奖励与惩罚。而在高通通信公司的影响下，我逐渐偏离了这些传统经济学理念，开始研究以非均衡和无秩序、以信息和噪声为基础的新型经济学，并且认为这类新型经济学才是理解人类经济发展的关键路径。”然而，就是这样一位当年为里根和撒切尔政府改革提供了理论依据的经济学巨匠，他的“新型经济学”理论在中国的社会影响甚至还比不上一些天马行空的未来学家。

美国学者杰里米·里夫金直接从信息技术革命的视角批判了科斯的产权私有化理论。他在《零边际成本社会》一书中写道，科斯的非凡成就恰恰是关于频谱私有化的论文，他主张将全部频谱一次性出售，供商业企业专有使用或在市场上进行交易。FCC（美国联邦通信委员会）采纳了科斯的主张，通过拍卖频谱为联邦财政带来数十亿美元的收入，他们的想法是使政府和私人企业从中受益。但事实上，这种论调非常失败：他们一方面反对政府补贴，另一方面却对私营企业近乎以垄断地位从事公共事业的现象视而不见，大量政府税收补贴被这些企业收入囊中（2008—2010 年，天然气和电力获得政府补贴超过 310 亿美元，通信获得 300 亿美元，油气管道获得 240 亿美元）。

将公共资源私有化的主张基于频谱资源稀缺的假设，"但是这种假设在 20 世纪 90 年代就开始崩溃，因为新技术可以将频谱从稀缺资源转变为过剩资源。即便频谱资源不会成为无限资源，那也无疑是一种可再生资源，它的使用成本几乎为零"。里夫金说："许多新一代学者都不认同科斯的观点，他们认为，如果将频谱资源出售给私营领域，电信巨头将囤积大量频谱，从而形成垄断。这就增加了电信巨头对全国通信渠道的控制力度，剥夺了数百万消费者和数十万企业低价通信的权利。他们支持第三种方案，也就是使国家通信脱离政府和市场的控制，称之为协同网络（网络中立）的新管理模式，该网络化的共有权将成为全新协同经济时代的管理机构。"

里夫金还提出了一个产权之问：谁是互联网的所有者？他说："网络基础设施的建设资金，来自富裕资本家和公司股东的并不多，大部分资金来自数百万消费者和纳税人。谁是互联网的所有者？实际上可以说每个人都拥有互联网，也可以说互联网不属于任何人。尽管互联网的前提是由一些大公司铺设电缆、提供有线和无线连接，但是此外还存在大量非营利网络组织提供内容服务。在那里，访问和发送各种形式的信息边际成本都接近于零。"① 《信息时代三部曲》的作者曼纽尔·卡斯特则更明确地指出："如果实行信息私有制和数据垄断，互联网绝不会有今天的发展规模和速度。信息财富增值需要充分共享的特性，提出了信息财富社会化的内在要求。"

作为社会学家，里夫金提出的"协同共享"的经济模式，与我们的研究结论有许多重合之处。里夫金指出了物联网的零边际成本规律促成协同共享的趋势，但对于协同共享经济的内部机理，以及运作方式的研究和描述非常模糊，尤其是他的免费理论，仍有乌托邦之嫌。虽然他提出的第三只"互助

① 杰里米·里夫金. 零边际成本社会（第二版）［M］. 北京：中信出版社，2014.

之手”和“网络协同治理”等概念很有创意，但也需要理顺机理和机制。

除了国外的新经济学理论之外，国内也有许多颇有成效的研究。以中国信息经济学会为主要代表的中国新经济学派，自2010年开始发表了《新商业模式宣言》，出版了《新商务系列丛书》和《中国经济向何处去——基于信息经济学的分析》，重新梳理了信息生产力的概念，主张在信息生产力的基础上变革传统生产关系，构建互联网时代以社会协同、公共理性和互利主义为核心的新经济理论体系。

如果说西方理论偏向机械的、静止的终极概念，在机器生产力时代取得了重大成功，那么东方理论则更关注变化的、模糊和不确定性的事态，却失去了主推工业社会发展的机会。然而人类从硬邦邦的工业社会向充满流变的信息社会转型的过程中，新理论体系很可能在东方大国土壤里萌生！

五、打造协同市场新经济理论基石

150年前，早期经济自由主义者巴斯夏就发现产权运动的取向不总是流向私人领域，而主要是从私人领域流向公共领域，最后形成“自愿共同体”；而马克思主义的最高目标是实现“自由人联合体”。然而，由于时代的局限性，他们都过于理想，随着机器生产力的发展，他们的后人有人记住了“自愿”，忘掉了“共同”，有人记住了“联合”，忘掉了“自由”，进入了要么被资本绑架，要么被权力绑架的双重陷阱。如今，信息生产力的快速普及，人们一定会摆脱权力和资本的双重绑架，在网络透明、并发博弈和公共理性的基础上创建一个“协同市场”新经济理论体系。这个体系至少应该包括新价值论、新结构论、新经济统计、新经济伦理、新公共平台、新货币理论、新产权理论、新规制理论8个方面。要对200多年形成的传统经济理论体系进行解构和扬弃，并构建信息时代的新经济理论体系，无疑是一项浩大的工程。这里我们可以先针对三个最核心的问题做一些初步剖析。

1. 新价值论

100多年来，人们对于劳动创造价值还是资本创造价值一直争论不断。后来有人修改柯布－道格拉斯生产函数，认为劳动、资本和组织要素三者同时创造价值。但是资本是什么？组织又是什么？它们又与过去的劳动和马克思定义的高级劳动有什么关系？

另一个基本问题就是价值与供需关系。西方经济学的三大基石之一就是假定资源稀缺和欲望无限，从而才在供需关系上形成价值和价格。但是在信息经济领域，主要基础资源不再是钢铁、石油、稀有金属等稀缺资源，而是沙子（硅）和知识。从根本上讲，它们不再受稀缺的约束。有人说有用的知识还是稀缺的，消费者的注意力也是稀缺的，但是知识和注意力都是可以无限增长和分割共享的，不会有知识穷尽和注意力耗光的那一天，它与经济学的资源稀缺是完全不同的两回事。

2. 新经济伦理

农业时代的经济伦理是利他主义，工业时代的经济伦理是利己主义，而信息时代的新经济伦理是互利主义。它并不是源于人们的良好愿望，而是信息生产力的迅猛发展，互联网的协同互利精神快速普及使然。但是这种互利主义观点一时很难被现代人接受，有的人坚持认为人的本性就是自私，每个人的利益最大化就是全社会的利益最大化。有的人又坚持认为，人之所以能够达到统治地球的地位，就是因为人天生具有自我牺牲的集体主义精神，生活在未来社会的人们可以只讲奉献，不需要索取，甚至幻想回到毫不利己、专门利人的年代。

随着时代的推移，人们已经厌倦了学界的两种背书。许多理论前沿例如人脑科学、经济博弈、量子理论研究结论既不支持利己主义，也不支持利他主义，而是指向互利主义。甚至有科学家发现宇宙结构类似人脑，既非鸡蛋（中心论）结构，又非宝塔（分级）结构，而是扁平关联的一张无比巨大的“以太之网”。

3. 新产权理论

现代股份制企业经历了三个重要发展阶段：第一阶段，股权所有者（股东大会）是企业的最高权力机构；第二阶段，职业经理人（董事会）是最高权力机构；第三阶段，社会监督者（监事会）是最高权力机构。产权包括所有权、支配权和使用权，随着持股者日益分散，企业所有权正在被淡化，使用权正在被强化。尤其是正在向各类传统领域扩张的互联网服务业，产权越来越模糊。你的服务器、路由器，你的手机或者网络终端设备，如果不相互关联就没有任何价值！只有去资本化、去国家化，逐渐走向社会化，才符合信息时代产权运动的基本规律。

六、协同市场经济的微观基础是社会化企业

农业生产力的主要特征是分散封闭，工业生产力的主要特征是集中垄断，信息生产力的主要特征是协同互利。信息生产力发展必然导致生产关系和经济制度的根本变革。

从20世纪80年代开始，一场公共企业自由化运动席卷全球，许多国家的铁路、通信、电力改革都跟着英美，走过了一条取消管制（de－regulation）—重建管制（re－regulation）—回归垄断（re－monopoly）—新型管制（new－regulation）的弯路。2015年2月6日，美国FCC公布了全新的“网络中立”方案。该方案把ISP（信息服务提供商）重新归到公共企业下面，这意味着它们将需要接受跟电话、水、电公司同等的监管政策。如果这套方案通过，那么通信业将无法再通过提供信息快速通道而谋取市场利益。学者们认为，这个法案的实施过程肯定会遇到强大的阻力，很可能经过反复修改和长期争辩，才能达成共识。果然，这项法案最终还是被废除了，让互联网企业脱离规制与监管，再次回到经济自由主义轨道。但是，落后的生产关系和社会制度，不可能长期阻碍先进生产力的发展。

中国基础设施并没有完全跟随英美进行完全自由化改革，而是引入适度竞争和有效监管，由强大市场需求拉动了快速发展。现在中国政策已经明确，交通、通信、能源均属于公共基础设施，必须通过混合所有制改革走向社会化发展道路，这是第一类社会化企业。第二类社会化企业是随着互联网向各行业、各领域的渗透，形成了各类生产、服务平台，也正在凸显其基础性、公共性和社会性，正在走向社会化发展道路。第三类社会化企业（也称为共益企业）是某些商业性企业自觉承担足够的公益、环境、安全等社会责任。

社会化企业有三个共同特征：第一个特征是它们都以社会效益为首要目标，但不拒绝获取合理的利润，而是以低费微利的经营模式为消费者或全社会提供普惠商品和服务；第二个特征是比一般商业企业承担更大社会责任；第三个特征是它们都以混合所有制形式，最终走向联合起来的社会所有制。

随着财产所有权日益淡化，支配权和使用权的重要性正在凸显，投资主体多元化和利益主体多元化是协同经济体制的内在要求。协同经济将排斥按出资额多少、由出资多的人握有决策权的制度，让财产摆脱了排他性所有权的束缚，通畅地为社会支配和使用。

被认证的社会化企业有对等的权利和义务，一是要接受社会专门机构的监管，二是要依据专项法律和政策，在占地、破路、入场以及税收抵扣等方面享受相应优惠。

这条路能不能走好，还需要克服一个重大障碍，那就是传统理论只有国家空间和私人空间，基本没有公共空间。经济实体也只有国有企业和民营企业，它们几乎都以利润最大化为首要目标，尤其缺少社会化公共企业的理论支撑和制度保证。面对信息生产力的迅猛发展，我国必须大力提倡理论创新和制度创新，率先推动社会化企业的相关立法的规制。唯有如此，才能催生更多社会化企业，为实现公平、高效的信息社会提供微观基础。

信息生产力的快速发展和普及进一步促使生产高度社会化，必然要求财产权突破原有的私有还是公有的界定，走向“由社会直接占有和直接管理”。我国经济已从高度集中的计划经济体制转向社会主义市场经济体制，党的十六届三中全会明确提出“使股份制成为公有制的主要实现形式”，十八届三中全会又提出混合所有制改革思路，表明了我国产权制度必须坚持社会化改革方向。要加快混合所有制改革，淡化国企和民企的概念，建议将企业重新分成商业竞争类、公共基础类和公益服务类。对同一类别的企业，不论国有还是民有，实行相同的法律和政策监管，同时享受相同的政策待遇，这有利于越来越多的社会化企业采用免费或低费微利运营模式向更多民众提供公共产品和基础服务。

其实恩格斯早就预料到，“只能是在事实上承认现代生产力的社会本性，因而也就是使生产占有和交换方式同生产资料的社会性相适应。而要实现这一点，只有由社会公开地和直接地占有已经发展到除了社会管理不适应于任何其他管理的生产力”①。马克思和恩格斯所处的时代没有互联网，他们设想的由社会公开地和直接地占有并管理的生产力也不可能在蒸汽机和电气化阶

---

① 资料来源：《马克思恩格斯选集（第三卷）下册》。

段实现。只有进入信息生产力时代，这个新型生产关系和经济制度才有可能实现。因为互联网既不适合私人独占，也不适合国家垄断，而是必须“在协作和对土地及靠劳动本身生产的生产资料的共同占有的基础上重建联合起来的个人所有制”①。而互联网的开放共享、扁平关联精神就是以联合个人为核心的“协同市场经济”模式的接生婆和助产士。

① 资料来源：《资本论（第1卷）》。

梁春晓

互联网革命重塑经济体系、知识体系与治理体系

——对信息技术革命颠覆性影响的观察

梁春晓，信息社会50人论坛理事，阿里研究院高级顾问、学术委员会主任，电子商务、互联网经济和信息社会领域专家，提出新经济“三位一体”、从“三次产业”到“三层生态”、信息经济三动力、电子商务经济体、电子商务四阶段、网规、电子商务服务、电子商务生态和电子商务以商务为本等重要观点和概念，主持或参与国家发改委“中国信息经济发展趋势与策略选择”和“电子商务发展‘十一五’规划”、商务部“中小企业电子商务应用”、中国工程院“现代服务业信息化战略研究”等重要课题，主编或著有《电子商务服务》《信息经济与电子商务知识干部读本》《电子商务——从理念到行动》《电子商务导论》《电子商务纵横谈》等。

20世纪末以来的信息技术革命，已经深切地影响到当下每一个人，最直观的体会，就是智能手机带给我们生活的便利。一部手机，不仅能完成最一般的实时交流功能，还可以整合生活、学习、工作和娱乐等多项需求。然而，在享受信息技术带来的便利的同时，需要更深刻地认识到信息技术给整个社会带来的颠覆性影响，分析其对当下生产形态、分配形态和消费形态以及人们生活方式产生的影响及其基本逻辑，由此，才能认识到信息技术对于推动人类社会发展、定义时代主题的基础性意义。

一、互联网发展的三个阶段

从信息技术的视野出发，人类的所有技术无非分为两类，一类是信息技术，一类是其他技术。广义的信息技术，是人类传播信息的手段、技艺和方法，包括文字、印刷、广播、电视等传统手段，当然也包括当下渗透人们生活的互联网。信息技术在人类的发展过程当中，起到了至关重要的作用。即使我们将今天称为“互联网时代”，实际上依然低估了互联网对整个社会的影响。20 世纪 90 年代互联网热刚兴起之时，大多数人倾向于认为，互联网作为一种技术在整体上仍处于工业社会的框架之下，其主要作用是优化提升工业生产，但并不会对工业时代的模式、体系产生根本性影响。当时人们可以预见的是：互联网会让工厂生产与商场管理更有效率。结果呢？人们在期待互联网会让消费者在诸如沃尔玛这样的大型商场购物更加方便之时，却怎么也想象不到，仅仅不到 20 年时间，沃尔玛模式就被淘宝模式取代了。

实际上，直到最近几年，许多互联网界人士才真正意识到，对于互联网革命，可能要从百年大计的视野重新理解，要将它作为一个世纪性命题加以思考。

互联网革命的意义，不亚于两百多年前的那场工业革命。由那场工业革命开启的工业化进程，重塑了人类社会，影响和塑造了人类社会两百多年来的学科划分、知识体系和话语体系。如今，在互联网革命的影响下，工业时代以来产生的基本社会结构和政治形态，都可能被重塑。今天的互联网革命，带来的不仅仅是工业体系内单一技术的升级，更是推动了技术创新的浪潮，催生了一系列技术创新群——人工智能、虚拟现实、无人驾驶、区块链、比特币等。这些技术大都基于互联网创新生成和发挥作用，又同时会对人本身的存在方式产生影响——不论是物质生活还是观念理想层面。在这样强大的力量推动之下，原有的构成工业社会的一些基本概念，比如公司、知识产权等，所指向的内涵正在发生巨大变化，它们能否继续以传统定义的形式存在下去，在今天已经是必须认真直面的问题。

从互联网自身的发展逻辑观察，互联网发展大致有三个阶段。第一个阶段，是基础技术的创新，如基站的建设，门户网站、手机逐渐普及等，在中国，这个阶段发生在2000年前后。第二个阶段，是基于互联网的商业创新，在中国的标志性现象是淘宝、支付宝的出现，随之涌现出一大批崭新的互联网商业模式和崭新的互联网企业。现在中国市值最高的两个公司阿里巴巴和腾讯，就是这一波商业创新的标杆。第三个阶段，是基于互联网的社会创新，这个阶段的重要标志就是“互联网+”开始成为一种普遍现象，互联网行业涌现出来的很多新技术、新产品、新模式，突破了互联网行业这一范围，向社会各个领域全面扩展，逐步具有全社会的普遍性意义，开始深度改变人类的社会形态。

二、互联网革命重塑生产结构与社会结构

在思想方法层面，互联网革命给予我们一种重新认识人类社会的视角。如果以一个极其简化的模型来看待人类社会，可以发现它包含两个部分：一是节点，二是连接。所谓节点，包括人、组织、村庄、工厂、国家这些实体，而联结这些节点的各种各样的交往方式，包括聊天、访问、旅行、交易，也包括现在的打电话、上网等，都可以视为连接。回顾人类社会的演化历史，我们可以发现，在技术的演化过程中，一段时期内的突破重点会集中在节点上，比如电影的出现、印刷术的发明、计算机的出现等。之后，随着节点本身的进化，会促进连接的升级，比如教育体系的出现、互联网的出现等，都是建立在新节点的普遍运用之上。而连接方式的升级，反过来又会促进节点的进化，比如当前在互联网影响下出现的云计算、人工智能、超能电池等。从这个角度观察，过去六十年，人类先在节点上获得突破，如计算机的产生，而大概在三十年前进入了连接技术的突破阶段，如互联网的扩展。未来三十年，我们很有可能会在节点上实现更大的突破，也就是说，作为一种深度连接方式的互联网技术，会反过来推动节点性技术的突破。

因此，为了充分认识互联网革命对人类物质生活的巨大影响，我们今天必须关注其对生产结构、社会结构的重新塑造。互联网革命的一个主要特征，就是重新定义了基础设施、生产要素和社会结构。

首先，互联网革命催生了新基础设施。原来的基础设施，是人们所熟知的、产生于工业时代的“铁工机”（铁路、公路、机场）这样的交通设施和

公用设施。今天的基础设施，进一步扩展和演变到“云网端”（云计算、互联网、智能终端），人们手中的智能手机也开始成为新基础设施的一部分。

其次，互联网革命催生了新的生产要素。原来讲生产要素主要是土地、劳动力、资本、企业家才能等。今天，数据正逐步成长为一个新的而且至关重要的生产要素。现在，很多互联网公司之所以能创造巨大价值、获得巨额估值，主要依据就是其掌握和运用的巨量数据。数据有可能超越土地、资本、劳动力等传统生产要素，成为最具价值的生产要素。

最后，互联网革命催生出新的社会结构。我们的社会原来的结构形态，主要产生于大工业时代的产业分工和市场体系。但是，产业分工和市场体系自身都存在着巨大限制，如资源、制造基地和市场在时间、空间层面的隔离与不平衡，会产生高额成本，同时也会受到规模限制。而互联网最突出的特征之一，就是可以推动大规模协作与共享。在互联网环境下，这种大规模协作与共享方式的好处，超过了传统的产业分工和市场体系。比如，淘宝上每天的访客人数接近两个亿，每天产生的交易数量超过两千万，商品规模超过十亿件——仅2016年“双11”一天就产生了一千多亿元的交易额。淘宝产生之前，全世界最大的实体市场是义乌小商品市场，但即使是全世界最大，也就只有7万多个店铺，天然地受到实体空间的限制。今天，仅在淘宝平台上，就有上千万个店铺。要突破实体空间的天然限制，需要线上与线下的对接与协作，而数以亿计的超大规模的协作，必然引发生产、交易、消费结构的质变。这种大规模协作和共享模式，不再局限于工业时代以来的产业分工和市场结构，影响极其深远。如今这些影响，只不过是冰山一角而已，在未来还会逐步显现其摧枯拉朽的威力。

上述三个新要素，是我们理解当下经济和社会形态的关键。以2017年开始爆发性成长的共享单车为例，如果没有新的基础设施，没有基于大数据的数据挖掘和分析能力，没有大规模协作和共享，就不可能出现这样的新生事物。滴滴出行也是如此。我们把此种新的经济形态称为共享经济或者分享经济，说明它的经济形态已经超出了以所有权、使用权为基本概念的简单界定。

从创新角度看，分享经济有三个重要特质：第一，它是基于互联网平台的，比如滴滴出行、共享单车都基于互联网平台；第二，它是大规模参与的，参与的主体数量都是数以百万计、千万计、亿计；第三，它是基于数据智能匹配的。为什么十年前、五年前不可能出现共享单车？因为那时还没有现在这么发达的智能终端（智能手机），没有现在这么发达的移动互联网，没有现在这么便利的移动支付。因此，在看到这些新生事物出现的同时，更要看到这些新生事物所附着的基础条件，没有新基础设施、新生产要素和新社会结构的涌现、发展和完善，这些以互联网为基础的新生商业模式是很难生成、成长和壮大的。

新基础设施、新生产要素和新社会结构，正在对现在的经济结构产生潜移默化的影响，正在颠覆传统的“三次产业”划分方式。传统意义上的第一产业、第二产业、第三产业，是横向分工的概念，按照分工环节进行产业划分，种麦子的称为第一产业，把麦子磨成面粉的称为第二产业，把面粉做成包子卖出去的称为第三产业。但是现在，出现了许多按照这种产业体系无法归类的问题，比如按照传统归类方式，理发属于第三产业，移动网络运营商也属于第三产业——天差地别的两种行业却属于同一产业。如果我们继续以这种归类方式作为经济统计、政策制定的依据，一定会遮蔽我们对现实巨变的认识和理解。显然，传统的产业划分已经很难刻画出当下的产业结构特征，已经开始失效。

要正确描绘当下的经济结构和产业形态，就不能固守横向分工的旧视角，而必须关注随着互联网革命而来的纵向结构。什么是纵向结构？现在，要观察和定义一个企业，不能像过去那样分析它处于哪一段生产环节之中，而是应该分析它处于什么样的生产层面之上：处于最底层，发挥基础性作用的，可以称之为基础设施行业，中国移动就是信息时代基础设施行业的代表，提供移动互联网基础设施；处于中间层面的，是平台行业，平台掌握和运用数据，非常关键，淘宝、滴滴出行等都是此种意义上的平台；最上层，可以称之为自由连接体，是可以随时随地自由连接、自由组织的各种各样的商业实体与社会实体。自由连接体可以直接面对市场，响应市场发展，它可以是小微企业，也可以是个人。随着社会的发展，无论是在供给端还是在需求端，越来越多的个人从原有的组织、体制、体系中脱离出来，成为游离或半游离状态，彼此之间可以进行自由组合，产生出无数种可能性。未来也许超过一半以上的年轻人，都不会加入任何一个固定的组织，而是成为这样的自由连接体。据报道，最近在一个高校所做的关于大学生就业意向的调查中显示，

“95 后”的大学生中有 50% 以上选择毕业以后不就业——不考公务员，也不到公司做职员。不就业不等于不工作，因为能够以自由连接体的方式在家、在任何一个地方工作。这种状态下，一个人可以同时拥有作家、出版人、学者等多重身份，并以多重身份自由连接，即所谓的“斜杠人生”。现在，此种自由就业状态的人越来越多，这也要求我们重新认识就业问题。

这一切都说明，技术变革引发商业模式变化，商业模式变化引发市场生态变化，市场生态变化引发组织变化，组织变化又会带来对人的能力的需求变化，互联网革命带动的社会变化在这个意义上是全方位的。

三、互联网革命重塑知识体系与治理体系

为了应对变局，引领变局，我们必须改造自身的知识结构，重塑我们的治理能力。

在农业时代，人类知识积累的速度非常缓慢，慢于人类年龄增长的速度，这意味着年长者的经验对于年幼者是有效的，年长者拥有知识上的天然权威。而当我们进入工业时代，知识增长的速度加快，年轻人拥有的知识未必比年长者少，家长经验和知识权威的有效性，面临学校体系竞争，也受到教育层次较高者的挑战，受过良好教育的青年一代反对老一辈人知识权威的现象时有发生。

今天，在信息大爆炸的互联网时代，知识的代谢和更替非常迅猛，年轻人相对于年长者反而更容易接受和掌握新知识。信息时代的新知识掌握程度的不平衡正在影响家庭结构中的父母权威。比如，面对一个智能设备，现在的儿童几乎不用看说明书，稍加摸索就能熟练运用，而家长却还是依赖说明书的指导，并且未必能掌握——这是他们自身成长过程中的经验带来的限制。当此类的挫败不断出现时，家长的权威就会出现问题。学校教育也是如此。由于信息传播速率问题，学校教材往往刚出版就已经落伍。老师们的竞争对手，也不是其他老师，而是以整个互联网为背景的海量信息和知识。

更进一步来看，此种趋势影响到的不仅仅是学校和教育体系，还影响到传统的知识分布方式、知识体系、知识结构和意识形态架构。近代以来，包括中国在内的许多东方国家就已经受到过类似的冲击，产生于农业文明时代

的本土知识体系被以工业化为基础的西方知识体系解构、颠覆和替换。到了今天，这种知识体系的解构、颠覆和替换所带来的意识形态冲击、观念冲击、伦理冲击可能更为剧烈。面对由此而来的观念混沌和意识形态挑战，可能的出路不是回到过去，重新拥抱农业文明的知识体系，而是面向未来，直面挑战，在互联网时代重建知识体系。

与此同时，互联网革命给新时代的治理带来了新的冲击。面对生产结构的变化、人类和信息流动性的剧增、社会复杂性的几何级数增长，我们无法延续传统等级化、科层制、管制式的治理模式，而是必须探索网络化条件下新的治理形态。

在今天可以清楚地看到，在互联网环境下，多元主体的平等价值诉求不断高涨，而且日渐难以靠压制和无视的方式加以应对。因此，在一定程度上，互联网时代的治理可以视为是一种网络化的治理形态，不是像过去一样依靠一个中心来进行控制，也不是依靠一个政治精英团体或霸权国家来维持秩序，更不是所谓的联邦式治理。

在我们看到互联网革命给社会治理带来冲击的时候，也要看到，互联网自身内在的一些技术特性，也为这样的社会治理带来了新的可能。我们不能简单地重复单边形式的管理模式，而是要善于利用互联网的技术特性，更加重视开放、对等、公平的原则，尽最大可能实现大范围的公众参与，创造出互联网时代的新公共性。我们要创造的治理形态，是所有角色和主体都是对等、平等、开放、连接的治理形态，是可以不断激发不同人的创意、创新、创造力的治理形态。这是一种生态化的治理，是多方协同的治理。

段永朝

意义互联网

——新轴心时代的核心思想

段永朝，信息社会50人论坛成员，财讯传媒集团（SEEC）首席战略官，北京大学新闻与传播学院专业硕士兼任导师、杭州师范大学特聘教授、杭师大阿里巴巴商学院学术委员会主任，担任阿里巴巴研究院、腾讯互联网与社会研究院、华闻传媒产业创新研究院、阿里妈妈实效营销研究院、北京云华时代科技公司（北京云基地）、央视CCTV2《互联网时代》大型电视纪录片等多个学术顾问，中国信息化推进联盟业务持续管理（BCM）专业委员会委员、副秘书长。著有《互联网思想十讲：北大讲义》《新物种起源：互联网的思想基石》等。

从直立人到智人演进的数十万至数百万年尺度看①，人类经历了两次重大的认知觉醒，一次是具有交际功能的“前语言行为”长达200万年的磨砺，一次是具有象征符号表征能力的“后语言能力”的出现②。前一次，或可理解为人的“自我意识”的萌生；后一次则是抽象认知、思维能力的建构。当然，这两次都不是在短暂的时间窗口内完成的。笔者认为，互联网引发的巨大变革，正带来第三次人类心智模式的觉醒。这次觉醒的总体特征，是人与智能机器所缔结的“赛博格”（Cyborg），或者说“生命共同体”的共

① 吴汝康．古人类学与今人类学［J］．国际社会科学杂志，1989（2）：83－88.

② 李讷．人类进化中的“缺失环节”和语言的起源［J］．中国社会科学，2004（2）：162－177.

生演化，这将开启人类演化的新纪元。本文围绕意义构建对人类心智觉醒的重要性，探索和思考互联网背景下人类思想重塑的可能，以及万物互联的未来景象。

一、新轴心时代：对后天的想象力

20 世纪 80 年代以降，世界史学思想出现重大转向，即从狭隘的西方中心主义史学方法，转向平等看待不同区域、不同文化历史价值、作用，相互影响和迁移的新全球史、新世界史的视角[①]。这在思想史上，是一个极其重要的趋势。原因在哪里呢?

一直以来，西方现代主流史观，其实总体上是“征服史”（无论对外、对自然、对人类，还是对自我、对内心），也就是兰克史学所谓之帝王将相的“政治史”。从古希腊历史学家希罗多德记述希波战争的《历史》、修昔底德的《伯罗奔尼撒战争史》，到古罗马历史学家塔西陀《罗马史》，基本都是在讲述征服史。

西方语境下“文明”的含义，就是“启蒙发愚，化成天下”的意思[②]。东方也大致如此。最早的史书《竹书纪年》《春秋左传》等，其实也是帝王将相编年史。所以，从新史学的意义上看，世界史才刚刚开始。当然这里的“新史学”指的是“对话史”，而不是“征服史”。过去是征服史，这个“征服”跟蛮荒时代的征服其实没有本质的区分，都是“强加于人”，或者“强加于‘他者’”。德国哲学家雅斯贝尔斯所谓的“轴心时代”，也不过是说对这种“征服史”的情景，达成一个共识，那就是“己所不欲勿施于人”的黄金规则。所以我觉得世界历史可以说是重新开始，故把它叫“新轴心时代”。

有文字记录以来的人类历史，用“轴心时代”来解释，已经有太多的文本，甚至成为定论了。“轴心时代”最重要的命题，就是“人的觉醒”[③]。所

① 张井梅．现代西方史学衍变的一个侧影——从汤因比到斯皮尔［J］．云南大学学报（社会科学版），2017（2）：65－67.

② 康德在《何谓启蒙》一书中的开篇第一句，就是“启蒙运动就是人类脱离自己所加之于自己的不成熟状态”。

③ 凯伦·阿姆斯特朗．轴心时代［M］．孙艳燕，白彦兵，译．海口：海南出版社，2010.

谓“觉醒”，就是忽然之下关心起“我是谁我何去何从”的问题，忽然之下关注起“抽象的本源”问题来了。而且关心这些问题的核心要点，是“自我意识的萌生”，或者说“自我的觉醒”。不过，轴心时代还只是人类语言能力出现之后，抽象思维觉醒的顶峰，而不是第一次人的觉醒。

第一次人的觉醒是指什么？这个只能猜一猜。如果说第二次觉醒，指的是定居文明、农业文明和书写文字出现的数万年尺度的话，我猜第一次觉醒，应当指的是涵盖能人、直立人到智人，数百万年人类采摘狩猎、四海为家、四处迁徙的漫长时期，是手势、体态语言和前语音出现的数十万、上百万年尺度。简单说，语音先于文本。当然这是一个无比宏大的话题。①

互联网时代是新轴心时代的开启。新轴心时代的主要特征就是新物种之间的对话，是人与机器的对话、机器与机器的对话，是赛博格与赛博格的对话。新轴心时代下的世界史，是新物种的史观，是以连接、对话、交互为根本特征的。

2016 年起，我使用“认知重启”作为讲述互联网思想的一个总标题，认知重启的根本含义，就是超越轴心时代以来的旧史观。② 旧史观的一个根本特征，就是“确定性的偏好”，或者说“定数崇拜”。这一历史轨迹的展开，奠定“确定性的寻求”（杜威 1929 年 Gifford 演讲的题目）。可以说，轴心时代之后的文明展开，就是不停地重复“确定性寻求”（也称之为探求真理）的过程。③

轴心时代的另一个特征，就是符号表征作为文明的主要载体，即人类进入书写时代，也就是书写与语音的剥离，书写渐渐战胜语音，成为第一位的存在。④ 语音时代的显著特征是“在场”“在线”“亲自”；文本时代的特征则是“离场”“离线”“代理”——几乎针锋相对。这种 180 度的转换如何发生？何以发生？这是一个迷人的问题。语音时代的显著特征，恰好与互联网时代的显著特征相合——这不由得不让人产生联想，这也多少暗合了我 5 年前曾提到的一个观点：互联网是一个巨大的“返祖隐喻”（这主要受启发于麦

---

① 吴文．生物语言学：历史与演化［J］．外国语文，2012（28）：82－87.

② 段永朝．认知重启：互联网的时代意义（上）［J］．民主与科学，2016（6）：34－38.

③ 杜威．杜威全集［M］．上海：华东师范大学出版社，2010.

④ 麦克卢汉．理解媒介：论人的延伸［M］．何道宽，译．北京：商务印书馆，2010.

克卢汉的“地球村”“部落化”的说法）。

返祖隐喻，可以借“万物互联”这个时下流行的话来注解。万物互联并非今天才开始出现，也并非经由传感器、电脑、网络、智能装置彼此相连出现的景观。万物互联其实早已存在，只是穿过“三天”历史的时候，一个巨大的“迂回”发生了，人们与本真的世界割裂开来（这主要是西方文明），人们脱离了与灵性世界相通的路径。互联网时代，将迎来万物互联的灵性世界的回归。

新轴心时代的新史观，最重要的特征就是透过实体世界与虚拟世界的交织、相融，在连接一切的状态下，开启巨大的“可能世界”，而不是封闭在旧史观铸造的“必然世界”之中。牛津大学互联网学院的弗洛里迪教授提出的“超历史”（Hyper History）也正是这种新史观的具体体现①。

二、信息=数据+意义

在这种新史观下理解世界，需要深入思考“信息”的深层含义。按照信息论创始人香农的定义，信息就是借助一定的编码方式，所能榨取出来的有用内容的限度的度量。也就是说，香农认为，人们交流、通信、传递意思，统统都借助编码，编码有一个最低限度，也就是花费最小的符号序列，所能传递的最多的“意思含量”，这个就被称作“信息”②。

香农的定义对建立通信理论非常有用，是奠基性的，其给出了一个关于呈现有用内容的编码能力的度量，所以被广泛用于信号处理、数据传输与压缩、编码与密码学、参数估计等。但是，需要注意的是，香农的信息论，对“信息到底是什么”并未发表任何意见。他只是指出了“如果有用的内容，与无用的内容搅合在一起的话，得花多大力气才能把有用的内容提炼出来”。也就是说，香农信息论基本上解决的是一个工程问题，他解决的是如果我们要彼此通信，那么所需要的最窄的信道是多少的问题。在我们彼此通信的过程中，我们相互传递的“信息”里，不可避免的“信息损耗、流失”是按照何

---

① 弗洛里迪．第四次革命［M］．王文革，译．杭州：浙江人民出版社，2016.

② Thomas M. Cove. 信息论基础［M］．阮吉寿，张华，译．北京：机械工业出版社，2008.

种规律发生的？香农的理论，对建立我们关于“如何展开一次有意义的通信”非常重要，所以香农理论基本上聚焦在“编码长度”“数据量”“信道带宽”这样一些工程指标上，而不是“信息的内容是什么”。也就是说，香农信息论是关于“管道”的，而不是关于“管道中的流体”的。

描绘香农信息框架、编码解码结构里的那些“内容”和“流质”的“信息论”尚不存在，香农的信息论是关于封装信息的那个“壳儿”的信息论，是关于“信息物理加工、传输、存储”的信息论。香农信息论对“信息”有一个基本的假设，那就是“信息是与噪声相区别而存在的”，关键是香农假设“人们事先知道这一点”。

这一点在今天看来完全站不住脚。

系统科学家 Checkland，Boland，Sholes 和 Mingers 等，在 1980—1990 年提出这样一个公式：信息（Information）＝数据（Data）＋意义（Meaning）。Boland 是这么认为的：信息系统是数据在意识中转化为信息的过程；这一过程是通过对话发生的，是在语言、推理的共同作用下，经由社交环境有组织地发生的。我们现在大多数情况下把“信息”和“数据”两个词混着用，好像信息就是数据，数据就是信息，这是个很大的误解。数据是死的，信息是活的；数据是某种属性的测量值，而信息则含有主体与客体之间的相互作用，含有认知的意味。这个大家都能理解。但“活”在哪里？就“活”在这里——信息凝结着意义。信息对人的价值在于意义，而不是数据。

因此，对“意义的生产方式”的理解，是区分香农的旧信息论和未来新信息论的分水岭。香农的信息论假设信息就在那儿，信息是可以像罐装啤酒那样，预制罐装的，也就是我常说的“先生产后消费”。这是典型的工业时代的生产方式。假设信息可以剥离出来，可以提炼出来，然后人们就像打牌一样，把信息传递来传递去，这是人们对信息论的一般理解，也是西方基于逻各斯传统的还原论的思想基础。①

这“几乎”是对的。我说几乎，是指在“物理层面”，这是对的，但是理解互联网不能停留在这一步。互联网背景下对信息的理解，以及信息的生产方式已经发生了巨大的转变。信息是“边生产边消费”的。信息是对话者

① 陈一壮．埃德加·莫兰复杂性思想述评［M］．长沙：中南大学出版社，2008.

对话的刹那，被双方共同生产出来的。理解了这一点，就会非常理解为什么今天的互联网创业者喜欢谈场景，喜欢谈交互体验了。场景、体验、交互，是有理论依据的，但这个依据不能仰仗香农的信息论（虽然它在那个语境下当然是对的）。

几年前大数据热的时候，上海大学数学教授史定华多次与我聊大数据，提出“到底什么是大数据”的问题。史定华曾做过多年基因图谱分析，用他的话说就是，“血液才是真正的大数据”。

受史定华教授启发，我觉得理解大数据的关键在“死活”。我们现在是处在一个数据爆炸、认知过载的时代，让很多人觉得我们被信息湮没了。其实并不是被湮没了，而是“意义”（Meaning）找不到了。现在太多的数据是“死”的，只是“数据尸体”，真正的大数据所激发的是意义共生的场景。所以信息的重要价值，在于对“意义”的命名、解释、交互。信息问题，重要的一面在于意义问题。

三、意义互联网

2008 年在拙著《互联网：碎片化生存》中，我把批判的锋芒对准笛卡尔。笛卡尔的主客两分法（当然两分法并非笛卡尔首创）“害”了很多人。非此即彼、非黑即白的思维范式，是“理性思维”最鲜明的特征。但我们需要仔细区别两种类型的两分法。一种类型是基于分类需要的，方便表达的，比如寒暑、昼夜、长短、黑白、高下等。这些分类方法可以称作“方便法门”，日常交流很好使，所以这种类型的两分法，我倒觉得问题不大。可疑的是另外一种两分法——价值判断的两分法，诸如好坏、美丑、善恶、对错之类。这种两分法就很“有害”。

笛卡尔的主客体两分法带来的弊病，就在于认为“意义”凝结在话语中，凝结在文本中，完全“不以人的意志为转移”，是“客观实在”的。人的作用就是探查到那个意义，并将其表述出来。

当然，退一步来说，认为意义凝固在书本里、刻写在碑文中，倒也无妨。不过这只是“半意义”，或者说是某个“漂浮的能指（德里达语）”。但认为意义“就这么多”“只能这样”，就大谬不然了。前面我把这种意义的生产方式叫“先生产后消费”。互联网环境下，未来的意义是通过连接之后，对话之间，涌现（Emergence）出来的，意义是“冒出来”“长出来”的，意义是连接体连接之后的“共意涌现”。

也就是说，意义不能事先灌到杯子里，不能事先放到这里，然后你把意义喝掉，这是传统工业时代的意义生产方式。传统工业时代的生产方式里面，就让意义有了一种被僭越的可能，这个就是伪意义。这种预制罐装式的意义，很容易被拿来吓唬人，说，喏！给你！这就是“伟大思想”，喝了吧！

总之这种东西会被拿来包装成任何品种的圣水，然后要你接受洗礼，或者说这是开了光的物件儿，或者说这是画符念咒，吃了包好。把意义跟它的生产者、消费者剥离开了以后，自然而然就会出现这么多怪现象。瑞士语言学家索绪尔对语言、言语的区分，以及对能指、所指，共时性、历时性的区分，对进一步理解意义问题很有帮助。

人类进入书写时代以来，意指符号与指称对象之间，仿佛“天然地”联系在一起。比如我们说出“狗”这个词，总是认为大家一定能理解这个“狗”字，从而觉得“狗”这个符号，天然地与“食肉目犬科哺乳动物”联系在一起。殊不知，一群人在听到“狗”这个词语的声音（索绪尔所谓的“能指”）的时候，脑海里出现的“狗的形象”并不完全相同，哈士奇、德国牧羊犬、金毛、藏獒……颜色、体型、品种那简直是五花八门（索绪尔所谓的“所指”）。

索绪尔发现，能指和所指之间的对应关系，并非“必然如此”，而且不是“一一对应”的，这种对应似乎是任意的。庄子在《齐物论》里曾言“万物无非一指也”，这“一指”的指称，带有极大的随意性，也是约定俗成的产物。

能指与所指之间的这种“意义鸿沟”，其实在提醒人们，“当你以为你说清楚了的时候，真实的意思其实已经离你而去了”。这是颇有禅意的一番景象。

任何一次“言说”的对话，其实只是能指对所指的一次“描写”，而非“刻画”。这里我把“描写”解释为一次观照、一次瞥望、一种印记，而把“刻画”解释为写实主义的图谋，即“如实如是地呈现”，前者只是某种“快照”，后者则假设“呈现出自在存在本身”。

事实上，哲学的语言学转向已经达成这样的认知：言说是勉为其难的，呈现“不可呈现之物”是语言的宿命。如果你喜欢说意义“驻留、贮藏”在观照的“它处”的话，也未尝不可，但你要理解“释读出”其本义，是一件“不可能”之事。

这种说法，换个角度看，就是“意义”只在“观照的刹那”闪现，随即便“烟消云散”，它不驻留，也不刻印，它只是“交互的瞬间”，一次壮丽的快闪。

意义对应“爽”，或者用芝加哥大学心理学家 Mihaly Csikszentmihalyi 的话说，叫“FLOW”[①]，中文将其翻译成“心流”，清华大学心理学教授彭凯平翻译成“福流”，都非常传神。我则喜欢称之为“爽”。刹那的、爽的瞬间，发生了什么？发生了意义的“共意涌现”。这里的“共意”，说的是情境，是默会神契（波兰尼语）的“会意”。

智能时代的互联网，将会在充分互联之后，开启一个“情感奔流”的时代，这个时代的意义无法提前预测，也不能事先设计，她只能“诗意地栖居”。

---

① 米哈里·契克森米哈赖．生命的心流［M］．陈秀娟，译．北京：中信出版社，2009.

邱泽奇

中国“网民”

——完全的经济，一半的社会

邱泽奇，信息社会50人论坛成员，北京大学社会学系教授、北京大学中国社会与发展研究中心主任，兼任重庆大学公共管理学院名誉院长。“中国家庭（动态）跟踪调查（CFPS）”的设计、试调查以及第一次调查的组织者，第一任首席专家组组长。1986年，邱泽奇进入社会学领域从事教学与科研，1991年师从费孝通先生，致力于信息技术应用对社会影响的研究，初期关注数字鸿沟，后关注信息技术应用对企业组织变迁的影响，开辟了组织研究在中国的技术学派，现关注互联网应用对社会的影响。重要论著有《中国社会的数码区隔》《技术与组织的互构》《回到连通性》等，先后获得过高等学校科学研究优秀成果（人文社会科学）奖、国家图书提名奖、中国出版政府图书奖提名奖。

如约而至，刚进入2017年，中国互联网络信息中心便发布了《第39次中国互联网络发展状况统计报告》（以下简称《报告》）。《报告》称中国网民（其实，我非常不愿意引用“网民”这个概念，“网络用户”或“网络居民”或许更为中性）的数量达到了7.31亿，并以“中国网民规模已经相当于欧洲人口总量”作喻，说明中国网络用户数量之巨。此外，《报告》还称中国互联网的普及率达到了53.2%。我想，对这两个数据，需要具体解读，方可明白其背后的含义。

乍看起来，这两个数据没有任何新奇之处，可如果将其放在中国的社会情境之中，我认为，至少有三点可以略作讨论。

第一，7.31 亿意味着中国家庭的完全连接，也意味着家庭经济活动的完全连接。

中国是一个家庭化社会，不是个体化社会。个体化是社会学理论家们在讨论风险社会、第二次现代性时提出的概念，意指每个人在生活和意识上具有完全的独立性和自主性，不依赖于家庭和社会。家庭化则是指家庭成员之间依然相互依赖和相互负责，责任分担优先于情感分享，成员之间的互助是家庭生活的重要内容。夫妻之间可以不看对方的微信、短信，却可以请对方支付；母亲可以让儿子在网上买东西或卖东西，或者父母帮助子女照看网店，那也是再平常不过的事情了。这就意味着，在中国社会，一个人不是只有有了网络账户才算是上网，才算是与网络连接。而是只要家里有一个人上网，这个家便与网络连通了，家里的人的经济活动也与网络连通了。

按照 2015 年中国小普查的数据，中国家庭户的数量为 44058 万户，家庭户平均人口为 3.12 人。7.31 亿意味着平均每个家庭有 1.8 人在网上，即使考虑到有的家庭有 3 个账户，有的家庭没有账户的状态，且假设我们认为没有账户的家庭主要分布在偏远农村地区，也可以预估中国的家庭几乎都与互联网络相连接了。这是因为，即使在偏远农村地区，聚村而居的格局让没有账户的家庭可以通过村里已经连网的人与互联网连接。阿里巴巴布局的“村淘”、京东布局的“京东乡村”解决的正是这个议题，其中网络结构中的“结构洞”正是其中的原理，即在一个村子布下一个连接互联网的节点，让全村的人都连接上互联网。

中国社会的村居化、家庭化，让连接网络作为一个物理特征，把每一个人都连接到了网络之中。经济活动的市场化和透明化，让网络呈现出清晰的桥梁特征，进而让每一个人的经济生活都与互联网络相连相通。

第二，53.2% 意味着一半被代表，也意味着只有一半社会处于连通状态。

实践证明，一个人运用网络买卖东西可以有人代办，也可以借用他人的网络进行学习。科学家运用脸书（Facebook）用户的实验证明，网络上的观点传播具有“回音壁效应”，即人们在网络上不是被动地接受他人的观点，而是寻找与自己观点相似的观点，尤其是政治观点。这就意味着如果要发表观点和从事私密活动，就只能自己来，无法请他人代办。尽管中国是一个家庭化社会，部分个体性事务依然需要自己亲自操办，他人无法替代，这也就意味着每个人有自己的网络连接是非常重要的。

普及率是以个体为单位计算的统计指标，53.2%的普及率意味着在涉及每个人必须亲自操办的事情上，在中国，依然有几乎一半的人无法请他人代办。

既有的数据显示，中国互联网络基础设施在人口居住区域的覆盖率为97%。换句话说，如果人们愿意上网且自身有能力上网，至少有97%的居住区域是可以上网的。从《报告》列举的区分地区和城乡的普及率我们发现，没有连接的是偏远地区，譬如普及率在50%以下的几乎都是有偏远省份，云南的普及率只有40%。与之相比，北京的普及率高达78%。也就是说，在偏远地区，有更多人在涉及他人无法替代的事务且必须使用网络时，是无能为力的。在媒体中经常听到的“网民”如何如何，其实是不包括没有直接上网的这部分群体的。

基于乘数效应可以估计，不在网上的人口主要来自两个群体：年长的群体和没有机会上网的群体。《报告》数据显示，非网络用户的60%分布在农村地区，不懂电脑或网络的用户占55%，说明的正是这一点。

综合上述两点，可以延伸的第三点讨论是，完全的经济和一半的社会正是中国信息化进程中面对的张力。

世界银行的2016年世界发展报告《数字红利》称，全球近60%的人口还不能上网，从连通性视角看，中国实现了人群的完全连通，不仅让中国搭上了信息社会这班快车，更为经济活动类的应用创造了“风口”。众多经济类的应用，比如网购、网销、网造、网创、分享经济、“互联网+”等，其基础正是中国人口的完全连通，以及由完全连通带来的市场规模和差异需求的乘数效应。即使不在网上的人群，其经济活动也可以通过间接途径在网上进行，不仅可以通过网络实现生产和消费，也可以通过网络实现服务。《报告》显示的应用证明了这一点：零售、交通、支付、企业，都在运用完全连通这一基础。事实上，完全连通的不仅是人群，还有企业。《报告》称，企业的计算机使用、互联网使用以及宽带接入等比例已经超过94%。

从社会视角看，中国只有一半的社会在网上。通过网上呈现的观点和意见，无论涉及哪一类事务，都只是一半人群的意见，而且是忽略了特征（弱势）人群的意见。细分网上网下的社会群体可以发现两者之间的群体极化现象。在网上的是有能力上网和有需要上网，且有机会将既往的资产积累转化为互联网资本，并从网上获取互联网红利的社会群体，即青壮年群体、识字群体、有学习或职业需要的群体，用一句话概括就是，将互联网作为其生产生活的一部分的群体。不在网上的不仅是没有能力上网的，也可能是没有需要上网的群体。不过，这并不意味着他们没有社会生活，也不意味着他们对自己身处的社会没有自己的观点和意见，只是他们的生产生活不在网上而已。当我们以网上的意见为意见、以网上的社会为社会的时候，便忽略了网下人群的观点和意见，忽略了一半的中国社会，并在事实上制造了两个极端类型的社会群体。

在中国，由网上网下经济活动与社会生活制造的张力，将在未来一段时间内形塑中国社会的特征。一方面，由完全连通带来的经济生活将会更加丰富，差异化需求和创意创新空间将会呈现乘数效应，让经济活动向个性化、灵活化、离散化等方向发展，让生产与消费之间的连接更加紧密和多样，让特色服务更有价值，让平台角色越来越重要等；另一方面，网上网下群体之间的极化现象将变得越来越明显，两类群体之间的鸿沟将会越来越深，不仅发生在城乡之间和区域之间，更可能出现在家庭内部的代际之间。

不仅如此，中国社会多元的显性化还将加剧社会多样化的适应性困境。中国原本是一个多元的社会，地区多元、族群多元、习俗多元、生活多元。在完全连通之前，中国社会的多元性被地区和族群的局部性所遮蔽。人们通常只熟悉自己身边的社会，进而也生活在局部的同质性社会之中。完全连接意味着曾经被遮蔽的多元性被直接推向前台，地区差异、族群差异、习俗差异、生活差异被直接呈现出来。人们不再只生活在身边的和社区性同质的群体之中，而是要面对多种类型的差异性。如果没有一颗包容的心，没有做好理解社会多样化的准备，没有与差异性社会群体交往的能力，总而言之就是不能适应社会的多样化，那么，社会冲突将会不可避免。完全连通将会是冲突产生的催化剂，由此，不仅给每一个人提出了挑战，也给中国社会治理提出了挑战。

胡泳
互联网与“观念市场”

胡泳，信息社会50人论坛成员，北京大学新闻与传播学院教授，历任《中国日报》记者、《三联生活周刊》主笔、《互联网周刊》编委会主席、《环球管理》总编、《北大商业评论》副主编、中央电视台《经济信息联播》主编、《对话》总策划、《赢在中国》总编辑、《我们》总策划。著作《网络为王》（1997）是国内首部全面介绍互联网的诞生、发展、现状以及未来趋势的专著，因此被《中国图书商报》评为“1997年十大新锐作者”之一；《海尔中国造》（2001）是最早的中国企业研究著作之一，是《经济观察报》评选的“2002年影响中国商业界的20本书”之一；著作《张瑞敏如是说》（2003）获第13届浙江树人出版奖；《众声喧哗：网络时代的个人表达与公共讨论》（2008）获北京市第十一届哲学社会科学优秀成果奖二等奖、第六届吴玉章人文社会科学奖优秀奖。

一、“观念市场”的由来及其争论

在有关表达自由以及媒介责任的论述中，一直存在所谓“观念市场”（marketplace of ideas）的类比，它借用了经济学上的自由市场概念，将观念市场理解为人类通过一定媒介实现观念集中交换的场所，强调只有通过“广泛而充分的思想竞争”，人们才能发现真理或者做出科学的决策。与经济学中的自由市场一样，在观念市场中，不可计数的真理和谎言相互竞争，人们期待通过广泛的竞争、辩论后，前者终会战胜后者。

“观念市场”，或者说“思想市场”“观点市场”，并不是一个新近提出的概念，它有着自己的“观念史”，甚至被称为言论自由中之“显学”[①]。它本身是一个比喻，来源于1919年美国联邦最高法院大法官霍姆斯对“艾布拉姆斯诉合众国案”发表的一份判决异议意见书，其中说道：“通过观念的自由交换（free trade in ideas）才能更好地得到人们渴望的最大的善——真理最好的检验标准是思想的力量在市场竞争（the competition of the market）中获得承认的程度。”[②] 这段论述如此有力地将言论自由的目的予以概念化，不仅深刻地影响了对美国宪法第一修正案原则的阐述，而且塑造了学界乃至大众对于言论自由的理解。霍姆斯的论述被无数次引用，以至于人们都忘记了，“观念市场”的说法其实出自布伦南大法官之口。

在1965年的“拉蒙特诉邮政署长案”中，布伦南就美国邮政署限制收件人接收外国寄来的政治宣传品的法规写道：“如果有意愿的收件人没有接收与考虑的自由，那么观念的传播就无法完成。只有卖家而没有买家，这将是一个贫瘠的观念市场。”[③] 美国最高法院一直强调，美国宪法第一修正案的主要目的是保护一个不受限制的市场，在那里，不同的观点可以相互较量。例如，在“《纽约时报》诉沙利文案”中，由布伦南大法官撰写的判决掷地有声地写着：美国拥有“一个深刻的国家承诺的原则，对公共问题的辩论应该是不受限制的，强而有力的和完全开放的”（uninhibited，robust and wide - open）[④]。

这段话中最引人注目的是布伦南所选择的大胆的、非同寻常的形容词。它们表明了最高法院在处理言论自由问题时的勇气与热情。然而，大法官们却几乎没有做任何努力对“观念市场”进行推断，或阐述他们为什么相信这一市场会运转良好。毫无疑问，他们似乎已然接受了这个比喻的有效性，因为他们相信，该比喻所基于的前提是合理的。

---

① 林子仪．论接近使用媒介权［J］．新闻学研究，1991（45）：1－23.

② 王四新．表达自由——原理与应用［M］．北京：中国传媒大学出版社，2008.

③ Lamont v. Postmaster General，381 U. S. 301（1965）.

④ New York Times v. Sullivan，376 U. S. 254，271（1964）.

这个前提就是：其一，人是有理性的动物，人凭借自己的理性能够辨别真假正误；其二，如果人的言论自由得到宽容，那么，通过公开而透明的讨论可以达至真理。这样的认识其实可以一直追溯到苏格拉底。所谓苏格拉底反诘法，就是一种持不同看法的个人之间探索问题和辩论的方法，通过持续不断地反诘和回答，刺激批判性思维，从而照亮真理。

和苏格拉底一样，约翰·弥尔顿相信开放的思想交流的重要性。1644年，他针对当时英国的出版审查和许可制，发表了《阿留帕几底卡：约翰·弥尔顿先生向英格兰国会发表的关于无须许可而出版的自由的演说》，即今天的《论出版自由》。弥尔顿在他的书中表达了他对真理的信念和信心，他坚定地认为：一旦真理和谬误都可以不受约束地通过研究和讨论加以检验，真理就必将战胜谬误。

虽然各种学说流派可以随便在大地上传播，然而真理却已经亲自上阵。我们如果怀疑她的力量而实行许可制和查禁制，那就是伤害了她。让她和谬误交手吧，谁又看见过真理在自由而公开地交手时（in a free and open encounter）吃过败仗呢？……谁都知道，除开全能的主以外就要数真理最强了。她根本不需要策略、计谋或者许可制来取得胜利。这些都是错误本身用来防卫自己、对抗真理的花招①。

这种真理一定会战胜谬误的观点，正是“观念市场”的前提假设之一。从弥尔顿的思想出发，后世还发展出观念的“自我修正”（self－righting）概念②。在弥尔顿之后，约翰·斯图亚特·穆勒（也译密尔）在1859年发表的《论自由》一书中进一步论证了他的观点。穆勒虽然对“观念市场”理论本身的探讨也是从理性主义出发，但他提倡经验主义的试错在现实中的作用和意义。穆勒认为人类具有“可错性”，然而人类心灵又具有一种品质，它是人类作为有智慧或有道德的存在当中一切可贵事物的根源，这就是，人的错误是能够改正的。借着讨论和经验人能够修正自己的错误。仅靠经验是不够的，必须经过讨论，以指出经验的意义。“人类判断的全部力量和价值就靠着一个性质，即当它错了时能够被纠正过来；而它之可得信赖，也只在纠正手段经

① 约翰·弥尔顿．论出版自由［M］．吴之椿，译．北京：商务印书馆，2012.

② 弗雷德里克·S. 西伯特，西奥多·彼得森，威尔伯·施拉姆．传媒的四种理论［M］．戴鑫，译．北京：中国人民大学出版社，2008.

常被掌握在手中的时候。”①

在对待人类理性方面，穆勒比弥尔顿悲观得多，在他笔下，没有弥尔顿那种真理与谬误进行公开斗争的“战场”②，只有“意见的旋转运动”，“真理的这一部分落下去而那一部分升起来”。虽说在每一个可能具有不同意见的主题上，真理有赖于两组相互冲突的理由的公平较量，然而，“大部分也只是由一个偏而不全的真理去代替另一个偏而不全的真理；而进步之处主要只在新的真理片段比它所代替的东西更见需要，更为适合于时代的需求罢了”。③ 这里，穆勒对真理的片面性、局部性、暂时性和实用性的强调，已然开启现代多元主义的大门。然而，虽然穆勒一方面说，“至于说真理永远战胜迫害，这其实是一个乐观的伪误”，但在另一方面，他对真理的生命前景并不悲观：“真理所享有的真正优越之处乃在这里：一个意见只要是正确的，尽管可以一次再次或甚至多次被压熄下去，但在悠悠岁月的进程中一般总会不断有人把它重新发现出来，直到某一次的重现恰值情况有利，幸得逃过迫害，直至它头角崭露，能够抵住随后再试图压制它的一切努力。”④ 如果单从真理的最终结局上看，这与弥尔顿的观点又有相似之处。

“观念市场”以及“观点的自行修正”理论成为自由主义新闻学的理论根基，至今仍对西方新闻界产生着强大而持久的影响。美国第三任总统托马斯·杰斐逊对此概括得最为精到：没有哪一种实验比我们现在正在进行的更有趣了，我们所相信的东西最终会证明一个事实：人是可以由理性和真理支配的。因此，我们的首要目标应该是为人们打开所有通向真理的道路。迄今为止所能找到的最佳道路就是新闻自由。因此，这也是那些害怕自己的所作所为受到调查的人们第一个想要压制的。人们坚强地经受住了媒体近期的谩骂，表现出了辨别真伪的洞察能力，这说明我们可以放心地相信人们能够听到一切真假信息，并且能够在它们之间做出正确的判断。因此我认为，可以肯定地说，打开真理的大门，鼓励人们养成用理性检验每一件事物的习惯，

---

① 约翰·斯图尔特·密尔．论自由［M］．许宝骙，译．北京：商务印书馆，2012.

② 马凌．漏译与误读——再议新闻传播思想史中的弥尔顿问题［J］．当代传播，2012（2）：30－33.

③ 约翰·斯图尔特·密尔．论自由［M］．许宝骙，译．北京：商务印书馆，2012.

④ 约翰·斯图尔特·密尔．论自由［M］．许宝骙，译．北京：商务印书馆，2012.

是我们传给后世之人最有效的约束物，可以防止他们用自己的观点来约束人民[①]。

杰斐逊是新闻自由至上论的奠基人，从他起草的《弗吉尼亚宗教自由法案》可以看出，他深受弥尔顿影响。其中有这样一段："真理是伟大的，如果对她不加干涉的话，终会占据上风；真理是一位合适和称职的反对谬误的斗士，足以战胜谬误，并且不怕去斗争，除非人为的干涉解除了真理的天然武装——言论和辩论自由。如果允许人们自由地批驳谬误，谬误就不再有什么危险了。"这种表述与《阿留帕几底卡》中真理与谬误的角力如出一辙。然而，杰斐逊比弥尔顿更崇尚没有政府干涉的言论"绝对自由"（弥尔顿曾在克伦威尔政府中充当检察官），正像美国新闻学者弗雷德里克·S. 西伯特在分析传媒理论从威权主义向自由至上主义转变的过程时所总结的："让一切有话要说的人都能自由表达他们的意见。真实的和正确的会留存下来，虚假的和错误的会被抑制。政府不能参与这一争执，也不能帮助其中任何一方。尽管虚假的思想可能会取得暂时的胜利，但是真理会吸引更多的支持力量，通过自我修正过程达到最终胜利。"[②] 然而，无论是弥尔顿、穆勒还是杰斐逊，他们对观念竞争的论证都没有引入"观念市场"的说法，这一经济学术语的比喻直到20世纪初才出现。霍姆斯首次将观念争论比喻为市场行为，有论者认为，这一隐喻之所以在20世纪前半期广受欢迎，深层原因是它符合资本主义社会的意识形态，体现的是对"看不见的手"的信奉[③]。"看不见的手"是亚当·斯密的著名比喻，用来解释市场的自我调节。"观念市场"的类比在一点上与新闻自由至上主义是一致的，那就是反对政府的规制。借用市场经济的自由放任观，"观念市场"的信奉者主张政府对这一市场放任自流。

可以想象，古典的"观念市场"理论并不能够完全解释现实，因此，一些学者提出了市场失灵理论模型（the market failure model），代表人物是杰罗姆·巴伦。他认为，市场隐喻建立在一些错误的假设之上：每个人都能够进

---

① 弗雷德里克·S. 西伯特，西奥多·彼得森，威尔伯·施拉姆. 传媒的四种理论［M］. 戴鑫，译. 北京：中国人民大学出版社，2008.

② 弗雷德里克·S. 西伯特，西奥多·彼得森，威尔伯·施拉姆. 传媒的四种理论［M］. 戴鑫，译. 北京：中国人民大学出版社，2008.

③ 马凌. 漏译与误读——再议新闻传播思想史中的弥尔顿问题［J］. 当代传播，2012（2）：30 - 33.

入市场；真理是客观的、可发现的，而不是主观的、可选择或可打造的；在市场上，真理总是居于各种观念之中并且可以存活；人们具备基本理性，能够感知真理。正是因为这些假设都不存在，一个具有自我纠偏能力的“观念市场”始终只是不切实际的浪漫虚构。巴伦也从历史主义的角度来论述“观念市场”在现代如何经历了一个扭曲和操纵的过程：“随着对表达自由的私人限制的发展，存在一个自由市场、在那里各种观念可以凭借自身的优点而彼此竞争的想法，到20世纪，就像完全竞争（perfect competition）的经济理论一样不切实际。第一修正案基本上是一种理性主义哲学，催生它的那个世界已然消失，过去的理性现在成了浪漫。”①

巴伦尤其关心报纸垄断和通信业的技术发展对媒体产业造成的变化。他认为，在这个崭新的环境中，政府应该扮演一种更积极的角色，强迫新闻媒体将其在报纸上或者电波中传递的信息予以多样化。他倡导人们应拥有“接近使用媒介权”（the right of access to the media）②。所谓“接近使用媒介权”是一种积极性的言论自由权，按照中国台湾新闻法学者林子仪的概括，它“是一种法律上可强制执行之权利，一般私人可根据该权利，无条件地或在一定的条件下，要求媒体提供版面（如报纸）或时间（如广播或电视）允许私人免费或付费使用，借以表达其个人之意见”③。

此后，“接近使用媒介权”理论成为一种流行理论，它实际上被一种更深的旋流所推动：言论自由的消极保护正在向积极保护转变，正如哈佛大学法学院教授泽卡赖亚·沙菲早在1941年所预言的：在未来的时代，言论自由所面对的最重要的议题，将是要求政府采取积极作为，以促进言论或意见的表达。这一转变，被形象地说成从“盾牌”到“剑”的转变，即言论自由不只是一面消极防御的“盾牌”，同时亦是一把积极进取的“剑”，可据以要求政府打开表达意见的通路，为每一个人提供公平表达的机会，以促进不同意见的表达及讨论④。

---

① Barron, Jerome A.（1967）. Access to the press: A new first amendment right［J］. Harvard Law Review, 80（8）: 1641－1678.

② Barron, Jerome A.（1975）. Freedom of the press for whom?

③ 林子仪. 论接近使用媒介权［J］. 新闻学研究, 1991（45）: 1－23.

④ 林子仪. 论接近使用媒介权［J］. 新闻学研究, 1991（45）: 1－23.

与这种转变相辅相成的，还有传媒理论中社会责任论对自由至上主义所作的修正，沙菲正是哈钦斯委员会中的重要一员。对于沙菲和哈钦斯委员会来说，传媒的负责行为至为关键。沙菲认为，政府须在有限基础上对“观念市场”加以干预，以保持这一市场的良好运转。如同在经济市场上一样，政府的规制可以纠正垄断、供应以及定价方面的问题，从而保证信息消费者能够就其公共生活作出正确的决定。

无论是巴伦还是沙菲的批评都可以算作是对“市场”的检讨。查尔斯·埃德温·贝克详细分析了市场失灵理论，总结了这一理论的四种主张：一是在不限制任何人的表达自由的情况下尽可能纠正经济市场失灵；二是保证所有的观点能充分但不必平等地进入观念市场；三是保证所有的观点平等地进入观念市场（例如，每个候选人都拥有相同的时间）；四是保证所有人平等进入的途径①。总的来说，认为市场失灵的人把“观念市场”理论由自由放任模式改造成了国家控制模式。从坚决排拒政府到赋予政府干预权力，“观念市场”的观念史演进，显示了这一古老类比的内在张力可以有多大。

贝克既不同意“观念市场”理论的古典模型（the classic model），也不同意市场失灵模型。他认为，古典模型所依赖的假设导致了“观念市场”理论的非连贯性，并不存在某种客观的、可发现的真理，人们也并不总是理性的，并且，不同的人用不同的方式感知真理。“只有把有关真理客观性的误置的前提同人类理性程度的极端假设合在一起，才能够正当地相信一个旨在求得真理的不受控制的‘观念市场’在常规意义上的至高无上性。”② 在这一点上，贝克可以说与巴伦殊途同归。然而，贝克同时又认为，市场失灵模型难以操作，十分危险，与第一修正案目的的合理诠释无法保持一致。为此，他提出了自己的自由模型（the liberty model）。“自由模型认为（第一修正案的）言论自由条款并非保护一个市场，而是保护个人自由的舞台（an arena of individual liberty）不受政府的某些类型的限制。言论或其他自我表达的行为受到保护，不是因为它们构成一种实现共同善的手段，而是因为它们对个体深具

① Baker，C. Edwin（1992）. Human liberty and freedom of speech［M］. New York：Oxford University Press.

② Baker，C. Edwin（2007）. Media concentration and democracy：Why ownership matters［M］. New York：Cambridge University Press.

价值。”①

如果说古典的“观念市场”理论可以概括为“追求真理说”（truth - seeking theory），那么，贝克的自由模型或可总结为“自我实现说”（self - fulfillment or self - realization theory）。自由模型有两个关键点：一是自我实现，二是参与变革。这两点其实是从他的老师、耶鲁大学教授托马斯·爱默生所主张的表达自由的四种价值中提炼出来的。爱默生认为，在一个民主社会中，表达自由可以促成个人实现自我、增进知识及发现真理、健全民主程序并保障社会成员的决策参与、经由讨论和妥协维持一个能适应环境变化而又稳定的社会。爱默生认为这四种价值彼此依存，缺一不可。

在贝克的眼中，言论自由只同言论者的自我实现以及其参与文化、社会与政治变革的能力相关，它们才是第一修正案应该守护的理想。这两点之所以关键，是因为它们意味着追求自我实现与自决（self - determination）的自由，而爱默生的其余两项价值——真理的发现和稳定的社会——虽然也重要，但却是这两项核心价值的“衍生物”。就言论而言，当其为言论者所自由选择，目的是说服他人时，这也就定义和表达了“自我”，从而提升了个人的自由②。自由的言论也使得个人得以发展自我的力量与能力，就有关自身的命运作出决定或是影响他人的决定③。

总的来说，“观念市场”理论的提出建立在个人理性思考的力量和个体的自然权利之上。随着自由主义和个人主义成为近代欧洲的普世价值观，启蒙运动将理性确立为“人之为人”的基础，自由表达的权利成为了社会共识：每一个人在发展自己的个性的过程中,都有权利形成自己的信念和观点，并且有权利将这些信念和观点表达出来。直到20世纪，“观念的自由市场”作为一个概念才被正式提出。这一观念将市场竞争的模式引入观点争辩的过程中，并随着人们的不断引用而成为个人言论自由权的经典表述，也构成了自由的媒体在一个社会系统中运行的基本准则。即是说，理想的大众传媒应具备一

① Baker，C. Edwin（1992）. Human liberty and freedom of speech［M］. New York：Oxford University Press.

② Baker，C. Edwin（1982a）. Process of change and the liberty theory of the first amendment. S. CAL. L. REV，(55)，293.

③ Baker，C. Edwin（1982b）. Realizing self - realization：Corporate political expenditures and redish's the value of free speech. U. PA. L. REV，(130)，646.

个重要功能，即提供一个交换评论与批评的场所。

二、互联网语境下“观念市场”的适用性

马克·波斯特认为，当代的社会关系似乎缺乏一种基本层面上的交往实践，而过去，这种实践是民主政治的母体，分布在一系列场所：会场、新英格兰的市政厅、村庄教堂、咖啡馆、酒馆、公共广场、方便来往的谷仓、协会会所、公园、工厂食堂，甚至是街头的一个拐角。上面所说的许多场所仍然存在，但却不再是政治讨论和行动的组织中心了。媒体尤其是电视和其他类型的电子传播方式似乎将公民彼此隔绝，让自己成为了旧日的政治空间的替代物。

波斯特在这里说的是，公共交往现在越来越少地在物理场所进行，而越来越多地在媒体上展开。不同的传播媒介在物理介质和传播特征方面的特点和潜质，会影响观念自由表达的权利的实现方式和实现程度，在互联网出现后这一点变得尤其明显。王四新指出互联网更有利于表达自由的实现，这是因为互联网在信息控制、准入门槛、表达成本等问题上，给了表达者前所未有的优势。因此，他对网络作为“观念市场”的潜力给出了全面乐观的估计。①

这种乐观来自于对传统大众媒体的弊端的认识。这些媒体的进入门槛很高，往往被政治利益和商业利益所控制，激进的或是其他另类的观点很难在其中得到表达，所有这一切都构成了观念自由流动的障碍。而互联网允诺消除参与富有意义的公众讨论的结构和经济方面的障碍，使得公众讨论更民主、内容更丰富，更少受强大的言论者的操纵。乐观者由此认为，超越传统大众媒体的限制，“观念市场”在网络时代不再仅仅是一个空洞的渴望。

然而，在互联网发展的最近10年，技术发生了许多重要变化，不论是工具还是平台，也不论人们对这些工具和平台的使用与理解，都显示出一种明确无误的演进：互联网终于由工具的层面、实践的层面抵达了社会安排或制度形式的层面，我们将面临一场“旧制度与数字大革命”的冲突。因此，围

---

① 王四新．网络作为观念市场的潜力［J］．国际新闻界，2008（3）：47－50.

绕互联网的公共讨论和学术话语正在发生一场从“强调可能性、新鲜感、适应性、开放度到把风险、冲突、弱点、常规化、稳定性和控制看作当务之急”的迁移。

在这种迁移之下，网上的“观念市场”到底会如何发展成为有争议的问题，有关此方面的讨论常常和对网络公共领域的检视联系在一起。对网络公共领域的批评来自几个方面。有人指出在互联网的爆炸成长中，获得注意力将和在大众媒体语境下一样困难。因此，如同大众媒体，金钱最终也会决定谁在网上能被听到。这让人想起女性主义法学家凯瑟琳·麦金农对“观念市场”隐喻的猛烈抨击：市场只会回报有权势的人,他们的观点因而被树为真理。

有人担心个人从定制化的窗口中观看世界，政治话语和行动因此丧失了共同的基础，而这种碎片化最终会导致群体极化。所谓群体极化，指的是社会群体并不试图争辩、让人信服或是参与公共思考，而是简单化地表达一些声称，这些声称不是出于说服他人的意愿，而是为了表明自己的归属和认同。结果是，人们停留在各自的阵营之中，这些阵营渐行渐远，因为缺乏有关各自信念的理由的交流沟通，人们开始把不同于己的阵营视为奇怪的、异类的和不可理喻的一群。群体极化也可以视为市场失灵的一种表现，它会导致误传以及有意传播的假信息在“观念市场”上的繁盛。

还有人从分析网络特性中发现，只有少数网站被大量链接，互联网、万维网、博客圈，都遵循同样的规律，互联网在复制大众媒体的模式，虽然增加了更多的声音，但在结构上并没有带来什么真正的变化。此种观点被率先开展这类研究的阿尔伯托－拉齐奥·巴拉巴西表达得最为清楚：“我们的网络图绘计划的最引人入胜的结果是，网上完全缺少民主、公平和平等的价值。”

所以，我们要回答的问题是，互联网是否过于混乱或者过于集中，以至于在对话方面很难比大众媒体做得更好。网络拓扑学的确显示了“每个人都是一个小册子作者”或者每个人都可以站在肥皂箱上演讲的想法的虚幻，因为你固然可以讲，但有没有人听是另外一回事。网络不平等性的发现确实让很多人对网络“观念市场”的作用产生怀疑，但必须指出，怀疑者使用了错误的基线。在复杂的、大型的民主政体中，从来就不可能出现每个人都可以说话、每个人又能被听到的状况。拿来比较的基线应该是传统大众媒体的单向结构。如果说网络“观念市场”能够吸纳更多的观点，能够颠覆少数人的话语霸权，能够提供难以收买的意见平台，那么我们就可以说，它在结构上对大众媒体主导的“观念市场”具有优越性①。

而且，如哈佛大学学者约凯·本克勒所指出的，网络公共领域已经开始回应信息超载的问题，同时不会回归大众媒体的守门人的老路。一方面，非市场的对等性的过滤和鉴定机制正在形成；另一方面，一种“注意力干线”(attention backbone) 开始发挥作用：先是“地方性”的集群 (cluster)，即兴趣社区，为个体的观察作出如“同行评审”似的最初判断，然后，筛选出来的观察汇入更大的集群，直到被网络上的“超级明星”站点所发现，传递给成千上万的人。结果是，比起大众媒体，网络环境中的注意力更多依赖于某些观察是否能够打动某个群体，而不像前者那样必须诉诸最小公分母。因为许多集群是基于共同兴趣，而不是资本投资，在网上很难用金钱购买注意力，更难以压制不同意见。

总的来看，把网络作为终于到来的理想的“观念市场”充满了障碍。对这种革命性技术的高期待落空了，这是一个让人沮丧的现实。虽然以上的检讨基于大量事实的存在，但我们并不能简单地得出结论说，由于现有的缺陷，网络“观念市场”的潜力被彻底窒息了。

首先，许多关于网络讨论的研究成果是彼此矛盾的，这是因为采取的方法论不同，也可能真正的问题在于，研究中是否提出了合适的问题。其次，我们必须超越一种比较，即把互联网的当下状况同理想化的审议民主相比较；或者同十年前我们预想的乌托邦式的公共领域相比较，还应该检视目前互联网上发生的一切是不是对现存线下情势有所改进；或者把互联网同被权力和金钱严重扭曲的大众媒介的“观念市场”相比较。那样，我们对互联网和“观念市场”的关系又会形成全新的理解，尤其是在中国的特定语境下。

三、数字环境的制度生态

计算、通信和存储成本的下降，使人口的可观部分获得了从事信息和文

---

① 胡泳．正确认识互联网时代的众声喧哗［N］．新华日报，2013－4－9（B07）．

化生产的物质手段，个人可以有效地在公共领域中开展传播，由被动的读者和听众转变成发言者和对话的参与者。任何地方的任何人都可以在自己的实际生活中，用自己的眼睛观察周围的社会环境，从而可能为公共讨论注入一种想法、一个批评或是一种关注。网络公共领域的不同形式，使得所有人都有发言、询问、调查的出口，而不必依赖于媒体机构。我们看到了新的、分权化的方式，在履行监督的功能，在展开政治讨论和组织，在影响议题和话语。一言以蔽之，“从前作为受众的人们”现在成了政治对话的潜在贡献者和政治舞台的潜在行动者。他们获得的正是贝克所称道的参与变革的能力。

贝克的第一本巨著《人类自由和言论自由》，从最重要的个人自由和自治来捍卫美国宪法第一修正案保护的言论自由，而不是从传统悠久的“观念市场”理论来理解①。他不认为言论自由最终仅仅构成一种功能性的权利，只是为了服务于“观念市场”。即使某个人的言论并不能够对真理的追求有所贡献，社会也不应阻止其说话的权利。

然而，从另外的角度来看，“观念市场”模式也有其有力的地方，尽管它是一个描述性的隐喻，既不十分精确，也很容易找到很多失败的事例来加以反驳——历史上从来不乏坏的观念战胜了好的观念的情形。但是这些不足之处与允许政府管制各种观念及其表达所造成的损害相比，完全相形见绌。所以，问题并不在于“观念市场”模式是否完美和站得住脚，而在于它与允许政府对媒体施加更大影响的模式相比，是否较少不完美、造成的损害更轻。

“观念市场”的要义在于：在竞争中胜出的观念应该具有更好的品质。我们的观念和我们的思考正是因此得以改善。如果不同的观念都在同一个场域中呈现，该场域拥有最大数目的能够自由表达的能动者，那么彼此竞争的观念必须经过一系列支持或者反对的论证过程。一种意见的平衡必须和反对意见的平衡形成比较，只有形成最佳平衡的观念才会“存活”。

首先，大规模参与是“观念市场”上的辩驳和慎议（deliberate）的关键，只有存在大规模参与，可能的论点和替代性的看法才会丰富而多元。其次，言论自由的权利的重要性也丝毫不亚于大规模参与，只有每个人都有效行使

① Baker, C. Edwin (1992). Human Liberty and freedom of speech [M]. New York: Oxford University Press.

其言论自由权，观念的竞争才是充分的和可信的。自由的、能够表达的能动者的大规模参与，甚至在某些观念到达市场之前就对观念的品质有良好的促进：人们因为知道自己的观念会受到挑战和质疑，所以会进行认真准备，加强反对意见可能提出异议的地方，观念的打造因此成为一个去芜存菁的过程。

一个运转良好的观念市场，最终会保证社会的适当进化。政府在这个过程中的作用有二：保证机会的平等和形成一个公民动议得以兴盛的环境。根据“观念市场”理论，言论自由权利的实现要求有一个不受限制的言论市场。这就对拥有权力与社会经济资源的政府提出了一种要求，不能以自己所掌握的权力，随便介入“观念市场”的运作，政府对言论内容的控制不能只是将“观念市场”朝着自己喜欢的方向推进。

互联网的出现令“观念市场”更加复杂。由于互联网是跨越国境的，所以，它不仅和一国政府的管制有关，还和全球治理相关，2010 年谷歌宣布退出中国之举，就把其间的冲突和尴尬暴露无遗。互联网活动者起初倡导的精神——一种有组织的无政府主义，既不受政府控制，也不受私人部门的控制——早已被后来的事态发展所破坏。技术和市场的变化，政府利益和国际规则的交织，都增加了人们对媒体促进或阻碍异议和一致性的作用的关注。在这方面，贝克主张以国际人权体系来规范包括互联网在内的传播现象：“我认为人权法……提供了可能的语境，使得诠释者既对国家培育自身的媒体的需要保持敏感，又对国家不应令其公民隔绝于多样化的观点和棘手的观念的人权律令善加注意。”① 这就意味着秉持这样一种原则：在制定法律的过程中尊重公民的自治，将公民看作存在适当的自决要求和自我实现的兴趣的能动者。

在中国跨入信息时代之时，贝克的想法值得我们深思。问题不在于是否应该规范互联网，而在于怎样规范。在实地操作中这意味着两点：一是尽可能地使用现有的法律；二是政府如果犯错误的话，也应该犯规范过少的错误，相信互联网会逐渐更清晰地成形。在互联网提出了那么多难以解答的问题的情况下，政府未见得有最好的解决办法，即使有，也不见得是最好的解决办法。最终，互联网也许会催生出一种新的规范方式，不那么具有强制性，而

---

① Bake，C. Edwin（2000）. An economic critique of free trade in media products［J］. North Carolina Law Review，（78）：1357－1435.

更多地相信个人自由和公民自治的力量。

这种新的规范方式，源自于国家、市场两大传统的资源分配模式之外的第三种合作努力，本克勒称之为“共同对等生产”（commons - based peer production）。在他看来，由个人及或松散或紧密的合作者进行的非市场化、非专有化的生产，在信息、知识和文化交换中所起的作用日益加大，维基百科、开源软件和博客圈都是例子。例如，本克勒认为博客和参与式传播的其他方式能够导致“一种更具批判性和自反性的文化”，在这样的文化中，公民们获得了在范围广泛的议题上发表自身看法的权力。

这种权力必然威胁到现有权力的持有者。本克勒指出，在新的信息环境中，个人获得了更多的自由，但也卷入了一场有关数字环境的制度生态的战役之中。大量的法律和制度开始受到质疑，本克勒预言，10 年后，这场战役的结果将影响到我们怎样了解周围世界正在发生的一切，以及我们作为自治的个人、公民、文化和社区的参加者在何种程度上、以何种形式去塑造未来。

无论如何，有越来越多的人认识到，在公共领域中过度集中的权力会带来滥用这种权力的真正危险，分散化使人们得以暴露权势者的无能和不正当行为。越多的人享有监督的力量，就可以从更广泛的视角展开监督，并对潜在的问题提出不同的识见。这个过程可能不会是一个完全自然的过程。即便我们相信，新的局面会有机地形成，但问题还在于，这个过程会有多长。所以，公共政策的干预亦是十分必要的，只是，政策的议程须有网民参与制定，在其中，自由而开放地使用互联网，应被视为一种普遍性的权利，任何人都可以享有。

陈德人

从马云“五新”之争看新经济的本质

陈德人，信息社会50人论坛成员，浙江大学电子服务研究中心主任、教授，其主要研究方向为电子商务、服务学、互联网与计算机应用技术，先后承担并完成国家自然科学基金、国家重点攻关、863、973、国防预研、国家发改委、国家科技支撑、航天部、商务部等部委和省级以上单位及一大批企事业单位的项目70多项。其累计发表学术论文200多篇，专利8项，软件著作版权8项，主编著作教材20多部，并先后获得国家级科技和教学成果奖5项、省部级奖9项。陈德人为国务院特殊津贴获得者，2009年被评选为“中国电子商务十年发展突出贡献奖”（中国电子商务协会颁发）、“首届中国服务业科技创新人物奖”（中国商业联合会颁发）和杭州市数字人物。

如今，围绕马云提出的“新零售、新制造、新金融、新技术、新资源”的“五新”，引起了一些争议和讨论。杭州娃哈哈集团董事长宗庆后认为，除了新技术以外，其他都是胡说八道。TCL集团董事长李东生表示，只有新技术很认同，其他那几个“新”自己看不太明白。格力电器的董事长董明珠则表示，“90后”不愿意去实体经济工作，喜欢开网店，这一代人对我们国家经济的发展是有隐患的，不仅仅是网店模式给实体经济带来冲击，它给整个社会都带来了冲击。

就这个话题，我想谈谈我的个人观点。

一、“五新”争论的背后其实是两种思维模式之争

我认为所有关于“五新”的争论，其核心不在于概念的认可或内容的存在与否，而是两种思维方式的争论，即互联网思维和传统思维下的观点之争，就犹如“横看成岭侧成峰，远近高低各不同”。视野不同，得出的结果自然也不一样。

李克强总理在首届乌镇峰会期间提到关于互联网的定义，即“互联网是人类最伟大的发明之一，改变了人类世界的空间轴、时间轴和思想维度”①，深刻地揭示了当今互联网环境下一定要有站得高看得远的勇气和能力，才能够把握未来的方向。自从李克强总理在2015年两会报告中提出制定“互联网+”行动计划以来，2016年各地各部门各行业都在积极制定和实施“十三五”的“互联网+”行动计划。“创新”是“互联网+”行动计划的主旋律。如果说互联网就是一个工具的话，那么那是“+互联网”时代，它只是通过互联网在原有的运行体系下来提高效率和降低成本。今天的“互联网+”时代则是通过颠覆和融合来形成新的体系，正如我们现在看到的第一、第二、第三产业正在通过“互联网+”融合成为新农业、新工业和新商业的新经济体。

进入“互联网+”时代的互联网究竟有多大的力度？我认为，互联网就是那个支点，那个能够撬动地球的支点。

二、新经济有“六新”需要关注

要表达出新经济的全部内涵，应关注基于新经济在应用层和支撑层两个层次上的“六新”。从应用层面上至少覆盖了新农业、新工业、新商业三个领域，从支撑层面上则至少包括了新技术、新资源、新服务三个领域。

新农业：与传统农业发展目标相比，新农业更注重在解决温饱的基础上转型到解决质量问题。作为新农业重要手段的农村电子商务才起步三年，从

① 李克强总理2014年11月20日在杭州会见出席首届世界互联网大会的中外代表并同他们座谈的讲话。

下行发展到上行推广还有很长的路要走（因此电子商务不存在不再提和不再搞的问题），需要和新农村建设、精准扶贫和城乡一体化在新经济视角下兼顾起来协同攻关。

新工业：实体经济摆脱危机的关键是创新出一条新路而不是重走回头路。制造业的转型升级本身就是一次新的工业革命，就如李克强总理指出的通过“互联网＋双创＋中国制造2025”的结合进行工业创新，催生一场“新工业革命”①。从大规模制造到个性化定制，从生产者与消费者单向流通到消费者同时成为生产者的双向流通等都是新经济的创新模式。马云的新制造可能就是基于上述的观点提出的。

新商业：如果说互联网的上半场是从无到有，是提高效率进而形成产业链，那么互联网的下半场就是创新和重构适应新经济环境下的商业模式，包括零售、供应链、物流等的重构。现在大部分人仍然停留在将网上开店与实体商店、网上商城与实体超市、行业平台与产品供应商进行分类区别的传统观念中，其实O2O（线上到线下）已经快速打破了线上和线下的商业流通的壁垒。每年许多大小百货商场的关门足以说明商业变革的紧迫性。中国的零售业电子商务无论其规模还是模式已经进入了无人区领域，更需要的是原创性的新思想和新动力。马云提出的新零售可能就是基于这个思考。新零售是新商业的重要组成部分，我们需要从更高的层面来思考新商业的创新内容。

新技术：新技术是双创的关键驱动力。与以往不同的是如今的新技术更多体现出的是信息与通信技术（ICT）、生物与基因技术、能源与空天技术、医学与控制技术等融合在一起的混合型成果，世界必然因此而改变。特别是“互联网＋”的应用正在颠覆现有的社会结构、行业体系和经济模式，让人类生存生活中一切原本认为的不可能变为可能和可行。这就是为什么BAT（百度公司、阿里巴巴集团、腾讯公司三大互联网公司首字母的缩写）越来越像一个巨无霸。任何一个行业，只要BAT进入就可能产生天翻地覆的变革，就如美国的Google（谷歌）在研发无人驾驶汽车、Facebook（脸书）在研制飞机和卫星一样。

新资源：资源是人类赖以生存的保障，就像农业时代的水不仅仅是让人

---

① 李克强总理在2015年10月14日国务院常务会议上的讲话。

能够解渴，更是为了维持生命和健康生活；工业时代的电不仅仅就是为了在黑夜中照明，更是为了提高生产效率和生活质量一样。互联网以及基于互联网的大数据就是现代社会的最重要资源，它不仅仅是为了计算和连接，更是为了适应美好的改变和未来的生存。新资源与新技术的结合将是新经济主要的创新源泉。

新服务：人类在不断解决和完善有质量的温饱与物质的基础上，进一步的欲望就是获得更高质量和水平、更舒适和便利的服务。互联网让任何人在任何时间、任何地点、用任何终端、以任何接入方式进行互动，也让更多的服务贯穿于人的生活、工作和娱乐过程中。麦肯锡的研究表明，信息社会每一个传统职业岗位消失，就会新增 2.63 个新岗位。这些新岗位就来自于不断产生出来的基于新农业、新工业、新商业、新技术、新资源和新服务的新兴行业。新经济时代一个年轻人兼职多个岗位应是司空见惯。我曾经到过的纽约 IBM（国际商业机器公司）和牛津大学产业园区，很多年前就鼓励公司的员工一周至少两天在家中上班以节省时间或减小交通压力。因为有了互联网，从“80 后”“90 后”再到“00 后”，他们对于互联网的应用已经越来越成熟和深入。新经济环境下的年轻人开网店只是生活的常态，还可能会开好几个。他们的网店不是生活所迫，而是个人的业余爱好而已，他们也可能会办企业或在企业上班，这也是新经济下多元化生活的一部分。

三、新经济的本质和内涵

关于新经济，很多国内外的经济学家和各类专家都有各自的观点阐述。笔者认为新经济的本质首先就是创新型经济，尤其是以互联网为代表的科技创新型经济。习近平总书记在 2016 年二十国集团工商峰会（B20 峰会）上发表了题为《中国发展新起点，全球增长新蓝图》的主旨演讲，强调建设创新、开放、联动、包容型世界经济的中国战略与合作之路。在演讲的八个观点中，有五个都是围绕以互联网为代表的新经济展开论述，介绍了中国创新驱动发展战略，“在新的起点上，我们将坚定不移实施创新驱动发展战略，释放更强增长动力。抓住科技创新就抓住了发展的牛鼻子。建设创新型国家和世界科技强国，是中国发展的迫切要求和必由之路”。习近平总书记强调了科技创新的作用，“创新是从根本上打开增长之锁的钥匙。以互联网为核心的新一轮科技和产业革命蓄势待发，人工智能、虚拟现实等新技术日新月异，虚拟经济与实体经济的结合，将给人们的生产方式和生活方式带来革命性变化”。

一般常常把新经济与信息经济、网络经济、互联网经济或数字经济互为代名词而混为一谈。我的观点是上述名称各有各的表述和意义，而新经济要比上述概念更为广泛。从新经济的内涵分析，新经济既包括了信息经济、网络经济、互联网经济或数字经济所涵盖的各类新兴产业和业态，也涵盖了传统经济与信息经济等创新融合或转型升级形成的经济体。

新经济代表了当今世界经济发展的主流方向。在全球经济快速发展变革的进程中，所有的经济个体、经济活动、经济属性或固有模式都不得不先后委身其中。就如从农业时代个体劳作的无数离散的点模式，到工业时代的大规模流水线作业的线模式，再到互联互通和开放互动的网模式。在中国，2015 年网络经济的年增速是国内生产总值增速的近 7 倍，无疑已经成为引领中国经济发展的主要引擎。

与传统经济相比，新经济无论从基础设施、核心业务还是可持续发展等方面都有完全不同的内涵和特征。例如在基础设施方面，新经济以平台为核心提供互联网的各类服务从而实现共享、分享或协同，达到大规模的效果。

在核心业务方面，新经济通过粉丝实现互动和融合从而打造全新的互联网品牌。例如 2016 年的“双 11”全球狂欢节全国各大平台销售总计超过 1700 亿元。从一系列眼花缭乱的数据背后体现了消费的五大变化，即全民娱乐互动化、买全球卖全球化、城乡消费一体化、线上线下结合化和移动消费主流化。

在可持续发展方面，新经济通过跨界和创新来打造可持续发展的生态链从而实现企业持久存在的价值，包括制造业服务化、服务业产品化、产品数字化等业务的扩展。

很多事实证明，越是有争论的东西就越有生命力。无论是马云的“五新”还是文中提出的两个层次的“六新”，以及林林总总的各种“新”，都是新经济的范畴。新经济一定会在争论中不以人的意志快速发展起来，就像一百年前的中国人争论的“新生活”一样。

张国华

互联网时代需要重新定义“征信”

张国华，信息社会50人论坛成员，国家发改委城市中心综合交通规划院院长。其研究领域涉及智慧城市、新空间经济和新规制经济理论、“产业·空间·交通”协同的多规合一规划、基础设施PPP投融资。其在《人民日报》《瞭望》《财经》《财新》《南方周末》《经济要参》和《中国交通报》等知名媒体发表“互联网+交通”专稿数十篇，在《城市规划》《城市规划学刊》《规划师》等知名学术期刊发表论文50余篇。同时，他还是北京交通大学和北京建筑大学兼职教授、世界银行交通顾问、中国城市规划协会专家、中国分享经济工作委员会专家委员。

6月6日，在中国越来越多的主题日中，又多了一个“信用主题”——芝麻信用日。这个由芝麻信用公司发起的主题日到2017年已经是第三届，据说被年轻人热捧。除了之前共享单车接入芝麻信用免押金博得了年轻人的普遍好感，2017年该公司还针对年轻人推出了“压键盘”超长品牌广告引发了广告圈的争议。

芝麻信用日之所以成为社会的关注热点，不在于一个企业的宣传行为，而是互联网信用时代的来临，让大多数人切身感受到信用的价值：据芝麻信用披露的数据，截至2017年5月，国内已经有14家共享单车接入芝麻信用，使用人数超过2000万人，免押金总金额约36亿元。其中永安行使用超过1亿人次，违约用户数不足50例；而通过负面信息披露、合作伙伴联动等，芝麻信用已协助最高法院联合惩戒“老赖”超过120万人，超过5.4万名“老赖”因此还清债务，其中1.1万名是长达两三年拒不履行判决的“老赖”；芝麻信用还配合国家发改委共同研制信用城市指数，已经于2016年11月纳入“信用城市监测体系”，对全国300多个城市的信用状况进行监测和评价，促进地方政府政务精细化管理。

可以说，传统的“征信”概念，在当前“互联网+”风起云涌的时代，已经在概念外延、内涵和使用场景、应用规模等诸多方面产生巨大变化。互联网时代需要重新定义“征信”，需要面向未来，面向金融服务领域之外更广阔的领域去看待信用的价值和建设路径。

怎么看待互联网时代的信用？它究竟发挥什么样的作用？

从时间维度看，信用源于社会的分工与合作。正如经济学鼻祖亚当·斯密提到的，市场经济有几个核心词就是“分工、交易、信用、定价”，即“分工产生交易，有效交易需要信用保障，信用带来定价”。

信用的典型代表就是西方社会经常谈及的“契约精神”，是一种自由、平等、守信的精神。契约精神促进了商业文明的发展，已经发展成为商业经济社会的内在原则。在市场经济环境体制下，如果缺乏信用，很容易导致生产和交易的成本畸高。在信用完善的国家和地区，企业开展生产活动，所备的自有资金占全部生产成本的比例仅为20%左右就足够了，但是在信用不完善的地方，这个比例就需要高达80%。很多小微企业很难获得金融机构的融资支持，银行也不会轻易给中小商户发放贷款，这些都源于信用体系构建方面的缺失。

从空间分布的维度上来看，信用更多体现出的就是农业社会向城市社会的转变。农业社会是熟人的社会，人与人之间最核心、最坚不可摧的关系是家族血缘关系，外部设定的规则基本无用。但到了城市就不一样了，城市社会是陌生人的社会，大家来自不同的地方，一群不了解、不熟悉，以前甚至从未谋面的人在一起做事，进行生产活动，实现交换和贸易，在这个过程中就必须要有一个牢固的联系纽带，降低我们的社交成本和经营成本，这就是信用的作用和价值。

从时间和空间两个维度可以看出，信用的本质内涵远远超过传统“征信”概念定义的内涵。

当前，社会信用体系的建设不在于概念的争论，更紧迫的是两方面内容：一方面，社会各领域都要纳入信用体系，尤其是食品药品安全、社会保障、金融等重点领域更要加快建设；另一方面，要完善奖惩制度，全方位提高失信成本。

信用的好坏决定一个社会的文明程度，信用评价体系是否健全也会决定一个社会的发展水平。比如共享单车被损毁折射出的一些素质低下等问题，都反映出了我们的社会和城市在信用方面的缺失。可以这样说，脱离了信用约束的人，往往会爆发出人性黑暗的一面，而脱离了信用约束的社会，往往也容易进入混沌与混乱。

互联网的时代，技术改变和商业模式创新给了我们重新定义信用的机遇，“互联网+”能够根本性地改变传统的信用体系。

“互联网+信用”带来的变化是复杂的，但是如果用简单的网络语言来说，就是给优质产品“点赞”，把不良商家“拉黑”。在“互联网+信用”的支持下，谁讲信用、谁不讲信用，谁的信用程度高、谁的信用程度低，这些过去难以量化的信息，都可以非常便捷地获得。云计算、大数据、物联网以及移动互联网技术使得每一个普通消费者可以便捷低廉地观察到潜在供给者的信用度，从而做出理性的抉择，大大促进在个体之间重新构建信用关系，逐步提升全社会信用意识，社会生产和交易的成本将极大降低，最终提高全社会经济运行效率水平。

互联网时代的信用建设，需要用好大数据、人工智能等“互联网+”手段，在“互联网+信用”的基础上推动信用城市的建设，让我们的信用信息流动顺畅，打破信息孤岛；让社会的信用评价体系健全，人人拥有信用记录；让共享单车等城市共享经济的便利人人可享，先享后付处处可见；终极目标是建立人人守信、守信激励、失信惩戒的信用社会基础规则。

我国走向现代化的必由之路，在空间维度上体现为城市化，在时间维度是让市场在资源配置中发挥决定性作用的市场经济之路。“互联网+信用”的发展将重塑我国社会经济的形态和结构，未来成功的城市，必将是“互联网+信用”的城市。

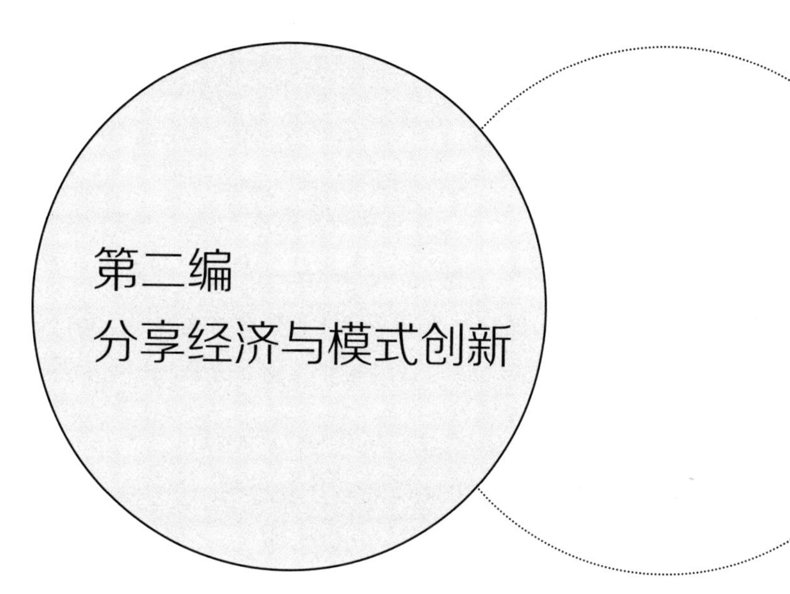

第二编

分享经济与模式创新

姜奇平

共享经济是法国大革命以来最伟大的产权革命

姜奇平，信息社会50人论坛理事、中国社科院信息化研究中心秘书长、《互联网周刊》主编，2006年获中国信息协会中国信息化论文一等奖，2008年获中国信息经济学会论文一等奖，2009年获中国电子商务十年发展特殊贡献奖，当选中国互联网10位启蒙人物之一。2011年其著作入选中国信息协会中国信息化十大专著，著有《新文明论概略》（上下卷）《后现代经济——网络时代的个性化与多元化》《体验经济》《长尾战略》《数字时代的人与商业》《数字财富》《新商业模型》《21世纪网络生存术》等，翻译美国商务部《浮现中的数字经济》。

2017年，广州推出“租售同权”政策：租房者与购房者享受同等权利，包括就业、经商和就近入学等。这个政策表面上看是在打压学区房的房价，其实是地方政府对产权理论有了新的思考。

不仅仅是地方政府，过去十多年叱咤风云的房地产行业也在重新思考。大连万达集团董事长王健林和“SOHO中国”董事长潘石屹都提出了轻资产的战略。王健林甚至一口气把万达集团旗下13个文化旅游项目公司及76家城市酒店，以631.7亿元出售给融创和富力。

这些现象的背后，都指向一场正在发生的革命，这场革命是三百年来继法国大革命后人类经济制度最伟大的一场革命——分享经济。

这场革命，将会颠覆今天的经济和社会结构。

一、信息技术是“孙悟空吹汗毛”技术

我们看到的这些人类制度的变迁，都是不以个人意志为转移的。王健林和潘石屹，他们也没想清楚，他们只看到现象，发现谁有重资产谁倒霉。

2016 年 6 月 8 日，苹果公司调整了应用商店的分成比例，开发者的营收分成比例不再是以往的 70%。如果用户选择订购全年服务，开发者获得的收入比例将上升至 85%。

为什么资本家会同意把剩余价值多给劳动者，自己拿小头？很简单，还是“孙悟空”闹的。我把 IT 称为孙悟空技术（即“拷贝汗毛”技术，当代称信息技术），像吹汗毛一样造出了无数的资本分身。

分享，就好像用复印机拷贝。好比你们家允许开办一个美联储，想印多少就印多少，你是印 M1（增值服务价值），还是印 M2（平台价值）呢？我把印 M1 的叫小毛贼，把印 M2 的叫四十大盗，又称阿里巴巴。

阿里巴巴的本质与苹果一样，都是在用复印 M2 的方式搞分享经济，把公司办成了“美联储”。阿里巴巴平台和苹果商店平台基础业务都不收费，印出的 M2 像学雷锋那样白送给所有人；靠收租，从 M2 生出的 M1 中营利。

我在《分享经济：垄断竞争政治经济学》里写，这叫一人办一个美联储在那儿印 M2。注意，他不是印 M1，M1 是简单再生产，M2 是要增值的。马云根本不是做商品的，他知道资本可以拷贝。

阿里巴巴最大的模式是把自己办成“美联储”，每人办一个“美联储”，这才叫分享经济。

分享经济有一个特点，那就是免费，但我们口头说的免费和商业意义的免费是两码事。《连线》杂志总编辑克里斯·安德森在《免费：未来的商业模式》这本书中说到，免费有前提：要把业务分成基础业务和增值业务，有一个免费业务必有一个收费业务配对，两者是相互依存的。免费一定是建立在资本分享基础上的，所有免费的东西都是在分享资本，收费是增值业务，相当于重资产和轻资产分离。

王健林和潘石屹他们已经头脑大乱了，他们知道不能保留重资产，但是他们不知道该怎么做轻资产。为什么呢？他们发现逃避重资产的原因是有人

在复制资本，导致他们的资本整体上通货膨胀了，这是根本原因——全国没有任何一个人这样分析。除了政府的压力之外，他们已经预先感觉到资本在浮动。如果旁边有一个美联储在印钞票，滥发生产资料，相当于你的资产被通货膨胀贬值了。这就是他们抛弃重资产的原因。

分享经济还有一个特点：按使用效果收费。比如苹果应用商店，你的App（手机软件）赚了钱咱们再来分。要不赚钱呢？那就共产主义了，白给你了。你看马云分成的比例，总的资本收入和总的劳动收入比例，劳动者占更高。马云消灭了无数的资本家，拷贝了资本，他复印了1000万个店铺，相当于消灭了1000万个资本家。这些资本家可以得的，他一个人都得了，所以资本家作为一个整体，得的少，而不是多，这是一般人看不出来的。

公平与效率本是一对矛盾，分享经济的革命会解决这对矛盾。过去想搞公平就学北欧模式，马云不是，他觉得北欧还不够公平，要搞北美模式，这样才变得更公平。这不反了吗？过去，效率不足就向共和党靠拢，向自由派靠拢，马云不是，他要效率高，就向北欧靠拢，结果效率更高。

马克思和凯恩斯说的两个理论——“资本论”和“就业、利息和货币通论”，都基于资本不能拷贝的理论基础。但是，马云认为，资本论可以改，因为资本可以拷贝。这才是分享经济的核心问题。

二、资本不稀缺了还怎么主义

不管资本主义还是社会主义，都是建立在资本稀缺基础上的，但资本一复制就不稀缺了，资本不稀缺了还怎么主义？

华盛顿特区经济趋势基金会总裁杰里米·里夫金在《零边际成本社会》中预言：“到2050年，协同共享很可能在全球大范围内成为主导性的经济体制”“资本主义体制将丧失在经济中的主导地位”。“资本主义的没落并非由‘敌对势力’所致”，而是由于资本主义“内部架构”中存在的矛盾，“加速了它的灭亡”。意思是还没等资本主义“和平演变”社会主义，社会主义反倒把资本主义“和平演变”了。

我们从小考试时就背：人类到了某个高级发展阶段，共享就忽然实现了。共享在低级阶段时不可行，为什么到了高级阶段，就忽然变得可行了？

20世纪70年代末的农村改革是什么？本质就是不问拥有但求使用。不要问土地是国家所有还是集体所有，要问谁来种这个地，这是第一次拥有权和使用权分离的浪潮——这就是分享经济。城市的承包制也一样，不问资本归国家、集体还是私人拥有，但问谁使用机器制造产品，这是拥有权和使用权分离的第二次浪潮。中国的信息革命，是拥有权和使用权分离的第三次浪潮，不问信息归国家、集体还是私人拥有，但问谁使用——网商与双创人员使用平台虚拟资产。

三、工业革命是产权的核聚变，分享经济是产权的核裂变

法国大革命之前的法律里，支配权和使用权是分开的，古罗马一直就把它们分开，这个我有考证。古罗马法要求，拥有权和使用权的案件，不能同时在一个法庭上提出诉讼，诉讼必须分清是租的官司还是买的官司。直到法国大革命，把这两个合在一起的是《拿破仑法典》，一直到21世纪的全球金融危机都没有改过。这个法典的背景是，资本出现了，资本利用资本专用性理论来保护资本的利益。

信息技术和工业技术是两种不同的技术。就工业技术而言，产权是不可复制的，资本是专用的。比如说，一个砖头和水泥堆砌起的商铺，我来使用，别人就不能使用了。但信息技术不是，信息技术用无形的资产，把软件构成的生产资料，复制了无数套，就像孙悟空吹汗毛一样，给每人送一套生产资料。我们没有注意到一点：资产不再被禁锢在专用性里，资产没有了专用性时，用支配权赚钱以及用使用权赚钱，不具有本质的区别。

从工业化的角度来理解产权，跟从信息化的角度理解产权是有区别的。这就好比驾照和行驶本。工业化下的产权，相当于把驾照和行驶本当作一回事，过去，交通部门就把行驶本和驾照印在一个证上，后来发现这两个是不一样的。行驶本是归属权，但使用这辆车的人，只需要有驾照就可以，这辆车不一定是他的。

我们所说的分享经济是从资本的层面来分析的，而很多人都忽略了这个关键问题：没有从资本的角度来看问题。他们考虑的只是商品的层次。从资本的层面看，分享经济是扩大再生产、资本增值的问题。

由于互联网的发展，资产变得可以复制，因此房地产受到冲击，互联网公司都在用孙悟空吹汗毛的方式复制资产，建立新的商业秩序。这种资本结构的变动，导致整个产权制度发生变化。

拿破仑时代发生的工业革命是一次产权核聚变，现在分享经济是产权的核裂变。产权制度通过核聚变和核裂变两次革命，产生巨大的经济能量。核聚变就是支配权和使用权合并成同一种权利。支配权对应的是买的权利，使用权对应的是租的权利。过去我们并没有意识到这两个权利分开了以后有什么不同。

两权的关系很有趣，农业社会是两权分离，工业社会是两权合一，信息社会又两权分离，中间存在着一个明显的否定之否定规律，也就是隔代遗传。

满大街的自行车，忽然都变黄了。有人说这是为了挣钱，有人说这是以租代买。其实，分享经济是一场产权革命，而且是法国大革命以来最伟大的革命。

张新红

中国分享经济为什么这么火

张新红，信息社会50人论坛执行主席，国家信息中心首席信息师。毕业于北京大学国民经济管理系，历任国家信息中心计划财务部计划管理处处长、山东省淄博市市长助理（挂）、中国信息协会会长助理兼常务副秘书长、国家信息中心办公室副主任等职。其长期从事信息化研究工作，主持并完成“中国信息化发展报告”“中国内容数字化产业发展研究”“中国农村信息化发展模式研究”“中国数字鸿沟问题研究”“中国信息化城市发展研究”“中国信息社会测评研究”“中国电子商务发展研究”等重点研究项目。其主要著作包括《信息改变中国》《聚焦第四差别：中欧数字鸿沟比较研究》《中国信息社会测评报告》《中国信息化城市发展指南》《分享经济》等。

分享经济也叫共享经济，都是从英语“Sharing Economy”翻译过来的，为了与五大发展理念里的共享发展理念区分开来，在研究工作中我们更多地使用分享经济这个概念。近年来中国分享经济发展之快、影响之大几乎超出了所有人的预料，不断挑战人们的想象力。2017 年 7 月 3 日，国家发改委、中央网信办等八部委联合发布了《关于促进分享经济发展的指导性意见》（以下简称《意见》），舆论和业界普遍认为这将为分享经济发展带来重大利好。中国分享经济为什么这么火？《意见》的出台进一步引发了大家对这一话题的关注，本文就重点谈谈这个问题。

一、从共享单车看中国分享经济发展

全世界都处在从工业社会向信息社会加速转型的过程中，所以会不断出现一些现象级的大事件。这些大事件冲击力强、影响面广、出人意料又耐人寻味，然后还能让人恍然大悟。比如2016年能被称之为现象级事件的就有阿尔法狗战胜李世石、英国脱欧、特朗普当选美国总统等。如果要评选2017年的现象级事件，无论从哪个角度看，相信有一个事件都不会被大家落下，这就是：共享单车！

1. “有梦青年”正在改变世界

第一次认识共享单车是在2016年9月12日，可能比大多数人都早一些。那时正在参加“新经济新动能”课题组调研，第一站就选择了上海。12日上午座谈会期间，出来休息时看到会议室门口有一个小伙子在摆弄一辆橙色的无胎无链自行车，以前没见过，很好奇，就问他这是什么意思。他说他没有准备书面材料，等会儿就拿这辆车向大家汇报。后来到他发言时，就见他扛着这辆自行车走上了讲台，将自行车放在了旁边的一张桌子上以便让所有的与会人员都能看清楚。大家可能已经猜到了，这就是第一代的“摩拜单车”。小伙子讲得很兴奋，我听得也很兴奋。后来我拉着他说，赶快放到北京去吧，肯定受欢迎。果然，一个月后就在北京大街上看到了摩拜单车，当然同时出现的还有黄色的ofo。几乎让所有人始料不及的是，后来一下子涌出来那么多共享单车，颜色都不够用了，满大街都是。

截至2017年6月底，ofo在120个城市投放的自行车总量已经达到600万辆，2017年年底在200个城市投放2000万辆。6月订单量达到日均2500万单，累积融资额超过40亿元，公司估值超过40亿美元，触角已伸到美国、英国、新加坡、哈萨克斯坦，年底扩张到20个国家和地区。ofo与联合国开发计划署签署了战略合作协议，将每年的5月17日定为“最后一公里”活动日（这一天也是世界电信日和世界信息社会日）。

2017年5月，来自“一带一路”沿线的20国青年评选出了中国的“新四大发明”：高铁、支付宝、网购和共享单车。有报道称，李克强总理出国访问时人家都会说欢迎中国的共享单车到他们那里去发展。苹果公司首席执行官库克访问 ofo 时对共享单车有这样的评价："这是一个非常棒的案例，源自只有可能在中国产生的概念。"

大家在热议共享单车的成就与影响时，也惊奇地发现这些快速成长的企业的创立者原来都是一些年轻人，有些还是刚刚走出校门的小青年。摩拜创始人胡玮炜是"80 后"，ofo 的创始人团队是清一色的"90 后"。2016 年年底在深圳调研，从一家创业公司学到了一个新词——有梦青年，他们的标志是"心中有火，眼中有光"。正是这样一群年轻人正在成长为中国创新创业的生力军，推动着中国分享经济如火如荼的发展。

也许有人会问："为什么这个行业的创业者如此之年轻？'90 后'有什么优势？这么年轻的一群人之前也没有什么了不起的创业经历或社会背景，他们如何赢得投资人的信任从而成功融资？"我接触过一些年轻的创业者，他们大都有一些共同的特点：一是没有束缚、敢于创新，宿舍、车库、咖啡馆，有了一些想法马上就会去尝试；二是有梦想、有情怀，善于观察和学习，善于发现痛点，然后就会去想解决方案，相信能为人类解决大难题，也就有了创业的冲动和持久力；三是这些年轻人大多是"互联网原住民"，对现代信息技术能解决什么问题、如何解决问题以及网络经济比较熟悉，所以总能找到一些有发展前景的好项目。有了好的团队、好的项目和好的互联网商业模式，资本也就自然跟上来了。

2. 共享单车成热议焦点

新生事物总会有"成长的烦恼"，共享单车也不例外。

当越来越多的共享单车被投放到街头时，有些单车被人为破坏了，有人发现有 12 岁以下儿童拿共享单车来练习骑车，有人骑共享单车出了事故，有人反映人行道被占了、公交车站被围堵了、商城进不去了。

再后来，有了更多的争议和质疑：共享单车从轻资产走上重资产还是分享经济吗？占用公用道路资源为几家公司谋利益合理吗？押金合理吗？烧钱模式还能走多远？真的需要那么多共享单车吗？传统自行车行业和知名品牌还会存在吗……公开的研讨会多了起来，内部的讨论会也多了起来，有多个部门组织了专题调研咨询活动，有关部门在研究制定共享单车发展指导意见。

3. 共享单车改变了什么

不久前"智慧轻工高峰论坛"在北京职工大厦召开，因为有行业百强排名出炉和颁奖仪式，所有现场到会的参会代表至少也有六七百人。我应邀做分享经济发展趋势演讲，心里还有些犯嘀咕：轻工业与分享经济的关系很密切吗？现场看到的日程安排里有三位嘉宾演讲，另两位演讲的内容竟然也都与分享经济相关。再看看参会的代表企业名单，一下子就恍然大悟了：一个共享单车就让整个自行车行业瞬间变得大不相同——自行车品牌、制造商、销售门店、修车人等的命运都出现了大逆转！联想到今年新出现的共享充电宝、共享篮球、共享雨伞、共享 KTV、共享床铺、共享书店……哇，分享经济的影响还真是非同一般啊！

除了让一个产业变得面目全非外，共享单车还在许多方面产生了影响：

改变了人们的出行习惯，一些人短途通勤不再开车，一些人开始了骑行健身。

改变了很多人的就业，产生了数以万计的自行车搬运、维修等工作岗位。

改变了城市管理和社会治理理念，“鼓励创新，包容审慎”被广泛接受。

改变了摩的、黑车生态。

促进了电子支付，更多人学会了扫码支付。

考验并提升了国民素质、诚信意识。

对压金制度的质疑迫使金融管理变化。

促进了技术发展，产生了上百项专利技术。

共享单车的出现不仅让一个行业变得大不相同，而且引发了一系列的连锁反应，其更深刻的影响还在不断发酵中。如果分享经济全面爆发又将如何？

二、中国分享经济的现状与趋势

分享经济的概念、原型都发端于美国，但中国分享经济表现得更加丰富多彩，在很多方面已经走在了世界前列，未来发展更值得期待。

1. 中国分享经济的故事最精彩

一是规模大。2016 年分享经济交易额 34520 亿元，比上年增长 103%；融资额达到 1710 亿元，增长 130%；参与分享经济活动的人数已经达到了 6 亿人，这样的规模目前也只有中国能够做得到。

二是政策好。“十三五”发展规划、国家信息化专项规划、各个部门制定的未来发展规划等都对分享经济发展有描述和要求。在“网约车”、互联网金融、分享医疗、共享单车等领域已经或正在出台相应的政策。2017 年 7 月 3 日，经国务院批准由八部委联合发布了《关于促进分享经济发展的指导意见》，总体上看已基本形成较为完整的促进分享经济发展的政策体系雏形。

三是创新多。2016 年被称为是共享单车的元年、知识付费的元年、网络直播的元年，到了 2017 年大家的眼球更显得不够用了，共享雨伞、共享充电宝、共享 KTV、共享冰箱、共享床铺、共享书店等层出不穷。在产品、空间、知识技能、劳务、资金、生产能力六大领域及其细分领域，不断涌现出大量的分享型平台企业。

四是影响深。2016 年分享经济服务提供者达到 6000 万人，平台企业员工数 585 万人，对扩大就业功不可没。全国现在 4000 多家众创空间，创新型“独角兽”企业里分享经济平台企业占 35% 以上，引领创新作用突出。此外，其对促进经济增长、增进社会信任、倒逼政策创新、改善人民生活等产生了深远影响。

2. 未来更精彩

国家信息中心分享经济研究中心发布的《中国分享经济发展报告 2017》显示，未来几年中国分享经济将呈现以下特征：

一是快速成长。未来几年仍将保持 40% 以上的年均增长速度。预计到 2020 年中国分享经济交易规模占 GDP（国内生产总值）比重会达到 10% 以上，到 2025 年会达到 20% 左右。

二是加速融合。分享经济与传统行业的融合将逐步加深，大多数传统企业将会走向分享经济的道路。

三是重新定义就业。灵活就业大幅增加，我们过去一直是研究八小时工作制，现在开始应该研究两小时工作制甚至是一小时工作制。

四是全球化布局和生态化扩张。先行企业都在加速全球化布局，同时开启生态化扩张之路。未来 5 ~ 10 年在分享经济领域有望再培育出 5 ~ 10 家像现在 BAT（百度、阿里巴巴、腾讯的简称）体量的巨无霸平台型企业。

五是走向协同监管。政府、平台、第三方、行业组织以及服务的提供者和消费者，都将会成为监管主体的重要组成部分。

3. 未来的风口在哪里

无论从全球还是从中国实践看，分享经济都还处在从导入期向成长期过渡的阶段。

制造业、农业、教育、医疗、养老等领域都有可能成为分享经济的下一个风口。这些领域有一些共同特点：痛点明显、市场广大、条件具备、尚未成形，分享经济大有用武之地。

三、中国分享经济快速发展的原因分析

人们用“红火”“火爆”等字眼形容分享经济，显然是看中了火的一些基本特性——温度高、能量大、速度快、颜色鲜艳等，也确实可以形象而准确地反映中国分享经济的发展表现。中国分享经济表现之所以很火，既与大趋势有关，也与中国的特殊性有关。

1. 分享经济表征着一个时代的来临

分享经济是信息革命与经济社会发展融合发展的必然产物。分享经济是一个大趋势，所有能分享的终将被分享。也可以说，分享经济实际上标志着我们已经进入了新的时代，即分享时代。

基于互联网的分享经济发展有几个关键时间点。一是 1993 年的互联网商业化。互联网的兴起使得“协同消费”理念大规模付诸实践成为可能。最早出现的分享经济雏形有在线音乐、文件分享、维基百科等。20 世纪 90 年代后期开始出现实体物品的分享，如第一个汽车分享网站 Zipcar。二是 2008 年的全球性金融危机爆发。许多人为增加收入补贴家用，愿意将家中的闲置资源出租，使分享经济迎来了快速发展的契机。三是 2013 年后风险资本的大量涌入。分享经济模式显示出强大的优势和发展潜力，吸引了大量风险资本进入，促使了分享经济的爆发式增长。

从全球看，近几年分享经济快速发展是由多方面原因促成的。

一是需求旺盛。2008 年后全球经济进入一个大转变大变革的新阶段，各国都在寻求新经济增长点和经济发展新动能。受经济放缓的影响，很多人开始考虑将闲置资源利用起来以增加收入来补贴家用。传统生产方式和消费方式对生态的破坏已经被越来越多的人所认知，人们渴望找到新的模式。消费

需求越来越个性化、多样化，需要不断提升用户体验。这几种变化使得分享经济一经出现便大受欢迎。

二是供给充分。从汽车到房屋、从设备到厂房、从劳务到知识技能，大量的资源都没有得到有效利用，这为分享经济发展提供了充足的资源储备。

三是技术成熟。互联网、移动互联网、物联网、云计算、大数据、人工智能、卫星定位系统、数字地图、移动支付、现代物流等新一代信息技术及其应用日益成熟和普及，为分享经济发展提供了强大的技术支撑，人们参与分享经济变得简单、方便、快捷。

四是资本热捧。随着分享经济的优势和趋势被人们所认知，其商业模式和盈利模式也越来越清晰，风险资本开始大量涌入，起到了加速器的作用。2013 年后分享经济领域每两年获得的融资额相当于之前所有年份的融资总额。此外，网络新生代消费理念的变化、环保意识的增强、对灵活就业的追求等也是分享经济快速发展的重要推动力量。

2. 分享经济的好处显而易见

分享经济有时也被称为合作消费、协作消费、协同消费、协作经济、按需经济、P2P（对等网络）经济、使用权经济等。在我们的研究中，分享经济是指利用互联网等现代信息技术，以使用权分享为主要特征，整合海量、分散化资源，满足多样化需求的经济活动总和。

这个定义有三个基本内涵。其一，分享经济是信息革命发展到一定阶段后出现的新型经济形态。也就是说，分享经济是基于互联网平台的新型经济形态，在此之前出现的一些经济模式可能具有一些分享经济的基因，但都不是现代意义上的分享经济。其二，分享经济是整合各类分散的资源、准确发现多样化需求、实现供需双方快速匹配的最优化资源配置方式。即网络成为资源最佳匹配的主要驱动力量——一方面汇聚海量的分散化资源，另一方面汇聚海量多样化需求，由网络平台直接自动实现最优化配置，只要某种资源未被使用，需要者就可以自由选择使用。其三，分享经济是信息社会发展趋势下强调以人为本和可持续发展、崇尚最佳体验与物尽其用的新的消费观和发展观，即分享经济强调资源的效率最大化和用户体验最佳，很好地适应了信息社会发展的基本理念和内在需求。

从微观层面看，分享经济的好处体现为“三低三高”，即低成本、低门槛、低污染，高效率、高体验、高可信。

从宏观层面看，分享经济对打造新经济增长点、扩大有效供给、激发创新活力、助力大众创新、实现低碳生存、促进灵活就业、走向多元协同等都能产生非常重要的影响。

正因为如此，分享经济不仅受到广大用户的欢迎，也被各国政府逐步认可和支持。

3. 中国发展分享经济有独特优势

中国发展分享经济还有一些特殊的历史意义：

- 发展分享经济是贯彻“创新、协调、绿色、开放、共享”五大发展理念的集中体现。
- 发展分享经济是贯彻落实创新驱动发展战略，推动“双创”“四众”的最佳试验场。
- 发展分享经济是推进供给侧结构性改革的重要抓手。
- 发展分享经济是重构经济发展新动能的迫切需要。
- 发展分享经济是构建信息时代国家竞争新优势的重要先导力量。
- 发展分享经济是改革、创新、转型的风向标、试金石。

更为重要的是，中国发展分享经济还有一些独特的优势。一是网民大国优势。中国网民已经超过 7 亿人，这使得新的业态一旦出现很快就能达到相当大的规模。这也是一些分享经济业态在国外不容易发展起来但在中国可以很好发展的重要原因。二是后发优势。中国在工业化任务还没有完成的情况下就迎来了分享经济发展的机遇，痛点越多分享经济的机会就越多。三是制度优势。中央政府确定了发展分享经济的战略方向，很容易形成良好的政策氛围。

总之，分享经济是一个大趋势，带来了千载难逢的历史性机遇，中国分享经济发展一定会取得卓越的成就。

卢希鹏

当"随经济"遇到共享经济

——个人品牌时代来临

卢希鹏，信息社会50人论坛成员，中国台湾科技大学管理学院特聘教授，金管会金融科技办公室咨询委员、国发会咨询委员、国家实验室咨询委员，曾任管理学院院长，精诚荣誉学院院长、学务长、信息管理系主任、EMBA（高级管理人员工商管理硕士）执行长、电子商务中心主任、东吴大学讲座教授等职务。卢希鹏毕业于美国威斯康星大学麦迪逊分校，为工业工程博士（1992），研究领域为电子商务、"随经济"、创新管理、战略管理等，著有百余篇国内外学术期刊论文，也是报章杂志专栏作家与畅销书作者，获颁中国台湾科大杰出研究奖。

"随经济"（Ubiquinomics）来自于无处不在的科技（Ubiquitous Technology），如手机、感知器、物联网的普及，包含了随时、随地、随缘、随处、随支付与随渠道六项特征。

在"随经济"时代，因为"随科技"的无处不在，"时间"将成为新经济中的有限资源。每一个人一天只有24小时，所有的商品与服务，都在竞争这24小时。在"随经济"时代，质量、服务、体验这三项成为基本要求，节省消费者时间才是关键。

在"随经济"时代，人们更想要的是：我的问题快速地被解决。"时间"，成为这个时代最重要的要素。

而共享经济的基本精神在共享闲置的资产，无论是汽车、房间、自行车、文章、商品、资金……因为许多资源是闲置的，所以就会有“使用不必拥有，凡事可出租”的共享经济产生。

但是，共享经济的一大风险在于，Uber（优步）开车的人（或坐车的人），是位陌生人；Airbnb（爱彼迎）的房主和房客，曾经你在天涯我在海角，互不相识。诚信与信任，似乎要成为共享经济蓬勃发展的拦路虎。

“随经济”强调的是时间，要的是快速解决问题。共享经济强调的是资源共享，要的是相信陌生人。个人品牌化，将是解决两大经济发展的重要战略。

一、相信陌生人吗

有一天，我要到中国台湾南部的垦丁玩，于是就上网以“垦丁民宿”为关键字搜寻，并在第一页找了一家民宿的网页浏览了一番。这家民宿的网页很美，民宿主人应该花了不少钱请人设计，照片与环境描述得都非常精致专业，也经过SEO（搜索引擎优化）的设计，所以让我能在搜寻结果第一页中看到它。但是在我决定要订房之前，我以这家民宿的名字作为关键字搜寻，看看是否有其他人去过，结果看到有一位陌生人留下“千万不要去”的警语，没写任何理由。请问，我是要相信这家民宿的公关网页，还是相信这位陌生人?

结果，我相信了陌生人。

二、“随经济”的个人化监督

为了有效地管理时间，“信任”成为“随经济”理论中非常重要的基础战略。过去许多的交易成本都是源自于不信任，比如交易前的征信成本、交易中的契约成本以及交易后的监督成本。但在“随经济”时代，监督你的将是一群陌生人。“随经济”中，人们开始学习要利他，在利他的情境下建立口碑，口碑成了信任的指标。

此外，“随经济”主张去中心化的思维。“中心化企业”的组织，产品言辞通常都由专业的公关广告人才包装，这种言辞听久了，让人有一种冠冕堂皇的感觉。反之，“个人化”的声音，虽然有一点不准确，甚至有一些情绪，但是，听起来更真实。

在“随经济”中，时间成为宝贵的资源，而大量陌生人的个人化监督，却可以降低许多交易成本与时间。

三、互联网经济:连接陌生人

中心化企业的世界中，通常由品牌发言人经由公关行销，来建立与维护公司的品牌。在“随经济”时代，因为互联网联结了所有的使用者，使得买卖双方的联结更为直接，品牌的定义权不再只来自于公司，而是广大的互联网使用者，或是陌生人。

大多数的网络陌生人，因为没有商业目的，比较容易引起大家的信任。虽然陌生人说的话不一定精准，但陌生人一般不会因为商业利益欺骗人。

四、共享经济:相信陌生人

正如我们前面提及的，共享经济的最大特点之一，是商业交易的双方都是陌生人。

共享经济的诚信与信任的问题通常由社会网络来解决。透明公开（俗称“摊在阳光下”），是防弊的最佳利器。举例来说，卖家是否诚信，不是自己说了算，而是社会网络大量陌生人的评价说了算；餐厅的食物是否好吃，也不是自己称赞自己就可以了，但若社群网络陌生人评价好吃，那可能就是真的好吃了；甚至我下载 App 时认为，如果有超过 100 万人下载，评价在四颗星以上的，这个 App 就不会差到哪里。因为如果厂商作弊，就很难做到 100 万笔。社群网络评价的有效性靠的是巨大的数量。

数位足迹提供了共享经济信任的数据来源，因为网上的一举一动都可以被记录。网络的问题，需要靠网络来解决。在网上，信任除了建立在法律和认证的规范上之外，很大程度上还可以靠社群网络的力量。

五、当“随经济”碰到共享经济：个人品牌时代的来临

“随经济”强调去中心化的个人发言权，网络把陌生人联结在一起，共享经济需要进一步相信陌生人。

当“随经济”遇到共享经济，碰出的火花，就是个人化品牌世界的来临。

比如在 Uber 上，司机个人或乘客个人就是品牌。每次搭乘，乘客给司机打分数，司机也给乘客打分数。这样，不只是“坏”司机以后接不到客人，“坏”乘客以后可能面临没司机接单的情况，如果以后你叫不到 Uber 的车，你自己就要好好检讨了，过去是不是有过不善待司机或他们的车的时候。

在共享经济下，可依据以下三个步骤建立个人品牌。

1. 建立识别度（我是谁）

个人化品牌是一种识别度，识别度不是差异化。差异化策略是一种“做什么”（to do）的想法，而识别度则是一个“是什么”（to be）的印象。对于个人品牌，是什么（识别度）远比做什么（差异化）来得重要。

就像毕加索年轻的时候，有着各式各样的作品。但是到了一定年纪，就只创作毕加索独有的“抽象画”。从此，毕加索的作品开始值钱。

2. 建立社会资本（我联结了谁）

社会资本指的是社群成员间互动的频率与关系的强弱。讨论社会网络的基本单位是群聚，如果群聚中的人都有相似的朋友（强联结），资讯分享多半只在自己的群聚中散布，很难传出去。弱联结在扩大社会网络中格外重要，因为可以联络不同的群聚，使资讯传达更广、网络价值更大。但凡网络上的网友，皆符合“弱联结”的定义。即使是陌生人，在网络中也有关系，所以特别容易扩大社会网络关系。此外，建立社会资本，寻找社会网络中的传播中心是十分重要的。传播中心有两种，一种是很多人联结的意见领袖（Authority），另一种则是会散播出去的人脉中心（Hub）。

所以，建立个人品牌，就要勇于去联结陌生人，建立自己的识别度。

3. 建立品牌脉络

过去我的研究发现，数位产品的品牌是由三项因素组成的，包括产品内容、产品脉络与产品通路，而影响忠诚度最重要的因素，是产品脉络。“脉

络”这个词在文学上指的是上下文，在品牌认知上，则包括了现场时空的前后、环境的背景认知与记忆。具体而言，一项品牌的认知脉络，是一种由现在的认知（包装、格式、氛围、摆设、社群）与客户原有的知识、过去的记忆等关联的现象。

此时，人们对产品品牌的忠诚度，主要来自于产品脉络，而不只是产品内容。在“随经济”与共享经济下，每个人要注意经营自己的品牌，因为数位足迹一旦在网络的世界中产生，将永远不会消失。而这一点一滴的数位足迹，也将构成你的个人品牌脉络。

高红冰

从中美共享单车差异，看数字经济与金融创新

高红冰，信息社会50人论坛理事，阿里巴巴集团副总裁、阿里研究院院长，承担过中宣部、国家安全部、发改委、工信部、知识产权总局等十多项中央、国务院有关部门的互联网政策和战略研究课题。加入阿里巴巴之前，他曾经担任过华为、腾讯、百度等多家企业的政策与战略顾问。高红冰曾参与中国信息化发展战略和互联网政策与法规的起草制定，早期中国互联网监管架构设计和政策法规制定。除此之外，高红冰还兼任中国社科院信息化研究中心理事和特邀研究员、浙江省委党校特聘教授、浦东干部学院讲座教授，并且是微金融50人论坛（筹）发起人。

2017年6月25日，2017中国信息经济+金融科技发展大会在北京举行。第十届全国政协副主席李蒙，全国政协经济委员会副主任、原工信部部长李毅中，国务院监事会主席季晓南，全国社会保障基金理事会党组成员及机关党委书记、副理事长王忠民出席并发言。笔者作为阿里巴巴集团副总裁、阿里研究院院长，受邀并发表主题演讲。

笔者认为，数字经济创新主要由技术和应用驱动，市场环境开放，具有竞争性。而金融领域创新难度大，金融机构自身创新动力不足，应促进数字经济创新向金融领域传导，产生更多金融创新。

中美是数字经济的双子星：美国是数字经济强国，中国是数字经济应用

大国。通过对比中美两国共享单车的不同发展模式，可以看到，基本的经济制度决定创新的制度。

笔者呼吁，对于互联网这种新事物，应该更多地包容，而不是限制或者强化监管。面向未来、面向全球，中国要成为领头羊，需要更加开放，多方协作，共创互联网更好的明天。

一、新技术革命：机器智能终将超越人类

在技术领域，AlphaGo（阿尔法围棋）在围棋人机大战中，以4∶1战胜了世界围棋领域最强者之一的李世石。后来，其又在乌镇3∶0战胜了人类围棋等级分排名第一的柯洁。

这两场人工智能的胜利有什么不同？2016年的AlphaGo1.0是使用蒙特卡洛树搜索+监督学习+深度学习，2017年的AlphaGo2.0以1.0为老师+强化学习。

人工智能模拟两个棋手下棋，从几千盘对战的数据中，形成新的棋谱。人工智能已经不再是向人类学习，而是向自己学习。

在这场大战前，笔者就预判人类棋手是没有机会的，这场战争战局已定，只是人类不甘心而已。库兹韦尔曾经预测，2060年机器智慧将超过人类智慧，后来又把这个时间点提前至2045年。

二、新商业革命：阿里零售平台GMV（成交总额）突破3万亿元

在商业领域，阿里零售平台财年GMV突破3万亿元，相当于全球第二十七大国或者四川省的GDP。

3万亿元是怎样产生的？

首先，中国有7亿网民，其中6亿是通过手机上网的。其次，中国是"世界工厂"，有着全球最强大的制造能力。

次贷危机之后，海外需求骤减，海量产品面临出清压力。海量的互联网用户和生产制造能力碰撞，产生了全新的消费方式——网购。中国这个高度碎片化的市场，首次出现了全国统一大市场。

工业经济的代表沃尔玛，将IT、产业链使用到了淋漓尽致的地步，达到3万亿元的销售额，用了53年。数字经济的代表淘宝，只用了13年。

沃尔玛的销售已经出现了负增长，其他昔日的线下零售巨头，在互联网的冲击下疲态尽显。

三、中美是数字经济的双子星

我们来看1995—2016年15大互联网科技公司的发展过程中一组很有趣的数字。首先，全球前15位互联网科技公司的市值，20年增长了180倍。其次，在15大互联网科技公司中，美国10家，中国5家，没有欧洲和日本的公司。中国公司的市值约占30%。

中美是数字经济的双子星，但发展各具特色。

美国是技术、产业驱动方式，微软、英特尔都是将技术标准、产品输出到全球。中国以内容、应用为驱动，阿里巴巴、腾讯分别形成了电商和社交的霸主态势。所以对比中美两国，可以发现美国是数字经济强国，中国是数字经济应用大国。

未来五年，全球数字经济发展将呈现三个层次。

第一，硅谷仍将引领核心技术创新，以色列会在个别领域紧跟美国。

第二，中国、印度会是技术创新大规模应用的市场。这里需要强调一点，应用驱动不代表没有核心技术创新。淘宝海量的交易催生了对新型计算存储的需求，阿里云应运而生，现已成长为全球第三大云服务提供商。

第三，新技术和商业模式的应用需要硬件设备的支持，日本、韩国以及中国台湾和华南地区将起到重要作用。

中国的数字经济占GDP的比重已经超过美国、法国、德国等发达经济体。

根据麦肯锡全球研究院测算，2010年中国的互联网经济只占GDP的3.3%，落后于大多数发达国家；2013年中国的iGDP指数（互联网经济占GDP比重）升至4.4%，已经达到全球领先水平。

根据BCG（一家全球性管理咨询公司）的测算，2016年中美互联网经济占GDP的比重分别为6.9%和5.4%。

四、互联网商业创新产生巨大外部溢出效应

互联网企业的商业创新，产生了巨大的外部溢出效应。阿里巴巴建立了一整套创新的商业体系和“新的商业基础平台”，包括电商交易、支付、快递、云计算、大数据、网络信用，唤醒了属于年轻人的创业梦想，不断激活商业和社会创新。

淘宝成立的时候，银行不愿意为这种小额高频的支付提供服务，支付宝担负起了这一责任，与上百家银行建立合作，最终建立了一套全新的信任体系。

淘宝平台每天产生6000万个包裹，1.2亿交易对手，完全是陌生人之间的资金、货物收付，其基石就是这一套信任体系。另外，数字经济实际上推动了银行开放接口，促进了金融创新。

当然，这个系统中也存在假货、炒信等负面问题。但淘宝每年超过3万亿元的交易规模，说明这套商业制度是有生命力的。更为重要的是，如果没有支付宝，也就不会有滴滴、美团、格瓦拉、饿了么等创新服务。

在支付宝出现之前，互联网只是信息交流平台和信息传播体系。支付宝及其信任体系，使得信息流进一步转化成商品流、资金流，形成了一个商业体系，互联网金融体系也在涌现之中。

五、基本经济制度决定创新模式

之前，笔者应邀在纽约参加了中美高端智库经贸对话，这是习近平总书记和美国总统特朗普对话的后续活动。笔者在普林斯顿大学参观，这所全球顶尖的大学仅有8000名学生。

此前，亚马逊CEO（首席执行官）贝索斯刚刚回学校演讲；20世纪，伟大的物理学家爱因斯坦长期在这里工作；校园里随处可见“INSIGHT”的标牌，有强烈的创新氛围。

校园里的共享单车很有趣：自行车的后部安装着一个不小的刷卡器，学校花费了大量资金建设停车桩，自行车停放整齐有序，车辆都是比较高级的

变速车。

在纽约看到的共享单车也非常相似——固定停车桩、高级的变速车。车的刷卡器是安装在停车桩上的，车身上印有花旗银行的广告。

单车的使用费用也不低，每半小时 2 美元，押金是 200 美元，而且必须把车送回停车桩。

从中我们可以看到，基本的经济制度决定创新的制度。

美国是信用卡的国家，共享单车的创新也基于信用卡。较高的投资，加上使用不便，决定了美国不能像中国这样火速普及共享单车。

为了降低用户的使用成本，还需要通过广告来补贴。更为重要的是，“信用卡 + 刷卡机”的传统体系，无法像移动支付一样，形成开放的共享经济体系。

再来看中国，我们本来就是自行车大国，不需要用户培养。我们基于二维码的移动互联网技术简单便捷，现已投入几千万辆自行车，注册用户过亿。

根据 BCG 的测算，2013 年由互联网支付和移动支付（主要指基于软件的，不需要较高硬件改造成本的移动支付）带来的第三方支付行业的成本节省达到 500 亿元。如果以同样的方法推算至 2020 年，则累计的成本节省有可能达到 1 万亿元。

我们来看一个科技金融创新的例子——310 贷款。3 代表 3 分钟在线填写申请表，1 代表 1 秒钟审核、放款，0 代表全程无人工干预。贷款完全不需要抵押，而是依靠大数据为小企业提供信用评级和贷款服务。

310 贷款已经服务了 400 万家小企业，累计放款 7000 亿元，而户均贷款余额仅有 3 万元。这些小微的贷款需求是传统金融机构无法满足的。

由于有了大数据及相应的风控技术、安全技术，互联网金融的风险管理能够比传统金融机构做得更好，例如，蚂蚁金服就推出了 0.88 元保 100 万元的账户损失。

六、治理创新：互联网的未来

每一次大的技术浪潮都有两个阶段，每一个阶段都将经历 20 ~ 30 年。第一阶段的主题是建立基础设施，第二阶段的主题是激发和收获全部的经济和社会潜力。

这里我们要探讨一个问题：每次技术革命之后的红利在哪里发生？

我们先来看汽车的例子。为了防止安装了蒸汽引擎的机动车“危及公共安全”，英国议会专门通过了一项《机动车法案》，规定凡是在公路上行驶的机动车必须配备一名专职“旗手”，步行于车辆前方55米的地方，手持一面红旗以警告周围的行人和马车——车来啦！

因此，这部法案又被称为“红旗法案”。

这项专门针对特定技术（机械动力车辆）的限制性法令，大大遏制了英国汽车工业的发展。直到1896年，“红旗法案”才渐渐通过例外规定的方式被废弃。

汽车这项技术革命的红利落在了德国和美国身上。当时在英国推动这项立法的是代表马车夫的利益团体。

我们再来看交流电的例子。交流电的出现直接威胁了爱迪生所经营的“直流电”的生意，并且，爱迪生用交流电电死了一头大象，让公众对交流电的安全性产生了质疑，因此以安全为由大力阻止交流电的普及。

但这仅仅延缓了交流电的普及，在交流电的强大攻势下，爱迪生的公司很快陷入困境，最后被另一家公司收购。

对于互联网的监管，社会上存在两种声音。第一，互联网蓬勃发展的原因是政府干预少；第二，互联网已经关系国计民生，要严管。对于该不该管的问题，答案是应该管，但是不能用19世纪的观念去管。

对于互联网这种新事物，应该更多地包容，而不是限制或者强化监管。面向未来、面向全球，中国要成为领头羊，需要更加开放、多方协作，共创互联网更好的明天。

陈禹

财富究竟从何而来

——重读《国富论》，从共享经济引发的若干理论思考

陈禹，信息社会50人论坛轮值主席，历任中国人民大学信息学院教授、博士生导师，兼任经济科学实验室主任，曾任信息系系主任、信息学院院长、信息中心主任等。陈禹曾任国际信息处理联合会（IFIP）信息系统专业委员会（TC8和WG8.1）委员、国际信息系统学会（AIS）中国分会副主席、国家电子政务标准化总体组成员、教育部管理科学与工程教学指导委员会委员、中国信息经济学会理事长、全国高校教育技术协作委员会副秘书长等。陈禹现任中国信息经济学会名誉理事长、中国系统工程学会信息系统专业委员会主任委员。

从滴滴出行到共享单车，关于共享经济的讨论已经进行了好几年。从认识到实践，从效益到风险，从运行机制到管理方法，人们从各种不同的视角，对这些新的经济现象进行着热烈的讨论，发表许多不同的看法和意见，提出了各种各样的建议。值得注意的是，在种种方案和意见的背后，处处反映出人们对于经济这个复杂系统的不同理解和认识。比如，社会财富究竟是如何创造出来的？怎样配置和使用各种资源才是有效的、合理的？经济这个复杂系统如何才能有效地、稳定地运行？“拥有”和“可以使用”是什么关系？共享、分享和所有制的关系是怎样的？其实这些都是对社会和经济系统的理解与认识，即经济学的基本理念和观点。

在这里我们打算非常简要地梳理一下这些理论议题，以便进一步进行深

入的研究。

让我们从“财富究竟从何而来”这个最古老的问题谈起。按照传统的理论，流通是不创造财富的，只有制造业才创造财富。在理论上，这正是价值理论中的劳动价值论的基本出发点，而以边际效用为基础的论者则从市场的供需关系出发看待和衡量价值。显然，要讨论这个问题，我们需要回到经济学的起点——亚当·斯密的《国富论》，看看关于财富从何而来这个问题，他究竟说了些什么，没有说什么。

《国富论》第一编就是要讨论“劳动生产力改进的原因”。第一章的题目就是“论劳动分工”。在这一章里，他明确地提出了这样的基本观点：实行分工是劳动生产力提高的根本原因，并且详细说明了分工能够提高生产力的三方面原因。对此，几百年的历史已经提供了充分的证明，恐怕不会有什么异议。可以增加的是对于这些原因的进一步解释和说明。

那么，很自然地会提出的下一个问题就是，分工本身又是如何产生的呢？接下来，第二章的题目就是“论引起劳动分工的原因”。这一章共有五个自然段，第一段的全文如下：

“劳动分工提供了那么多的好处，它最初却并不是由于任何人类的智慧，预见到并想要得到分工所带来的普遍富裕。它是人性中某种倾向的必然结果，虽然是非常缓慢的和逐渐的结果，这是一种互通有无、进行物物交换、彼此交易的倾向，它不考虑什么广泛的功利。”①

简单地说，他认为分工是人性中的交易倾向导致的结果，而不是因为人们已经认识到分工能够创造财富。为什么是这样的呢？他在第二段的开始给出了这样一句话：

“这种倾向是不是人性中无法给予进一步解释的最初本能之一；或者更有可能的是，它是不是理性和语言这种才能的必然结果，这不是我们现在要研究的题目。”②

这段话非常重要。在这里，亚当·斯密把讨论限制在承认交易是人性的最初本能，或者承认是理性和语言的结果之后。至于是不是的确如此，他说

---

① 亚当·斯密．国富论［M］．杨敬年，译．西安：陕西人民出版社，2001.

② 亚当·斯密．国富论［M］．杨敬年，译．西安：陕西人民出版社，2001.

“这不是我们现在要研究的题目”。在这一章的后面三段半文字中，亚当·斯密正是在这条思路上展开讨论。第二段的后面部分，说明了是否交易是人和动物的重要区别。第三段说明，交易的倾向受到自利心理的鼓励，促成了分工的出现。第四段论证，分工使人们的才能的差异不断增大。第五段则讲到了关键的结论：分工形成的才能，通过合作，达到互利，创造了财富！最后这段话十分重要：“在人中间最不同的才能对彼此都有用处，他们的各自才能的产品，通过互通有无、交易和交换的一般天性，仿佛变成了一种共同的财富，在这里每个人都可以购买到他所需要的其他人的才能的产品的一部分。”①

这不到五页文字实在是整个《国富论》中论述创造财富的核心部分。纵观全书五卷31章，无非都是在补充和发挥这一基本思路。那么，关于财富从何而来，亚当·斯密究竟说了什么？没说什么？从上面的解读，大致可以归纳出以下三点心得：

第一，人的本性要交换—交换受到自利的鼓励—进而促成了分工—分工增长了才能—才能通过合作创造了共同的财富。说得再简单一点，从交换开始，通过既利己又互利的分工合作，创造了共同的财富。这就是亚当·斯密的基本思路，直到今天，我们也还是处在这一思路的延长线上。从这个意义上讲，亚当·斯密确实是当之无愧的经济学开山鼻祖。

第二，在亚当·斯密的思路中，自利和互利都是实现交易、创造财富的不可缺少的关键要素，仅就《国富论》第二章的表述就可以看出这一点。就因为他讲过交易的倾向并不是出于智慧，不考虑什么广泛的功利，就把他奉为绝对的利己主义者的始祖，实在是极大的歪曲。他只是指出了人们对于自己的行为的宏观效果，并不了解或并不关心这样一个实际情况而已。事情的因果关系，和人们对其是否认识和关心，完全是两件事情！总之，以亚当·斯密为借口，提倡各种自私自利的理论和观点，在理论上都是站不住脚的。

第三，作为一定的历史阶段的学者，亚当·斯密也留下了许多需要后人继续探讨的议题（他自己也不讳言这一点）。除了前面已经讲过的交换倾向的问题之外，他没有进一步展开的一个重要问题，就是利己和利他的辩证关系。不管在《国富论》的后面的章节，还是《道德情操论》等著作中，亚当·斯

① 亚当·斯密. 国富论［M］. 杨敬年，译. 西安：陕西人民出版社，2001.

密都没有对此给出更多的解释。我们就从这里展开进一步的讨论。

要讨论“利己”和“利他”，首先要说明什么是“己”。举一个常见的例子，个人和家庭的关系。在家庭内部，一个人对自己的父母、配偶、子女好，可以说是“利他”。但是当你处理家庭之外的事情，比如处理邻里关系的时候，偏向自己的父母、配偶、子女，算是“利己”还是“利他”呢？这实在是说不清楚的事情。理清这个问题的关键是层次的理念。

一般来说，复杂系统的一个普遍特点，就是层次式的结构。用司马贺的话说，就是具有“准可分解性的层次结构”[①]。任何一个层次中的主体，在上一个层次的视角，是一个个体，是一个“我”，是一个“自己”。同一层次中的别的个体，就是“他”，就是“别人”。但是，这个主体本身也是复杂的、可以分解的。在这个意义上，它是一个“整体”，是“我们”。在这样的层次结构中，个体和整体是相对的。以社会为例，从个人、家庭、企业、社区、城市、地区、国家，直到国家集团（例如欧盟），每一个层次上，都存在着个体和整体利益的“你中有我、我中有你”的复杂关系，哪里有什么绝对的“利己”或“利他”。特朗普宣称“美国优先”，逻辑上是讲不通的。为什么不是“加利福尼亚州优先”或“底特律市优先”。其实都是需要协调和权衡。

的确，个体之间、个体利益和整体利益之间是会存在冲突和矛盾的，因为它们的地位和视角，目标和标准都是不同的。城市规划和拆迁户的需求是会有矛盾的，买卖双方在讨价还价的时候，利益就会有冲突。问题在于，这两者又是互相渗透的，往往有内在的、固有的一致性。买方和卖方一旦成交，就是各得其所，各补所缺。成员交税守法，让出一些盈利，保证市场平稳繁荣，既是服从整体利益，也是保护了自己的长远利益。再比如，司机在驾驶中遵守交通规则，这是“利己”还是“利他”呢？显然在这里，两者是一致的。在市场交易中，双方各得其所，正如亚当·斯密所说，通过分工合作，个体们的才能及其成果“仿佛变成了一种共同的财富”。

所以把“利己”和“利他”绝对化地对立起来，把追求个体利益和维护整体利益绝对化地对立起来，是不对的。这种思维方式正是许多矛盾和冲突

---

① 司马贺．人工科学——复杂性面面观［M］．武夷山，译．上海：上海科技教育出版社，2004.

的根源。历史和现实都告诫我们，只有正确地认识和处理整体利益与个体利益的关系，我们的社会才能达到和谐稳定的状态。在这个问题上，我们需要排除两个方面的偏见。一方面，多年的僵化思维，使得一些人至今视“私利”为洪水猛兽。只要回想一下物权法通过时，一些人的激烈反对，就可以了解这种僵化思维的影响有多深！另一方面，也有一些人一听到“整体利益”就本能地反感，甚至接受安·兰德式的极端个人主义，为“人不为己，天诛地灭”的逻辑辩护，这实际上是为没有底线的牟利行为开脱。不必多说，社会现实中的种种乱象已经表明了这种思想的侵蚀作用。

回到财富的创造这个问题上来，还需要说明的一点是对于“一加一大于二”的认识。亚里士多德的名言“整体大于各部分的和”，是系统科学和复杂性研究的最重要原则之一。这里的要点在于，必须承认合作创造了新的价值、新的财富。今天的互联网强调互联，强调链接的节点越多，价值越大，正是这个道理的形象写照。传统的经济理论由于在这个问题上陷入了形而上学，不承认“一加一大于二”，从而在许多经济现象面前束手无策、无能为力。我们不妨以金融为例看看这种形而上学思维的危害。社会科学院李扬教授发表了一篇文章，委婉地批评了传统的经济理论。他认为，金融应当服务于实体经济，制止金融脱实向虚，这两个命题似乎简单明了，“但是深究下去就会发现，要想把各种道理阐述清楚，其实相当困难”。他列举了一些原因，最根本的是概念不清。究竟什么是实体经济，什么是虚拟经济，根本就不清楚。他指出：“在传统的经济学分类中，服务业大部分被划归流通部门。根据传统理论，服务业的大部分自身并不创造价值，因而可视为经济的虚拟部分。然而，20 世纪 70 年代以来的制造业服务化浪潮逐渐侵蚀了传统的分类界限，如今，制造业和服务业已经难分轩轾。”① 读到这里，我们马上可以联想到关于互联网经济和电子商务的种种责难。

简单地说，这又是传统的经济理论的思维方式造成的难题。所谓虚拟经济和实体经济的区分本来就是相对的。作为复杂系统的经济系统，必然是分层次的，各层次之间必然是既相互联系，又相互区别的；各层次具有不同的功能和运行规律。随着社会经济的发展，以农业为主的经济发展到以制造业

---

① 李扬．金融服务于实体经济辨［J］．经济研究，2017（6）：4－16.

为主的经济，进而产生了金融和其他服务业。传统的经济学理论，囿于基本的立足于制造业的层次，忽视和低估了服务业，包括金融的地位和作用，进而使用制造业的规律和研究思路去看待金融和服务业，从而产生了一些新的冲突和矛盾，在世界性的金融危机面前束手无策。陈雨露和马勇在《大金融论纲》一书中指出："传统的经济学框架未能很好地整合宏观层面和微观层面的金融理论。"① 并且他们提出要引入"金融和实体经济作为一个不可分割的有机整体的系统思维"②。这些都充分表明，经济学理论的改造势在必行，舍此将无法应对今天的经济现实。

最后，对于如何进行经济学的改造提一点想法。2017 年年初，在中国信息经济学会的春节座谈会上，乌家培教授表明，需要从哲学和经济理论两个层次进行研究和反思，这是非常正确的。我们认为，从哲学和认识方法上的反思，可以从系统科学和复杂性研究的角度入手。方美琪教授的《用认识复杂性推动人工智能研究》一文，对于复杂性研究的最新进展进行了简要的介绍，可供有兴趣的朋友参考。

---

① 陈雨露，马勇．大金融论纲［M］．北京：中国人民大学出版社，2013.

② 陈雨露，马勇．大金融论纲［M］．北京：中国人民大学出版社，2013.

马旗戟

旧经济与新经济

马旗戟，信息社会50人论坛成员、中国国家广告研究院研究员、中国广告智库专家、北京大学网络营销传播研究中心研究员、阿里巴巴研究院学术委员会委员、盘古智库智慧城市研究中心研究员，是中国大陆最早期的市场研究从业者以及中国首批注册咨询师。他的主要研究领域包括市场与消费研究、媒体研究、广告与营销研究、商业市场分析和咨询。

其实，没有旧经济之说，通常叫作“传统经济”，它是指人类过往和既有生产力、生产方式和生产关系之下的经济形态。例如，现存的我们现在经常说的农林牧副渔，属于传统经济，而已经基本消失的曾经适用于原始人和早期文明的采集业，就基本不会被视为传统经济。

显然，新经济是指传统经济依旧存在之时，出现了新的生产力要素从而改变了传统经济的形态，并最终发展成社会主体经济的一种经济形态。例如，在农耕时代末期，大规模蒸汽机和科技革命导致工厂、工业和工人的出现，此时我们说工业经济是新经济，而农业经济是传统经济。而到了新旧世纪之交大规模爆发的通信、互联网、数字等技术，推动了新的经济形态的出现，我们将此称为相对传统的农业、工业和服务业的新经济。

简化而论，在当下的语境中，我们可以认为传统经济指的是第一、第二、第三产业，而将互联网为代表的数字经济视为狭义的新经济；将第一、第二、第三产业在动能转换、产业升级和加入新生产要素之后，与狭义新经济放在一起，以区别过去的传统经济的新型经济形态，称为广义的新经济。李克强总理讲的新经济，实际上这两个方面都包含了。

一、实体经济和虚拟经济

一般概念上的实体经济，指的是除去金融、证券、期货、保险等资产虚拟化的经济形态，主要是指第一、第二产业和那些具有实体资产的服务型产业行业，如运输、流通、医疗。在更具体的层面上，它指的是生产方式（如厂房、设备、原料）或生产成品（如汽车、空调、矿泉水）具有实体性。

虚拟经济，则又分为资产虚拟（如金融）、生产虚拟（如创意、智能服务）和产品虚拟（如游戏道具）等，随着信息技术的发展，特别是后两者得到了极大程度的迸发，不仅在经济层面，而且在社会、文化等层面也产生了巨大的价值。同时，我们也可以看到传统经济人士（特别是实体制造业）针对虚拟经济的责难也在日益增加——这就必须谈到“实物经济和虚拟经济”。

二、实物经济与虚拟品经济

很显然，经济活动不仅带来实物，也带来虚拟品。禽蛋鱼肉、金铜煤油、飞机坦克、机床吊车、铁道基站、大厦剧院、电视家居，这些都是典型的实物经济带来的，看得见摸得到，用得方便吃得香，这也是人类文明和一切社会活动赖以生存的基础。这也是传统和实体经济人士自豪的所在，也是国家民族之间竞争的物质基础。

这并非是说人类只有实物生产，即使不从唯物唯心以及物质文明精神文明的角度来看，人类的虚拟品生产也一直都存在，如诗歌音乐、宗教思想、咨询规划、游戏体验，无一不是虚拟品经济，而这些构成了人类经济活动和经济形态的另外一个重要组成部分，甚至是人类区别于其他生命的最重要的生产活动。

三、虚拟经济的实体性

指责虚拟经济的人，可能更多是看到了虚拟经济的资产虚拟化、生产方式虚拟化和生产结果虚拟化，而没有理解虚拟经济对实体经济和实物生产的推动作用。且不论虚拟经济的基础设施（最典型的如网络宽带、云、信息软硬件产品），也不论虚拟经济的生产方式和工具（终端、通信、存储），仅仅是虚拟经济的产成品对于实体经济和实物经济，就有着巨大的作用，从电子商务拉动消费制造，从智能出行带动交通运输，从互联网金融推动中小企业普惠金融，从网络媒体驱动出版发行，从旅行休闲鼓动旅游景点投资，这些无一不是虚拟经济通过自身生产使得市场消费者对实体经济和实物成品产生了巨大的需求。

因此，虚拟经济不仅自身的存在需要依靠并同时促进实体经济的发展，而且其生产的过程和产成品也对实体经济和实物生产有着积极的贡献。而随着信息技术的发展和数字经济模式的壮大，这一贡献会越来越大。在虚拟经济发展过程中，随着其生产方式和生产产出对现实社会和经济作用的加剧，势必将拓展其原有边界，与实体经济加大融合，这也正是我们看到的“为什么互联网公司在加速走向线下”的缘由，这一点也不奇怪。

四、实体经济的虚拟性

这里说的实体经济的虚拟性，不是指实体经济消亡，是特别指其有生产方式将因为信息技术（有时候被简称为数字技术、互联网技术）发展在利用数据要素、智能制造等因素之后实现创意链社会化、供应链协同化、营销链闭环化、价值链服务化等各方面表现出来的特性。其中，数据作为生产要素、计算作为生产能力、网络作为基础设施是最为要紧的。

以往实体经济人士，更愿意将上述这些视为一种狭义的作用于实体经济的生产过程的“生产技术”，而不愿意或不理解这些“技术”正在改变过往的人力、资本、工艺、流程、设施从生产物的出发需求转向了数据的出发需求。

五、结论

1. 新经济，就是在传统的第一、第二、第三产业经济基础之上，伴随当代科技和信息技术的最新发展，以数据作为最新、最核心要素之一和其他技术之后发展起来的经济模式，包括实体和虚拟双重性。

2. 实体经济和虚拟经济，从人类文明开始就同时存在，但经过了千年发展之后，在当代虚拟经济将提供更大动能来源，也成为经济发展的主要驱动力。实物经济是文明的物质基础，但它不等同于实体经济，更不是未来经济最重要的组成部分。

3. 虚拟经济及其相关技术将与虚拟经济融合，既帮助实体经济转型升级，并在此过程中，为实体经济提供更大的生存空间和市场需求，也为自己成为经济的主体提供基本条件。

4. 任何对立实体经济和虚拟经济的观点，或者任何将虚拟经济作为经济干涉者、“坏孩子”的观点，或者任何拒绝实体经济的虚拟性发展的观点，都是值得商榷和反驳的。

最后，补充一句：最近，包括马云先生在内的很多人大谈“新实体经济”，于我个人看，这是一种为了说服和安抚传统经济人的不必要妥协。从新经济的真实含义和形态趋势来看，只有新经济的实体性和虚拟性，或者说是实体面和虚拟面，而不存在一个界限分明、定义清晰的实体经济和虚拟经济（这只是一种形象的、通俗的、为了好理解的民间说法）。至于“新实体经济”，实际上是传统实体经济向实体性和虚拟性并存的转型的一种过渡性用词，类似十年前的小灵通。

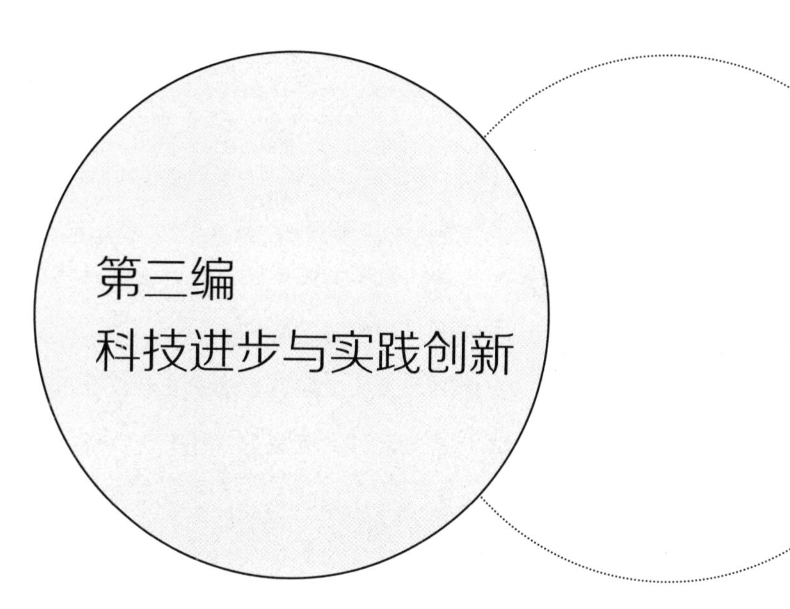

第三编 科技进步与实践创新

安筱鹏　抢抓工业互联网平台发展的战略机遇

王俊秀　新网商新时代

余晓晖　工业互联网推动产业智能化升级

何　霞　打造“互联网+制造”的新模式、新生态与新格局

杨冰之　大数据时代，企业数据资产管理之道

方美琪　用认识复杂性推动人工智能研究

胡延平　天空互联网

——连接未来世界

安筱鹏

抢抓工业互联网平台发展的战略机遇

安筱鹏，信息社会50人论坛成员，中国信息化百人会成员，工业和信息化部信息化和软件服务业司副司长，2003年毕业于东北财经大学公共管理学院，获经济学博士学位。2003—2008年安筱鹏就职于中国电子信息产业发展研究院，任规划研究所副所长、所长，2009年后就职于工业和信息化部，长期从事信息产业及信息化领域的理论研究和公共政策制定工作，近年来参与了多项国家信息产业及信息化发展战略、规划和政策的研究制定工作，并先后出版了《制造业服务化路线图：机理、模式与选择》《现代服务业：特征、趋势和策略》《信息经济崛起：重构世界新版图》《城市区域协调发展的制度变迁与组织创新》等多部专著。

当前，新一轮科技革命和产业变革正在孕育兴起，全球工业互联网正加速发展，互联网平台正在从商业领域向制造业领域拓展，成为工业互联网战略布局的核心。作为工业互联网、工业4.0的倡导者和主导者，GE（通用电气公司）和西门子分别推出Predix和MindSphere工业互联网平台，抢占制造业竞争的制高点，全球领军企业围绕工业互联网平台的竞争愈演愈烈。笔者现就工业互联网平台发展“为什么、是什么、怎么干”谈以下三点认识。

一、为什么要加快建设工业互联网平台

工业互联网是新一代信息通信技术与现代工业技术深度融合的产物，是制造业数字化、网络化、智能化的重要载体，也是全球新一轮产业竞争的制高点。工业互联网通过构建连接机器、物料、人、信息系统的基础网络，实现工业数据的全面感知、动态传输、实时分析，形成科学决策与智能控制，提高制造资源配置效率，正成为领军企业竞争的新赛道、全球产业布局的新方向、制造大国竞争的新焦点。对于当前工业互联网平台发展，有以下三个重要的认识和判断。

一是工业互联网平台正成为抢占全球制造业主导权的必争之地。平台是全球互联网发展与竞争的核心，谷歌、苹果等跨国巨头凭借强大的消费互联网平台掌控力主导了全球互联网应用与产业生态发展。当前，伴随着新一代信息通信技术和制造业的融合发展，以平台为核心的产业竞争正从消费领域向制造领域拓展，领军企业围绕“智能机器 + 云平台 + 工业 App”功能架构，整合“平台提供商 + 应用开发者 + 海量用户”生态资源，抢占工业大数据入口主导权、培育海量开发者、提升用户黏性，构建基于工业云的制造业生态，不断巩固和强化制造业垄断地位。

二是工业互联网平台正步入规模化扩张的战略窗口期。国际金融危机以来，GE、西门子、博世等跨国巨头围绕制造业数字化、网络化、智能化持续推进自身的战略转型，通过一系列兼并重组、业务转型、模式创新，在不断提高装备智能化水平、加快软件云化迁移步伐、打造开源社区生态的基础上，纷纷推出工业互联网平台。GE 着眼于巩固和强化其在航空发动机、燃气轮机、医疗设备等领域的全球市场优势，2013 年推出 Predix 平台，2016 年进一步面向全球开放 Predix 平台，基于 Predix 平台的产业生态体系正在形成。西门子着眼于面向全球提供智能制造行业系统解决方案，2007 年以来围绕工业软件开展了一系列并购，2013 年，着手打造工业云平台并将核心工业软件向云端迁移，2016 年，推出 MindSphere 平台，建立了基于 MindSphere 平台的智能工厂运营和高端智能装备管理体系。GE、西门子均将未来 2 ~ 3 年视为平台规模化扩张的关键时期。工业互联网平台发展的机遇稍纵即逝，亟待壮大本

土工业互联网平台。

三是工业互联网平台是支撑我国两化深度融合的综合技术体系。习近平总书记强调，“要着力推动互联网与实体经济深度融合发展，以信息流带动技术流、资金流、人才流、物资流，促进资源配置优化，促进全要素生产率提升”①。习近平总书记的这句话深刻阐释了工业互联网平台与两化深度融合的关系。首先，资源优化是目标，两化深度融合的根本目的是促进制造资源配置效率的优化，提高制造业全要素生产率。其次，信息流动是关键，信息流如何优化制造资源配置效率，关键是要把正确的信息在正确的时间传递给正确的人和机器，通过数据的自动流动解决制造过程的复杂性和不确定性。最后，工业互联网平台是载体，数据如何实现自动流动，这需要工业互联网平台来支撑，需要隐性数据的显性化、隐性知识的显性化，需要数据的全面感知、在线汇聚和智能分析，这正是工业互联网平台的核心功能。

二、工业互联网平台是什么

工业互联网平台是面向制造业数字化、网络化、智能化需求，构建基于海量数据采集、汇聚、分析和服务体系，支撑制造资源泛在连接、弹性供给、高效配置的开放式工业云平台，是一个基于云计算的开放式、可扩展的工业操作系统，其功能类似于微软的 Windows（视窗操作系统）、谷歌的安卓系统和苹果的 iOS（移动操作系统名称）系统，是构建制造业生态体系的核心。其本质是通过构建精准、实时、高效的数据采集互联体系，建立面向工业大数据存储、集成、访问、分析、管理的开发环境，实现工业技术、经验、知识的模型化、标准化、软件化、复用化，不断优化研发设计、生产制造、运营管理等资源配置效率，形成资源富集、多方参与、合作共赢、协同演进的制造业新生态。

说得形象一点，工业互联网平台是两化融合的“三明治”版。底层是由信息技术企业主导建设的云基础设施 IaaS（基础设施即服务）层，在这一领域，我国与发达国家处在同一起跑线，阿里、腾讯、华为等云计算基础设施

① 习近平总书记于 2016 年 4 月 19 日在网络安全和信息化工作座谈会上的讲话。

已达到国际先进水平，如阿里云已成为仅次于亚马逊 AWS、微软 Azure 的全球第三大云基础设施提供商，目前在全球建立了十多个云计算中心，占据国内相当多的 IaaS 市场份额。中间层是工业企业主导建设的工业 PaaS（平台即服务）平台层，其核心是将工业技术、知识、经验、模型等工业原理封装成微服务功能模块，供工业 App 开发者调用，因此工业 PaaS 的建设者多为了解工业行业本身的工业企业，比如 GE、西门子以及我国的航天科工、三一重工、海尔集团。最上层由互联网企业、工业企业、众多开发者等多方主体参与开发的工业 App 层，其核心是面向特定行业、特定场景开发在线监测、运营优化和预测性维护等具体应用服务。

对于工业互联网平台，可以用三句话来概括。

第一句话是，数据采集是基础。

数据采集的本质是利用泛在感知技术对多源设备、异构系统、运营环境、人等要素信息进行实时高效采集和云端汇聚。当前数据采集面临的突出问题是，受制于传感器部署不足、装备智能化水平低，工业现场存在数据采集数量不足、类型较少、精度不高等问题，无法支撑实时分析、智能优化和科学决策。无论是跨国公司，还是国内平台企业，都把数据采集体系建设和解决方案能力建设作为工业互联网平台建设的基础和核心，加快构建一整套数据采集解决方案。当前，突破数据采集瓶颈的主要思路包括以下两个方面。

一是通过协议兼容、转换实现多源设备、异构系统的数据可采集、可交互、可传输。近三十年来，围绕实现控制系统、生产装备、信息系统的连接，全球各类自动化厂商、研究机构、标准化组织推出了四十多种现场总线协议、三十多种工业以太网协议、数十种无线协议，以多种形式广泛部署在生产车间，当前重点是构建一套能够兼容、转换多种协议的技术产品体系，实现工业数据互联互通互操作。

从国际看，GE 通过将数据采集转换模块 Predix Machine 部署在现场传感器、控制器和网关，以多种方式实现不同协议的兼容和转换，完成工业现场数据采集以及云端汇聚。西门子通过在设备端部署数据采集模块 Mind Connect Nano，实现通用协议兼容和私有协议转换及云端汇聚。

从国内看，航天云网、树根互联、和利时等正加速构建端到端数据流解决方案，明匠智能、汇川技术、华龙迅达等中小企业积极开发能够实现多种协议兼容和转换的智能网关、智能控制器等产品。

二是通过边缘计算等技术在设备层进行数据预处理，大幅提高数据采集、传输效率，降低网络接入、存储、计算等成本，提高现场控制反馈的及时性。2015 年思科联合英特尔、ARM（公司名称）、戴尔等企业成立雾计算联盟，2016 年华为联合沈阳自动化所等成立边缘计算联盟，均在构建“边缘计算 + 云计算”的新型架构体系，他们通过部署边缘计算模块，实现数据在机器设备端的轻量级运算和实时分析，缓解云端传输、存储和计算压力。

第二句话是，工业 PaaS 是核心。

工业 PaaS 本质是一个可扩展的工业云操作系统，能够实现对软硬件资源和开发工具的接入、控制和管理，为应用的开发提供必要接口及存储计算、工具资源等支持。工业 PaaS 面临的突出问题是开发工具不足、行业算法和模型库缺失、模块化组件化能力较弱，现有通用 PaaS 平台尚不能完全满足工业级应用需要。当前，工业 PaaS 建设的总体思路是，通过对通用 PaaS 平台的深度改造，构造满足工业实时、可靠、安全需求的云平台，采用微服务架构，将大量工业技术原理、行业知识、基础模型规则化、软件化、模块化，并封装为可重复使用的微服务，通过对微服务的灵活调用和配置，降低应用程序开发门槛和开发成本，提高开发、测试、部署效率，为海量开发者汇聚、开放社区建设提供技术支撑和保障。工业 PaaS 是当前领军企业投入的重点，是平台技术能力的集中体现，也是当前生态竞争的焦点。

从国际看，GE、西门子依托亚马逊、微软等成熟的云计算基础设施（IaaS 平台）搭建了工业 PaaS 平台，将行业核心技术和经验知识固化封装为模块化的微服务组件和开发工具，同时为工业 App 提供开发环境。

从国内看，工业 PaaS 在垂直细分领域已有局部应用，形成了三种典型模式，以航天云网为代表的协同制造工业互联网平台，以树根互联为代表的产品全生命周期管理服务工业互联网平台，以海尔为代表的用户定制化生产工业互联网平台。

第三句话是，工业 App 是关键，应用服务体系是关键。

工业 App 由通用云化软件和专用 App 应用构成，面向企业客户提供各类软件和应用服务。工业 App 通过新商业模式的打造，不断汇聚应用开发者、软件开发商、服务集成商、工业用户和平台运营商等各方资源，成为行业领军企业和软件巨头构建与打造共生共赢生态系统的关键。应用服务体系面临的突出问题是，传统的生产管理软件云化步伐缓慢，专业的工业 App 应用较少，应用开发者数量有限，商业模式尚未形成。当前，工业 App 发展的总体思路包括以下两个方面。

一是传统的 CAD（计算机辅助设计）、CAE（计算机辅助工程）、ERP（企业资源计划）、MES（制造企业生产过程执行管理系统）等研发设计工具和管理软件加快云化改造。云化迁移是当前软件产业发展的基本趋势，全球软件产品“云化”步伐不断加快，基于传统集中式架构的软件开发部署模式向高可用、易扩展、低成本的分布式云架构转型。

从国际看，CAD、CAE、PLM（产品生命周期管理）等研发工具类软件已基本完成云化改造，据调查，全球约 35.3% 的研发人员基于云平台进行产品开发。CRM（客户关系管理）、SCM（软件配置管理）、ERP、MES 等运营管理软件加速向云端迁移，基于云端部署的设备管理、运营优化等工业 App 正在快速涌现，预计到 2020 年，60% 的工业应用软件将基于云端进行部署。

从国内看，传统的研发设计工具、经营管理软件、制造执行系统加速向云端迁移。用友、金蝶、宝信、数码大方等企业积极推动基于云架构的软件产品开发部署，用友已实现财务、OA（办公自动化）、CRM 等应用软件的云端迁移，数码大方构建了基于云平台的工业设计模型、数字化模具、产品和装备维护知识库等软件与应用服务。

二是围绕多行业、多领域、多场景的云应用需求开发形成专用 App 应用。大量开发者通过对工业 PaaS 层微服务的调用、组合、封装和二次开发，将工业技术、工艺知识和制造方法固化与软件化，开发形成了专用 App 应用。

从国际看，GE 于 2015 年发布 Predix2.0，实现对 35000 台航空发动机的全生命周期管理服务，目前在全球建成 4 个云计算中心，形成近 2 万人开发者队伍，创建超过 160 种工业 App。西门子于 2016 年推出 Mind Sphere 平台测试版，围绕高端智能装备和智能工厂运营，初步形成约 50 种工业 App，并在北美和欧洲的 100 多家企业开始试用。他们预计，2020 年左右工业互联网平台将出现类似于消费互联网平台的爆发式增长，Predix 平台工业 App 总量将超过几十万个。同时，工业 App 初创企业成为资本市场投资的新热点，近几年来，美国风险资本围绕工业 App 领域的投资力度不断加大，已孵化出了 Uptake 公司、C3 IoT 公司等一批估值超 10 亿美元的独角兽企业。

从国内看，一些平台类企业面向钢铁、工程机械、风电、船舶、高铁等复杂智能产品，开发出基于云平台的新型工业 App，并探索商业化应用。东方国信基于炼铁高炉优化管理服务打造了工业互联网平台 BIOP，目前平台上已经形成了 200 个工业 App，其高炉全生命周期管理 App 可对高炉燃烧效能、安全、使用寿命进行大数据分析，并已经覆盖全国钢铁行业 60% 的高炉产能，平均提高劳动生产率 5%，单个高炉每年新增效益 2400 万元。

三、工业互联网平台怎么建

牢牢把握工业互联网发展窗口期，采取边创新部署、边试点应用、边完善监管的总体策略，制订实施工业互联网平台行动计划，建立健全工业互联网平台应用、产业和监管三大体系，抢占基于工业互联网平台的制造业生态发展主动权和话语权。

1.“建平台”与“用平台”双轮驱动，加快形成工业互联网平台应用体系

面对当前综合性工业互联网平台缺乏和中小企业信息化建设需求，从“供给侧”和“需求侧”两端发力，实施工业互联网平台培育工程和百万企业上云工程，打造资源富集、良性互动的工业互联网平台生态。

一是积极培育工业互联网平台。将平台作为工业互联网建设的核心内容，从打造工业关键基础设施的高度，通过示范引领、分类施策，依托现有资源集中支持平台发展、参与全球竞争。围绕提升总体设计、数据采集、边缘计算、设备连接、平台开发、生态搭建等工业互联网平台基础能力，支持建设一批国家级、行业级、企业级的工业互联网平台。

二是组织实施百万企业上云工程，鼓励工业互联网平台在产业聚集区落地，加强资源整合和对接，加快低成本、模块化的数据采集、工业软件、开发工具等技术产品和解决方案在中小企业普及推广。鼓励地方通过政府购买服务等方式支持中小企业业务系统的云化改造和云端迁移，打造平台能力建设与平台海量用户使用双向迭代、互促共进的技术、产业、人才支撑体系和商业模式。

2.“补短板”与“建生态”相互协调，构建工业互联网的产业支撑体系

工业互联网平台的建设既需要补齐技术产业短板，也需要加快构建制造业新生态，“补短板”是“建生态”的基础，“建生态”为“补短板”创造新机遇。

一是着力“补短板”。实施工业技术软件化工程，促进软件技术与工业技术深度融合，重点突破嵌入式操作系统、虚拟仿真、人机交互、工业大数据、微服务等关键技术，推动 CAD、CAE、ERP、MES 等工业软件的云化改造和迁移，打造一批国际领先的工业软件企业。实施百万 App 培育工程，围绕基于工业互联网平台的工艺模型、知识组件、算法工具的开放共享，3 ~5 年内面向特定行业、特定场景培育一百万个左右面向协同研发、分享制造、全生命周期管理等特定应用场景的工业 App，推进工艺经验的程序化、工业知识的显性化和工业智能的云计算化。

二是着力“建生态”。充分发挥产业联盟、行业协会整合产业链资源的优势，支持产业界建设共性技术开放、软件代码开源、开发工具共享的开源社区。支持举办开发者大赛、开展专业培训、参与国际开源社区项目，积极培育工业 App 开发者队伍。通过建设验证测试平台、制定共性关键标准、培育开源社区等举措，组建专业人才队伍，营造良好发展环境，打造工业互联网平台新生态。

3.“保安全”与“促发展”相互促进，加快形成发展工业互联网的安全保障体系

“安全是发展的前提，发展是安全的保障”，做好工业互联网安全整体保障，才能为工业互联网提供一个安全可靠的发展环境。

一是加强安全保障。完善相关政策法规和行业监管制度，建立工业互联网平台安全评估、工业数据安全保护、安全信息通报工作机制、重大事件应急指挥等工作体系，保障产业安全和信息安全。围绕工业互联网平台安全保障体系建设，加快建立态势感知、仿真测试、攻防演练等技术平台，开展安全技术产品和解决方案检验测试、风险评估等工作。

二是加强开放合作。工业互联网平台正步入规模化扩张的战略窗口期，加快发展也需要加强国际交流与合作。支持国内企业、相关联盟与美国工业互联网联盟、德国工业4.0平台以及国际标准化组织开展对接、交流与合作，围绕工业互联网平台体系建设、技术研发、标准制定、产业发展、人才培训等领域，建立合作机制。积极参与国际工业互联网平台关键技术标准的联合研究与制定，建立工业互联网联合试验床。

王俊秀
新网商新时代

王俊秀，信息社会 50 人论坛理事，中国信息经济学会信息社会研究所所长，《公地》文丛联合主编，苇草智酷创始合伙人。

一、网商发展进入新阶段

网商是当前经济时代发展最为迅速的群体。20 世纪 90 年代末网络信息技术带动了新一轮商业变革，一批电子商务网站先后创立。网商营业额不断攀升，一步步突破百亿元、千亿元大关。新千年的第一个十年，由技术激发出的电子商务应用需求规模急剧扩大，网商营业规模逐步迈入十万亿量级，同时为网商服务的电子商务服务市场也正在加速扩张。网商从新生事物走向日常主流，围绕网络交易关系开始带有社会化符号意义，网商聚集形成的分工合作形成共生生态圈。2014 年随着李克强总理在公开场合发出“大众创业、万众创新”的号召，网商的营业规模正在从十万亿量级向百万亿量级迈进。在宽松的政策环境、成熟的服务体系、不断增长的真实需求刺激下，网商生态系统从量的扩展转向升维发展。

2016 年前后，网商迎来了全球数字经济高速发展的全新环境。全球互联网用户数已超 30 亿，全球近一半人口成为网民，网商交易量、交易内容、交易形式都在发生急剧变化。平台经济崛起，不断重构工作、社交、交易和分配的方式，并为发展提供源源不断的创新动力。网商平台成为社会经济不可或缺的组成部分。以人工智能为核心的“新 IT”时代正在取代“老 IT”时代，新技术第一时间被运用于交易行为。网商行为形塑着现实规则，G20 公报开始关注由网商倡导的 eWTP（世界电子贸易平台）等新经济规则。2016 年 8 月 1 日互联网科技公司占据美国股市前 5 名，成为新时代到来的标志。

网商已经逐渐渗透到经济、社会、生活的方方面面。新时期，网商发展呈现出泛化、多元、复杂的特征，网商也将不再有线上、线下之分。网商正在向成为新商业核心力量不断前行。

面对未来，我们从以下五大方面对网商的未来做出了预测。

1. 基础设施与场景

（1）基础设施实现全面数字化。

互联网成为基础设施，往往需要经过以服务器、智能硬件、手机等为代表的硬件安装期和应用安装期，然后形成基于基础设施的新社会生态。网商以互联网为基础设施和实现工具。

在进入云计算时代后，这一安装期被大大缩短。许多企业尤其是网商创业者选择了以提供基础设施服务的平台模式来满足计算能力的需求。平台以其强大的势力引领新技术变革，从而为网商提供所需基础设施的更新甚至重建，新商业模式在新一代基础设施的完善与成熟的基础上衍生出万千变化。智能时代即将全面到来。

智能时代的核心是一切数据化，其外在表现为互联网基础设施从商业领域扩展到生活领域。现在，网商以云计算、新金融、智能物流、跨境平台、电商交易等为代表的数字化商业基础设施初步建成。例如淘宝平台上就已活跃着 100 种交易场景，60 多种交易类型，超过 3000 多种营销形式，还拥有着全球最大的混合云部署架构。而与此同时，互联网基础设施建设的重点开始向生活领域延展。高科技环境中，新商业和新生活叠加产生剧烈的“化学反应”。

预计，在智能物流的支持下，到 2021 年中国的物流包裹数将超过 1000 亿件，全球物流包裹数将超过 3000 亿件。

（2）全沉浸式购物、人体支付逐渐普及。

随着新基础设施的普及，网商将在满足人们各种体验需求的环境里达成交易。近期，世界互联网之父凯文·凯利发表观点认为互联网正在发生改变，“以前的互联网跟我们提供信息、知识和各种文件，现在的互联网已经变成一种体验的互联网，体验成为我们在虚拟世界的一个新的货币”[①]。网购不再是“所见即所得”，而是“体验即所得”。在指纹、虹膜、静脉作为身份标识的技术支持下，终端与人体融合为一，人即终端，可以随时随地接入网络。全球进入无现金时代，货币完全信用化，交易由账户身份验证实现，由信用结算。虚拟现实技术成熟，全沉浸式购物设备成为网商标配，网商交易与实体购物再无体验上的差距，甚至“体验”也将成为交易标的。

2016 年“双 11”，在手机移动端上的 AR（增强现实技术）互动捉猫 16 亿次；2017 年 3 月，有两个小伙子，不远千里从云南跑到杭州，一连抢劫了 3 家便利店，结果仅抢到 1800 元。这些事件也正在不断预示，无现金城市、全沉浸式购物正在逐渐普及中。

2. 客户：“数量红利”转为“品质红利”

（1）消费升级催生出新消费结构。

据中国互联网络信息中心（CNNIC）发布的第三十九次《中国互联网络发展状况统计报告》显示，截至 2016 年 12 月，我国网民规模 7.31 亿，互联网普及率 53.2%。从 2014 年年底开始，网民规模增速持续放缓。我国网民规模经历近 10 年的快速增长后，网络人口红利逐渐消失，网民规模增长率趋于稳定。所以，网商消费者数量从 4 亿向 20 亿迈进的过程是一个高端消费份额不断扩大的过程，农民工消费普及和中产阶级消费升级并存，二三线城市复制一线城市的消费潮流之后再向低线城市扩散，越来越多的消费者将从“低频低质”区间进入“高频高质”区间。所以，网商需要寻找新的增长点。

从淘宝平台数据来看，“80 后”成为消费主体、银发消费的崛起，女性消费特性被放大等又不断形成新的消费拉动力。电子商务正在从“15 年的消费者数量红利期”转向“30 年的品质红利期”。

可以预见，崛起的富裕阶层、新时代消费者和全渠道的普及将成为未来五年的三大主要消费动力。未来，每个人都能享受消费，也都能发掘新消费。

---

① 凯文·凯利于 2016 年 12 月 6 日在广州 xbed 战略发布会上的演讲。

（2）新供给匹配新消费。

品质红利的实现依赖于网商的供给侧改革，通过网购商品的品质让新的供应能力适应新的消费需求。从管理咨询公司罗兰贝格发布的《中国消费品企业与行业的兴衰轨迹》报告判断，在“经济新常态”下，中国消费者正呈现着更加丰富的消费行为，消费决策越发理性而精明，消费品行业格局加速演进和快速更替之势已然形成。网商从原来供应普通的衣服、食物、日用百货，进化为供应个性化、品牌化、生鲜化商品——原有商品将在品质上快速持续升级，商品中的服务价值不断提升。未来更多高端的新品类也将不断涌现在网购平台上，其主要特征是具有更高的附加值、更高的价格，如别墅、汽车、奢侈品等。

当新供给全面升级，网购商品极大丰富后，网商需要进一步更新供需匹配机制。未来具有核心算法的 E – business（电子商务）能够实现供给侧改革和需求侧升级相互匹配。

3. 主体：人人时代·人机时代·账户时代·文化时代

（1）人人时代：新网商、新零售、新制造协同爆发，共享盈余。

生产组织形式经过分散、集中，进入再次分散阶段。以蒸汽机的发明为标志，制造业从原始的手工制造转为机械制造，流水线式作业的方式催生了以工厂与工人为代表的集中生产组织形式。随着 3D 打印技术得到广泛运用，制造业将迎来新的组织方式的变革，未来将不再需要工厂这种必须把人力、资金、设备等生产要素大规模集中化的生产方式，而转变为一种以 3D 打印机为基础的，更加灵活、投入更少的生产方式。《经济学人》杂志将这种趋势称为“社会化制造”（Social Manufacturing），当这种方式得到广泛的运用，那么每个人都可以是一家工厂。在下一个交易环节中，电商平台则将为每个人提供出售自己制造产品所必需的设施和服务。在网络的连接下，新网商、新零售、新制造协同爆发。在人人制造、人人网商的背景下，商业模式从单一的赚钱变成普惠的共享盈余。

未来，依托平台，每个人都成为网商，每个人都是新经济体的重要角色。

（2）人机时代：网商大脑。

随着大数据井喷，深度学习发展，芯片向仿人脑计算方向不断前进，不断提高和完善着人工智能所需必要条件。人工智能的爆发，从根本上来说与芯片技术发展有关，对算力的渴求驱动着科技公司对芯片性能提出越来越高的要求。在需求的推动下，基于深度学习方法的计算机芯片陆续问世，如中国自主研发的寒武纪神经网络芯片，英伟达 GPU（图形处理器）类产品，以及 IBM 最新发布的类脑超级计算平台“TrueNorth”等。人工智能的核心是算法，深度学习是目前最主流的人工智能算法，由通用芯片向定制芯片过渡最终走向类脑计算芯片已是大势所趋。近年来，深度学习在计算机视觉、语音交互、机器人/自动化、医疗、安全、消费、商务等领域不断取得新的突破，并开始产出一些被认为是人工智能进入应用阶段曙光的成果。而因互联网的社交化和移动化产生的海量数据则为深度学习提供了丰富素材。

商业界正在用预测模型和其他人工智能应用使一些任务变得自动化，并希望在越来越多涉及海量数据的情况下，“智能”大脑应用自动完成日程工作。随着“网商大脑”的普及，更多的人将从单调的日常工作中解放出来，从事更多专业性工作和创意工作。

（3）人机时代：2020 年，第一个机器人网商将诞生。

现在，数据成为商业分析工具，通过数据推动商业链路单环节优化，智能化辅助工具帮助网商完成决策。管理咨询公司麦肯锡在对来自 10 个国家、横跨 14 个行业的 3000 位知道人工智能的首席官级别（C－level）的高管进行调研后认为，人工智能的早期采用者与其他公司之间的鸿沟将日益扩大。

阿里巴巴基于网商大数据和阿里云庞大的计算能力，在网商相关的技术研发以及应用场景方面进行了大量的实践，通过在电商、物流和金融相关的业务应用场景中不断积累人工智能核心技术，并逐渐通过阿里云 ET 平台输出到交通、政府、娱乐等更多的行业之中。目前，人工智能购物助理虚拟机器人“阿里小蜜”在每天应对百万级服务量的情况下，智能解决率达到了接近 80%，甚至在部分重点场景上已经达到 95% 的智能解决率，满意度比传统的自助服务提升了一倍。

未来，随着数据汇聚、分析和使用，网商与客户之间的关系将由数据驱动，形成量化管理的模式。每个商业环节都能转变成数据，从而出现了通过“计算”发现商业全链路最优方案的可能性，整体效能以指数级的方式实现提升。智能决策从辅助工具变成主动主体，人、机器人共同组成网商主体。

预计 2020 年第一个机器人网商将诞生，未来 10 年，数以万计的机器人经理将进入各类商业组织。“网商大脑”将通过算法、模型、软件，指导、辅助网商来完成内部管理机制和决策流程，人类商业效率将再次得到极大提升。

（4）账户时代：“银行账户”走向“网络账户”。

传统工业经济以企业部门为中心，为满足工业部门的永续经营，必须持续投入充沛的经济资源。工业经济体系是围绕着企业部门形成的银行账户体系。工业经济时代，要实现企业、银行和政府三个部门在财务上相统一，制定了一系列法律规范与财务准则，在资本价值观下的存量积累优于流动。

数字经济活动是账户活动，账户是数字货币和“经济”的原点，经济活动的发生是在账户体系内的。而经济活动中最主要的是经济关系，所谓最直接的经济关系其实指的是人和人之间的关系。数字经济的规模越大，意味着其中人与人之间的关系的新规则越强势。

目前，我们正处于新旧经济转变过程中，开始出现了普遍的人与人之间的经济关系，并且逐渐大面积大规模迅速提升为账户与账户之间的关系，此时经济体系内多种多样的经济主体接近于形成全账户关系，账户关系体系即等于经济体系未来，在线即网商，“网络账户”将取代“银行账户”，代表新商业主体。围绕“网络账户”，网络经济活动必将越来越丰富、复杂和高效，而这其中，“信用”作为网商的核心竞争力之一，其重要性将再次得到全面提升。

（5）文化时代：粉丝的力量。

粉丝经济，即建立在粉丝与偶像关系上的经营性创收行为。随着消费升级和社会观念的变化，粉丝经济有了更广阔的内涵和更丰富的表现形式。在《粉丝力量大》一书之中更具体描绘成“粉丝经济以情绪资本为核心，以粉丝社区为营销手段，不断增值情绪资本。粉丝经济以消费者为主角，由消费者主导营销手段，从消费者的情感出发，企业借力使力，达到为品牌与偶像增值情绪资本的目的”①。

因此，粉丝与“偶像”关系中，真正能够驱动消费行为的是情感方面的东西，我们可以称为认同的力量。从表面上看，移动互联网推动了网络直播的普及，网络红人成为产业模式，其核心仍然是通过各种手段催生粉丝（关

① 张嫱．粉丝力量大［M］．北京：中国人民大学出版社，2010.

注者）的认同。共同的价值观将网红和粉丝汇聚。网红生产内容，内容带动消费者互动，交易就会自然而然地发生。

4. 平台成为商业生态基石和创新引擎

（1）“创新、创意、创造”全面觉醒。

消费者愿意花更多的钱来购买个性化定制产品。2016 年，天猫电器城发布的《2015 数码家电花费趋势陈述》显示，天猫商城过半热销家电单品为个性化定制。网商平台汇聚消费者需求，以数据的形式逐步向生产环节施加影响，引导生产环节的变革。基于用户数据反向推动产业链变革就是通过网商平台交易数据分析用户画像，更加清晰地了解市场上消费者的喜好情况与变化趋势，为生产决策提供参考。

“互联网 +”时代，知识、数据成为商业的新资源。网商平台上，一套多层次的创新创业服务体系日趋成熟，涵盖了兴趣社区维护、知识产权保护、产品创意激发、开模及制造对接、品牌打造与精准营销、内容生态开放、商业机会搜寻的多个层面。

受益于这套服务体系，想法正在加速变为现实，“创新、创意、创造”成为新的价值内核。艺术家、设计师——在现代分工下仅从事设计的人群将再次具备“工匠”的能力。人们再次从整体上认识万物，并“制造”万物。

该体系正在赋能有原创力的年轻人，培育起了以买手、达人、创客、独立设计师、匠人、红人为代表的互联网开放创新生态，“创新、创意、创造”正在全面觉醒，“Made In Internet”（互联网制造）时代正在到来。

（2）“社会创新”成为网商创业新方向。

社会创新重新定义需求，并创造出新的商业模式。社会创新是为了解决当下新时代产生的新问题而产生的一种行为模式。在此之前，社会问题的解决依赖于相对固定的社会系统，由于涉及成员没有变化，对问题的拆解思路也往往很有局限性。社会创新理论动员新力量加入解决问题，能够将问题转化为需求，着眼于社会能力的提升。解决问题的局限性被打破了，也就能够通过增加新的基础设施、建立新的关系、构建新的模式等方式解决问题。淘宝网商“拾用 REMIX”，与城中村妈妈合作，为她们提供工作机会，利用回收材料，制造可持续的时尚。

在将商业的视角和力量引入公益事业后，阿里平台上形成了带有社会创新属性的公益活动。阿里拥有独特的公益体系，包括系列公益产品与平台，诸如公益基金、公益网店、公益众筹、公益拍卖、公益广告联盟、公益宝贝计划等。2016 年阿里联合中国著名的精神障碍艺术培训机构——WABC 无障碍艺途，将来自自闭症、脑瘫等精神障碍弱势人群的艺术习作，结合天猫和淘宝的商家设计和销售能力，把艺术作品变成一件件充满生活情趣的商品进行众筹销售，所有交易额的 10% 将返还给 WABC，用以帮助更多的弱势人群。在这些公益产品的支持下，阿里从“全员公益”走到了“全民公益”，在获得商业成功的同时也承担着相应的社会责任。仅 2017 年，阿里就带动社会公众 47 亿人次参与公益，累计 3 亿多用户、178 万多卖家通过阿里巴巴平台和蚂蚁金服平台参与了公益，这意味着每四个中国人当中，就有一个通过阿里巴巴平台完成公益善举。

（3）多层次的创新创业服务体系日趋成熟。

阿里旗下淘宝网、天猫、农村淘宝、钉钉、阿里创客基地、云栖 100 等多个平台构成了多层次创新孵化服务生态环境。阿里创新创业服务体系以共建兴趣社区、支持知识产权、鼓励产品创意、协调制造对接、供应品牌营销服务、提供内容开放、帮助搜寻机会等服务形式，为商家建立一个全生命周期，多场景的销售、营销、物流等跨业务服务体系。2016 年，阿里巴巴平台（包括淘宝、天猫）的交易规模达到 3. 092 万亿元，活跃卖家数量超过 1000 万。从启动资金看，在天猫平台创业店铺平均启动资金 20 余万元，远低于工商新注册企业实体 539 万元的平均注册成本。低门槛和低风险，吸引了大量年轻人进行网络创业。

阿里网商服务体系赋能商家，让具备特色和创新力的商家能够更好地被孵化、成长和发展。目前在阿里平台上，淘宝生态商家、服务商陆续实现上市，其中，品牌企业已上市 32 家，拟上市 66 家；服务商企业已上市 7 家，拟上市 19 家。

5. 天下：“小微”成为全球化主力军

（1）微型跨国公司成为全球化 3. 0 的中坚力量。

近年来网商呈现全球化发展趋势，表现为消费、贸易、服务和中小企业的全球化。互联网技术和全球电商平台的迅速发展，网商走出国门成为国际贸易的新业态和重要组成部分。

和传统产业的全球化模式不同，基于网商平台形成的新全球化更强调普惠的价值理念。在传统的以跨国公司为主导的全球化中，存在全球化收益集中于部分群体而使某些群体受损的现实问题。网商平台跨境交易的出现改变了以往少数大型跨国企业获得大部分全球化收益的状况，越来越多的中小微企业能够分享全球化带来的利益。中小微企业和个人通过跨境电商平台，通过互联网技术带来的普惠金融、智能物流、云、大数据以及一些新型商业服务，实现“买全球、卖全球”，这是新的全球化驱动理念。随着更多“数字自由贸易区”在全球的建立，未来30年，全球中小企业将在互联网上更加方便地展开分工、合作、经营。这种普惠全球化将有效降低全球贸易冲突和经济风险。

2016年伊始，马云和阿里巴巴集团提出了世界电子贸易平台（Electronic World Trade Platform，eWTP）倡议，目标是“顺应数字经济飞速发展的时代潮流，更好地帮助中小微企业发展，促进全球普惠贸易和数字经济增长，孵化互联网时代的全球化贸易新规则”。2017年3月22日，马来西亚政府与阿里巴巴正式宣布建设“数字自由贸易区”。这是中国以外的第一个eWTP试验区。

可以预见，原有的以大型跨国公司为主导的全球化，在未来将逐渐转变以6亿小企业为主体的全球化新模式。以中小企业为主导的普惠全球化将有效降低全球贸易冲突和经济风险。

（2）太空亦成为网商服务的场所。

2011年5月，NASA（美国航空航天局）公布了首批搭载于商业亚轨道飞船上的四个有效载荷，开启了商业飞船推动低成本技术研发和“科学、技术、工程和数学”（STEM）教育的新纪元。此后，越来越多的IT精英投身于太空探索事业，创造出了一系列商业飞船，包括微软创始人保罗·艾伦的新型双机身航天器、亚马逊创始人杰夫·贝佐斯的轻型胶囊火箭、ID游戏公司总裁约翰·卡马克研发可循环火箭，以及SpaceX（一家太空探索技术公司）马斯克的猎鹰9号火箭和龙货运飞船。这些尝试都在推动民用宇宙飞船研发，未来太空旅行的费用将会大大降低。在一些私营航空公司开展的服务中，太空旅行不再只是科学项目，宇航员是普通人而不是科学家。

现在，太空旅游已经跨越了大气层和太空交界的“卡门线”，从“轻度游”发展为“深度游”。甚至，国际空间站也开始承接一部分商业旅行项目。

在需求的推动下，一些公司也在探索新的短期太空居住的项目，如俄罗斯轨道科技公司（Orbital Technologies）的“外太空旅馆”项目。

在可以预见的未来，私人太空度假旅游将成为一部分人的生活方式。随着这部分人群规模扩大，空间站成为人类的休闲场所，火星出现人类聚居地，外太空出现贸易等社会行为。在需求的推动下，专供太空旅行者的货运宇宙飞船出现。太空时代的网商，将实现把人送到月球上去，把人和物资送到火星上去。

二、 新网商·新时代

网商群体将沿着设施智能化、创新生态化、客户主流化、小微全球化四个方向不断演进。设施智能化方向以网商大脑为发展标志，网商基于互联网基础设施，实现智能供应链、智慧金融，构建共享盈余的网商人机时代。创新生态化方向以“Made in Internet”为理念，平台充分提供创造、创新支持，以网络账户的经济关系取代旧经济关系，构建数字经济账户时代。客户主流化方向，网商成为供给侧改革的一部分，通过提升商品质量增加高价值品类获得品质红利，而与之相应的是网商营销方式也发生了变化，情绪成为激发消费的重要动力，消费者为了寻求认同的情绪从关注网红内容转变成粉丝，各自聚合成新的密切性社群，互动成为交易的前提，网商进入文化时代。小微全球化方向，微型跨国公司成为新全球化的主导力量，全球基于跨境电子贸易平台进行分工协作，随着航天技术日益向民用方向发展，网商开始挺进太空。

三、 进击的网商

网商，将从群体概念转变为生产力概念。

根据“效率/智能化”和“范围/全球化”指标，网商发展可以分为以下四个阶段：

第一阶段，实体店。商业设计和自身资源都仅限于区域内经销，一家实体店的辐射半径大概是 10 千米以内。

第二阶段，零售网商。能够利用网络平台的工具，完成网络贸易；有较初级的视觉包装、文案设计；店铺运营、财务分析以店主为主，基本或少量雇用员工；能完成基本的电子订单管理，基于自有订单数据进行简单的统计分析。

第三阶段，线上线下一体化网商。线下实体店和线上网店能够实现库存、销售同步，实体店服务实施在线上传，使用大数据分析工具，有较高比例使用生意参谋等高级分析工具；有独立品牌，能够借助互联网实现精准营销。

第四阶段，全球网商。能够实现全球贸易、全球服务、全球创新，有自己的数字银行，通过网商大脑可以进行智能决策；基于海量数据智能优化供应链；具有非常强的品牌号召力，有一整套运作产品相关文化符号的工作方法；能够主动建立客户运营中心，有意识地经营粉丝社区，从互动中保持共生共赢的商业模式。

余晓晖

工业互联网推动产业智能化升级

余晓晖，信息社会50人论坛成员，中国信息通信研究院总工程师、教授级高级工程师，中国信息化百人会成员，国家战略性新兴产业发展专家咨询委员会委员，国家物联网发展专家咨询委员会委员，中国互联网协会常务理事，中国互联网协会移动互联网工作委员会副主任委员、互联网金融工作委员会副主任委员，工业和信息化部通信科技委员会委员，工业和信息化部电信经济专家委员会委员。20世纪90年代，余晓晖主要从事全国电话网的网络仿真、网络路由技术、网络优化和规划工作。2000年以来，主要从事国家信息通信产业、信息网络技术和信息化的战略、规划与政策研究，参与了国家信息化、信息产业、宽带中国、互联网、移动互联网、物联网、云计算等相关战略、政策、规划的研究和起草。曾获通信科技进步奖等10多项奖励，并享受国务院政府特殊津贴。

以物联网、大数据、人工智能等为代表，以数字化、智能化为特征的新一轮技术发展浪潮，正在加速向经济社会各领域渗透，驱动颠覆性产业变革和创新，为提升生产力水平提供了重大突破性机遇，形成了席卷全球的数字经济和新工业革命浪潮，工业互联网则成为此次浪潮的重要基石。工业互联网是以网络为基础、数据为核心、安全为保障，通过新一代信息技术与工业体系的深度融合和集成应用，形成全面互联的工业大系统，打通生产体系、产业链和价值链体系，实现数据的充分采集、流动、分析和以此为核心的系统级智能，进而变革生产方式和商业模式，构建全面互联制造体系，引领制造业智能化升级，重塑产业图景和国际格局。

一、工业互联网包含三大要素和三大闭环

工业互联网的本质是基于全面互联而形成的以数据为核心，涵盖工业生产全流程、全产业链、全价值链和全生命周期的系统级智能，如图 1 所示。

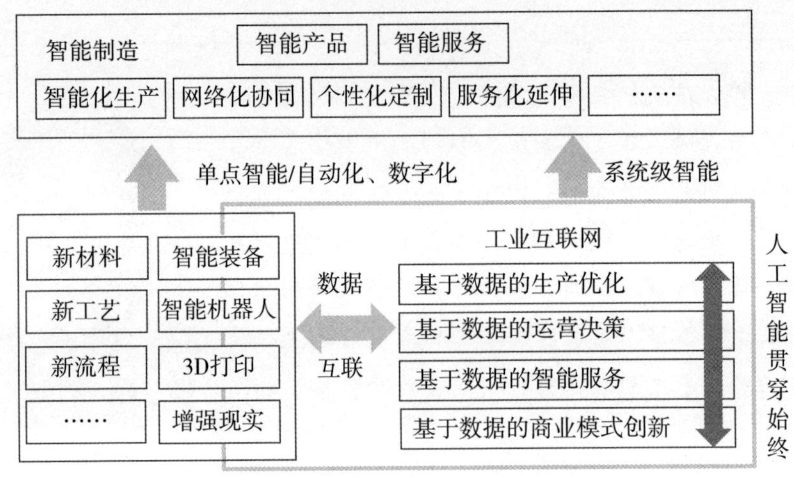

图 1　工业互联网实现工业体系的系统级智能

工业互联网包含三大要素：

网络要素：实现工业体系全要素全方位的深度互联，是实现工业系统级智能的基础，又包括网络互联、标识解析、信息互通三大体系。

数据要素：实现数据智能在工业中的全周期应用，包括“采集交换—集成处理—建模分析—决策反馈与控制”，形成优化闭环，驱动工业智能化。

安全要素：是工业/产业互联网各个领域和环节的安全保障，包括设备安全、控制安全、网络安全、应用安全等。

基于上述三大要素，工业互联网构建出面向工业智能化发展的三大优化闭环：

一是面向生产现场运行优化的闭环：核心是基于对机器操作数据、生产环境数据的实时感知和边缘计算，实现机器设备和生产制造系统的动态优化调整。

二是面向企业运营决策优化的闭环：核心是基于生产制造、运营管理等

跨系统数据的集成处理和建模分析，实现企业生产运营管理的动态优化调整和智能化生产模式。

三是面向用户交互、产品服务优化和产业链协同的闭环：核心是基于供应链、用户需求、产品服务等数据的综合集成分析，实现企业资源组织和商业活动的创新，形成网络化协同、个性化定制、服务化延伸等新模式。

工业互联网体系架构如图 2 所示。

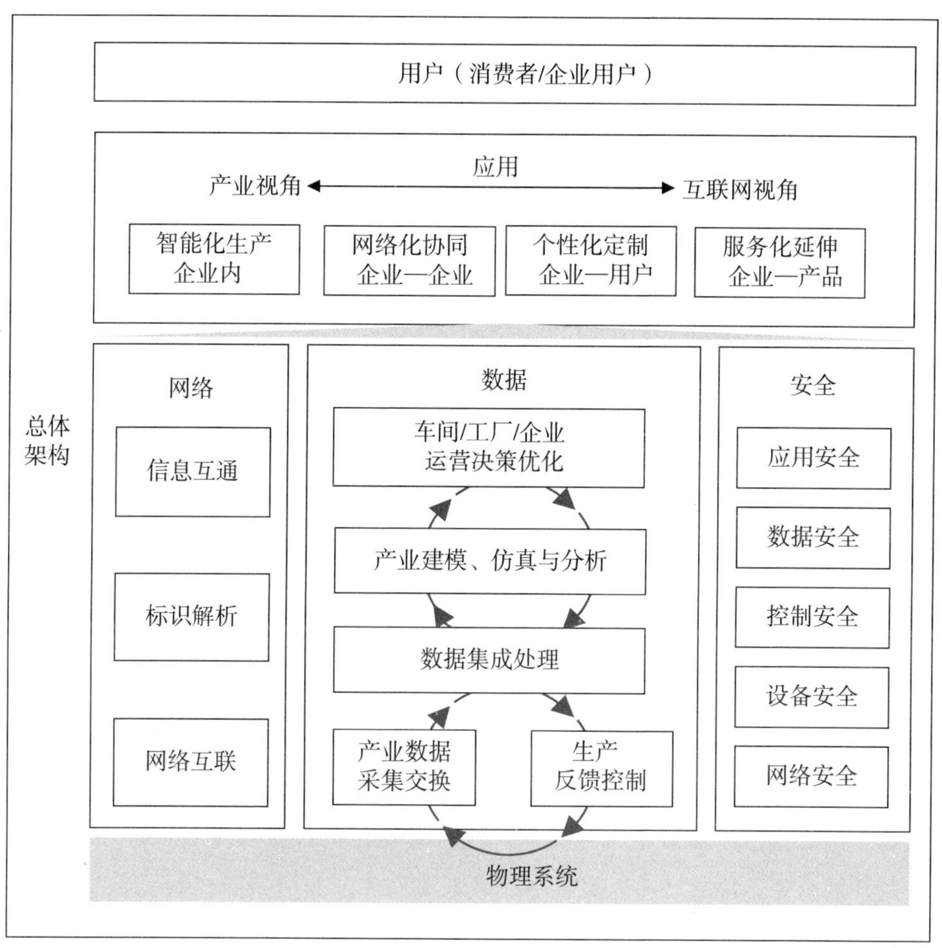

图 2　工业互联网体系架构

基于三大要素和三大闭环，工业互联网带来工业智能化变革，形成新模式、新应用、新网络、新平台和新生态，从而重塑工业体系，如图 3 所示。

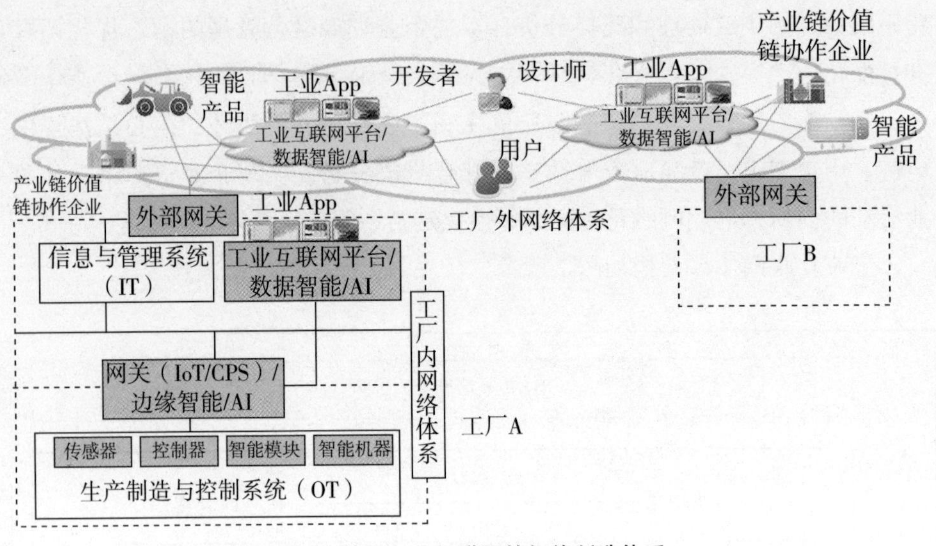

图3　基于工业互联网的智能制造体系

二、工业互联网提供了数字化、智能化转型的方法论

工业互联网，背后实质是工业体系乃至更广泛范围的各个产业向数字化、网络化、智能化的全面转型，它意味着生产、消费、企业管理、商业模式、产业组织、国际分工的全方位重塑，是一次意义深远的经济社会转型和生产力革命。网络、数据、安全三大要素以及在其基础上形成的三大闭环体现了产业智能化转型的本质和要求。因此，工业互联网意味着需要构筑一个支撑数字经济发展和实体经济全面转型的新型基础设施，它极有可能由现有的互联网体系延伸而来，而其范围、功能、复杂性又可能将远超现在的网络设施。但工业互联网又绝不仅是基础设施的构建，它也意味着新平台、新模式、新业态，同时也意味着信息通信技术必须封装和转化为企业核心生产管理流程中的使能要素，信息技术（IT）与生产制造技术（OT）被完全打通，形成网络空间与物理时间融为一体的信息物理系统（CPS）。

工业互联网与产业数字化智能化转型如图 4 所示。

由于服务的对象不同，工业互联网与消费互联网相比，体现出明显的差异。

发展模式方面，消费互联网应用门槛相对较低，发展模式普适性强，具有较强的可复制性，再加上庞大的人口基础，足以支撑商业模式快速创新，

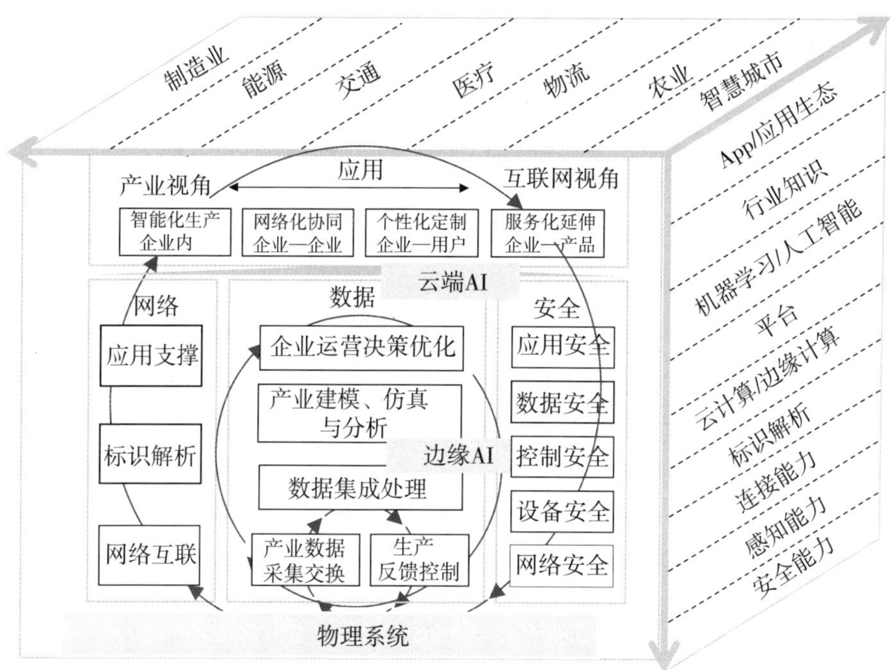

图 4　工业互联网与产业数字化智能化转型

可在短期内实现市场的快速拓展。而工业互联网连接主体复杂多样，涉及行业、领域、专业范围广，技术难度大、应用门槛高、行业标准杂，每个行业特性和行业知识差异巨大，很难找到普适性的发展模式，连接对象多的数量优势无法短期转化成市场优势。

发展要求方面，工业互联网需要 IT（信息技术）、CT（通信技术）、DT（数据技术）和制造技术的深度结合，对企业在技术跨界整合和集成方面的能力要求要高得多，无论是互联网企业还是制造业企业都难以凭一己之力实现工业互联网的各项要求。此外，工业互联网涉及整个工业体系的智能化改造，相对重资产，投资回报周期长，对资本的吸引力要远弱于消费互联网的 2C 业务，面临的资金压力要大得多。

三、我国工业互联网发展呈现两大阵营和三大路径

我国政府高度重视工业互联网的发展，国民经济和社会发展“十三五”

规划、中国制造2025、“互联网+”行动计划等重大战略和规划都明确提出发展工业互联网，经过几年的努力，涌现出一批优秀企业和最佳实践案例，形成了两大阵营和三大路径，产业体系正在快速孕育兴起中，将重构制造业的供给体系，为供给侧结构性改革和提升我国制造业价值链地位带来了重大契机。

1. 两大阵营

我国工业企业和互联网企业两大阵营共融共生，合作并进。

工业企业往往由内及外，通过改良和升级工厂软硬件基础设施，实现生产系统的智能化，并不断向产业链上下游和价值链各环节延伸，形成研发设计生产和供应链协同、个性化定制、智能化服务等模式变革。互联网企业则通过需求实时感知、精准营销、协同制造、众包众筹等新业态变革重构业务模式和商业模式，进而倒逼制造业产品、装备、工艺、管理、服务的智能化。

2. 三大路径

一是面向企业内部的生产率提升（智能工厂）。目前在电子信息、家电、医药、航空航天、汽车、石化、钢铁等行业有较多应用，主要特点是从生产端切入，打通设备、产线、生产和运营系统，通过全面获取和集成生产系统与信息系统数据开展生产优化，打造智能工厂和柔性产线，实现车间级、工厂级、企业级的生产运营优化，提升生产效率与产品质量，降低能源资源消耗，实现提质增效。

二是面向企业外部的价值链延伸（智能产品、智能服务、智能化协同）。目前在家电、工程机械、电力设备、供水设备、航空航天、汽车、船舶、纺织、服装、家具等行业有较多应用，主要特点是打通企业内外部价值链，实现产品、生产和服务创新，包括通过用户与企业产品定制服务平台的有效对接，提供基于需求精准对接的个性化定制服务；基于工业互联网实时监控产品的运行状况，开展远程监测、远程诊断、预测性维护等制造型服务；基于工业互联网连接企业内外部设计、生产、物流等资源，实现资源优化配置和生产网络化协同。

三是面向开放生态的平台运营（工业互联网平台）。工业互联网平台借鉴了消费性互联网的平台发展模式，目前在航空航天、工程机械、轻工家电等行业有一批应用，主要特点是基于海量多源工业数据的价值挖掘，形成支撑生产智能决策、业务模式创新、资源优化配置、产业生态培育的开放服务平台。平台向下连接工业设备、系统、智能产品等软硬件资源，获取各种历史数据和实时数据；中间集成各类数据，并融合行业经验知识和模型，通过大数据和机器学习等形成各类工业微服务与开发环境；向上实现应用支撑，面向企业与第三方开发者，实现工业 App 开发、应用部署和商业模式创新。因此，平台某种程度上起到了类似操作系统的作用。工业互联网平台主要包括运营优化平台、资源协调平台、通用使能平台等。我国航天科工的 INDICS 平台、海尔 COSMOPlat 平台、三一重工的树根云平台以及华为的物联网连接平台等是其中的典型代表。

工业互联网平台参考模型如图 5 所示。

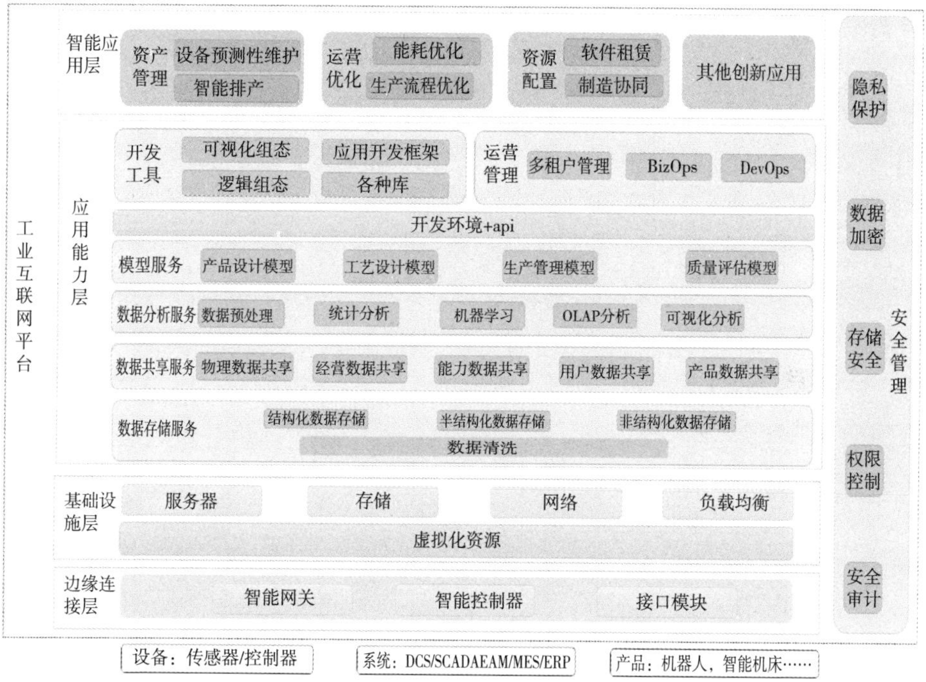

工业互联网平台
智能应用层
资产管理 设备预测性维护 智能排产
运营优化 能耗优化 生产流程优化
资源配置 软件租赁 制造协同
其他创新应用
应用能力层
开发工具 可视化组态 应用开发框架 逻辑组态 各种库
运营管理 多租户管理 BizOps DevOps
开发环境+api
模型服务 产品设计模型 工艺设计模型 生产管理模型 质量评估模型
数据分析服务 数据预处理 统计分析 机器学习 OLAP分析 可视化分析
数据共享服务 物理数据共享 经营数据共享 能力数据共享 用户数据共享 产品数据共享
数据存储服务 结构化数据存储 半结构化数据存储 非结构化数据存储 数据清洗
基础设施层 服务器 存储 网络 负载均衡 虚拟化资源
边缘连接层 智能网关 智能控制器 接口模块
安全管理 隐私保护 数据加密 存储安全 权限控制 安全审计
设备：传感器/控制器
系统：DCS/SCADAEAM/MES/ERP
产品：机器人，智能机床……

图 5　工业互联网平台参考模型

此外，工信部推动成立的工业互联网产业联盟（AII）已集聚国内外工业和信息通信领域 400 余家龙头企业，通过跨界融合创新的化学反应，正形成协同共赢的产业生态系统，引领我国工业互联网产业创新发展。目前在新型工业网络、工业互联网平台、工业大数据、边缘计算、工业人工智能等领域，已逐步形成一批带动性强、技术领先的龙头企业以及一批优秀的试验床和综合集成解决方案。通过产业界的跨界协同和大胆探索，将不断培育形成工业互联网和工业产业升级的发展新动能。

工业互联网是新产业变革的重大机遇，总体看，其领域跨度大，技术体系复杂，全球发展尚处在初期。我国工业互联网起步较早，产业界和政府各方积极探索实践，已形成良好的发展势头和发展特色，面临重大的历史窗口期。同时也应当看到，相比于美、德、日等制造强国，我国在产业基础、技术能力和应用推广等方面还存在一系列挑战。如工厂现场设备数字化、智能化程度较低，生产和控制系统网络协议众多，联网和互联互通任务艰巨；多类应用协议长期并存，接口封闭，数据集成和互连互通操作困难；工业数据分析刚刚起步，各行业的分析方法和应用模型非常欠缺等。此外，我国还缺乏有足够引领力来整合工业互联网产业生态系统的龙头企业。因此，工业互联网的发展将是一个持续渐进的过程，需要进一步凝聚跨行业的融合共识，深化技术、标准和应用的国内外交流合作，加强产业协作和跨界融合，共同推进我国工业互联网的整体跃升和全面突破。

何霞

打造"互联网+制造"的新模式、新生态与新格局

何霞，信息社会50人论坛理事，工业和信息化部中国信息通信研究院政策与经济研究所副总工，兼任中国信息经济学会副理事长、工业和信息化部电信经济专家委员会委员、工业和信息化部通信科学技术委员会电信业务与经济技术管理专家咨询委员、西安邮电大学经济管理学院客座教授。何霞本科毕业于首都经贸大学贸易经济系，研究生毕业于中国人民大学经济管理学院，于1995年赴美国马里兰大学进修，拥有二十多年电信经济与政策研究经历。在国内重要刊物上发表有关电信管制的学术论文100多篇，代表性的著作有《信息产业的投资与融资》《移动通信产业发展与社会影响》《网络时代的电信监管》等。

制造业是国民经济的主体，是立国之本、兴国之器、强国之基。制造业是实现创新、抢占未来的关键制高点，决定着实体经济的质量和效益。当前，我国制造业的发展形势十分严峻，国内人口红利消失，资源及生态环境的承载能力接近饱和。全球产业格局正经历重大调整，我国面临"高端回流"和"中低端分流"的双向挤压，以及国际贸易环境变化的新挑战，亟待通过互联网、大数据及云计算、人工智能与制造业深度融合，推进由"制造大国"向"制造强国"升级，迎接新工业革命历史性机遇。

一、新一轮科技革命和产业变革开启"互联网+制造"新阶段

互联网是网络信息技术的灵魂，是最具活力的领域，具有"融合赋能"

的重要作用。自我国全面接入国际互联网20多年来，互联网已经深刻改变了零售、物流、交通、金融、住宿、餐饮、旅游、娱乐等服务业，正在加速向制造业渗透。“互联网+”从第三产业向第二、第一产业快速延伸，目前已经进入第二产业，引发了新一轮科技革命和产业变革，开启了“互联网+制造”的新阶段。为此，美国率先提出发展先进制造业，德国继而提出工业4.0战略，中国也出台《中国制造2025》，各国政府都在大力推进互联网与制造业的深度融合，促进制造业转型升级和创新发展。

“互联网+制造”本质基于全面深度互联，用互联网开放、共享、协作和平等交互的理念，以及互联网平台模式与开放生态，实现低成本数据计算和处理能力基础上基于数据的能够把物理世界和网络空间结合在一起的智能化决策，以消除各个环节信息不对称，实现资源动态配置，从而可以打破体制机制束缚，变革生产关系，推动制造业的转型升级。

“互联网+制造”是以互联网为核心的新一代信息技术与制造业跨界融合与深度应用，贯穿于设计、生产、管理、服务等制造活动的各个环节，形成具有信息深度感知、智慧优化决策、精准控制自执行等功能的先进制造系统，创造出新思维、新模式、新产品和新业务，构建形成连接一切的制造业新生态，推动制造业的生产方式和组织形态根本变革。

二、“互联网+制造”的四大模式

“互联网+制造”通过工厂现场、企业IT系统、平台、用户和产品设备的互联，以“智能工厂”与“企业IT系统”为基础，实现企业的智能化生产、用户的个性化定制、企业之间的网络化协同和产品的服务化延伸等诸多新模式、新应用和新业态，有效激发制造企业的新活力、新潜力和新动力。

模式一：网络化协同

协同制造原本不是新的概念，航空、汽车等行业实施企业内的协同制造已有十几年的历史。但是，云计算、大数据、移动互联网等新一代信息技术的发展却赋予了协同制造新的内涵和应用。

网络化协同指企业借助互联网或工业云平台，发展企业间协同研发、众包设计、供应链协同等新模式，能有效降低资源获取成本，大幅延伸资源利用范围，打破封闭疆界，加速从单打独斗向产业协同转变，促进产业整体竞争力提升。

协同研发、众包设计、供应链协同等网络化协同模式正在推广应用，为传统企业高效、便捷、低成本地实现创新开辟新渠道。其中，研发、设计与供应链正在成为继营销之后与互联网融合的新热点，正在形成新型研发组织、设计模式与新型供应链体系，实现聚众创新、提质升效与协同共赢。

模式二：个性化定制

随着互联网、大数据、云计算的普及以及柔性化生产能力与水平的提升，个性化定制迅速发展。借助互联网平台，企业可与用户深度交互、广泛征集需求，运用大数据分析建立排产模型，依托柔性生产线在保持规模经济性的同时提供个性化的产品。

个性化定制是指利用互联网平台和智能工厂，将用户需求直接转化为生产排单，实现以用户为中心的个性定制与按需生产，有效满足市场多样化需求，解决制造业长期存在的库存和产能问题，实现产销动态平衡。

个性化定制是“互联网＋制造”的新热点，正在成为传统制造企业创新的新模式。个性化定制可分为四个模式，其中，大规模定制主要针对群体需要、深度定制针对个体需要，众创定制是指众多客户共同参与互动，社群化定制则是采用社交方式传递供需信息，实现个性化定制。

个性化制造打破了传统的渠道单一、封闭运行、单向流动的企业用户关系，解决了旧的需求定位粗略、市场反馈滞后等问题。当前，服装、家居、家电等领域已开启个性化定制，未来按需生产、大规模个性化定制将成为制造业中诸多产业的发展常态。

模式三：服务化延伸

随着制造业产品复杂程度的提高，以及信息技术的发展，全球呈现出制造业服务化的趋势。新一代信息技术发展为服务型制造业发展又提供了很有利的支撑，移动互联网、大数据、云计算、物联网、人工智能等信息技术的逐步成熟和产业利用，推动制造业服务化延伸发展迅速，向需求者提供“制造＋服务”一体化解决方案，极大地推动了制造业的服务化转型，使新商业模式、新业态的创新层出不穷，重构了价值链和商业模式，在产业层面形成制造业与服务业融合发展的新型产业形态。

服务化延伸是指企业通过在产品上添加智能模块，实现产品联网与运行数据采集，并利用大数据分析提供多样化智能服务，实现由卖产品向卖服务拓展，有效延伸价值链条，扩展利润空间。为了进一步增强企业的竞争力，制造业正在积极探索由传统的产品为中心向以服务为中心的经营方式的转变，通过构建智能化服务平台实现智能化服务将会成为新的业务核心。对于制造业来说，向服务化延伸可以摆脱对资源、能源等要素的投入，减轻对环境的污染，同时能够更好地满足用户需求、增加附加价值、提高综合竞争力。因此，制造业服务化延伸已经成为越来越多的制造企业获得销售收入和利润的主要基础，成为制造业竞争优势的核心来源。

目前有两个主要模式：一是提供面向使用过程的产品智能化服务。企业不出售产品，而是通过在线平台提供产品服务，如在线租赁机器设备、无人机服务等。二是提供面向服务过程的产品智能化服务。对于工程机械、航空发动机、电力装备等产品，远程智能服务是产品价值链中非常重要的组成部分，企业在产品销售后，借助智能传感、宽带网络、大数据分析等技术，将机器设备运行状况、环境参数等信息直接反馈到设备生产厂家，使厂家实时了解其运行信息，并通过数据建模分析、专家诊断等方式，提前预判故障风险并给出相应解决方案，使过去被动维护或凭借经验的定期维护转变为按需提供的主动服务。

模式四：智能化生产

在全球工业4.0的革命浪潮下，智能化生产成为未来制造业发展的重要方向。新一轮的制造业变革不是在原有制造逻辑上的小修小补，而是结合以互联网为核心的新一代信息技术实现制造体系逻辑的全新颠覆。通过物联网的泛在连接，大数据及计算技术发展，以及工业机器人、机械手臂等智能设备的广泛应用，使生产过程主要由机器智能生产，人员只是辅助工作。

智能化生产是指利用更加优化的制造工具，利用网络信息技术对生产流程进行智能化改造，实现数据的跨系统流动、采集、分析、优化，完成设备性能感知、过程优化、智能排产等智能化生产方式。

近年来，我国以海尔、广汽传祺、五家渠石化等为代表的制造企业以“互联网+制造”为主攻方向，通过建立智能工厂，推动智能化生产，实现数字化、网络化、智能化转型。

综上所述，我国“互联网 + 制造”是以制造企业为核心，以信息通信服务企业为支撑，由环节渗透向综合集成演进。以智能工厂为载体的智能化制造正在起步，以资源共享为基础的协同化组织应用广泛，以满足个性需求为导向的定制化生产平稳发展，以提升用户体验为目标的服务化延伸快速普及，以激发新动能为特征的平台化运营成效初显。

当前我国制造业仍处于 2.0、3.0 等不同阶段共存的时代，每一种模式都兼有智能化和非智能化的情况，随着“互联网 + 制造”的深入普及，未来制造模式都将建立在智能化生产基础之上。

三、打造“互联网 + 制造”生态体系

2012 年以来，在 GE、西门子等国际制造业巨头的推动下，制造业、IT 软硬件企业和互联网公司也积极加入，使各类制造平台在全球快速发展，形成了“互联网 + 制造”的平台体系，构建跨制造产业、信息通信产业等的信息交汇与聚合枢纽，成为“互联网 + 制造”的核心环节。

1. 工业巨头合力打造工业互联网平台

近年来，传统工业巨头将云计算、物联网、大数据等新一代信息技术和架构与制造业相融合，构建工业互联网平台，主要代表是 GE 的 Predix、西门子的 Mind Sphere 以及我国海尔的 COSMO 等平台。从实现方式看，GE 的 Predix、西门子的 Mind Sphere 等平台聚焦企业资源的管理与运营，利用传感、移动通信、卫星传输等网络技术远程连接智能装备、智能产品，在云端汇聚海量设备、环境、历史数据，利用大数据、人工智能等技术及行业经验知识对设备运行状态与性能状况进行实时智能分析，进而以工业应用程序（App）的形式，为生产与决策提供智能化服务。从平台特征看，这类平台是互联网创新技术、生态模式在工业领域复制、融合的突出体现。从价值拓展看，这类平台直接获取机器设备运行参数，通过对海量历史经验数据、实时运行数据的集成与建模分析，实现远程设备状态监控、预测性维护、能效管理等智能化服务，提高机器效率、降低能耗、降低故障率、拓展服务和价值空间。

2. IT企业和互联网公司向制造平台拓展

IT软件企业和互联网公司通过云平台提供云计算、物联网、大数据的基础性、通用性服务。其中有的侧重云服务的数据计算存储，如微软的Azure、SAP的HANA、亚马逊的AWS以及我国的阿里云、腾讯云等，有的侧重物联网设备连接管理，如思科的Jasper、华为的Ocean Connect等。

四、“互联网+制造”的新格局

1. 部署工业物联网，实现工业大数据的自动化采集

目前自动化、数字化、网络化、智能化的设备技改路线已经获得阶段性成果。国内制造企业的自动化和数字化水平已具备一定基础，但绝大多数为单机使用，设备数据也没有加以采集和利用，为此，仍然需要推动网络化改造，包括充分利用数字化设备的通信接口、在自动化设备上加装传感器和控制器，并因地制宜地利用有线或无线网络接入技术，建设覆盖全工序、全流程的各类生产、检测、物流设备的工业互联网，充分采集制造过程中产生的大量数据和图像信息，从而为设备的集中监视、远程控制、协同制造创造条件。

2. 打通信息纵向集成通道，构筑数字化制造基础

目前国内制造企业已普遍应用了财务管理软件，ERP（企业资源管理系统）和OA（自动化办公系统）也得到一定程度的推广。但产品和工艺设计、生产制造、设备管理、仓储物流管理、质量管理等方面的信息化应用尚未普及，也没有充分打通设备监控与操作层、生产运营管控层、企业经营决策层之间的信息流转通道，大量数据没有得到有效的收集和开发利用，信息传递不及时，现场管理主要依靠管理人员的经验，管理水平还远未达到数字化、科学化和精细化的程度。为此，企业需要在设备联网改造的基础上，在监控操作层开发部署工业控制系统；在生产运营层开发部署信息化系统；在经营决策层部署ERP、SCM（供应链管理）、CRM（客户关系管理）等系统。通过数据接口、中间件、数据总线、ESB（企业服务总线）等实现从设备层一直到决策层的集成，消除信息孤岛，确保对企业大数据进行充分加工和利用，从而构建数字化工厂。

3. 提升集成化、精益化、柔性化制造能力

实施设备网络化改造、提高数据自动采集率、部署工业软件、开展物理系统与信息系统的集成等，这些措施的最终目的并不仅仅是提高生产自动化水平、实现机器换人，而是以优化生产节拍、提高生产效率、降低库存、控制成本浪费、提升产品质量为核心，全面推行精益生产等先进管理理念，提升全工序的集成化、精益化、柔性化制造能力。

4. 整合资源，推动价值网络的集成和协同

“互联网+制造”的核心是充分运用自动化、信息化、互联网、物联网、人工智能等先进技术，整合企业内外部资源，把企业的设备、生产线、物料、员工、供应商及客户紧密联系在一起，把数据作为一种新型的生产要素进行全面管理和深化应用，全面推进业务流、资金流、物流中信息的数字化、网络化、集成化的发展，并不断提升从数据到信息再到知识全过程的自动化采集、处理、分析和利用的水平，从而优化企业资源配置、实现价值网络上的集成和协同，提高管理效率，提升企业竞争力，为客户提供差异化、端到端的生产和服务。

杨冰之

大数据时代，企业数据资产管理之道

杨冰之，信息社会50人论坛成员，电子政务与电子商务专家，浙江大学客座教授，北京国脉互联信息顾问有限公司董事长兼国脉信息化研究中心主任、首席研究员，曾任北京大学网络经济研究中心研究部主任，中国电子商务协会高级专家，《电子政务》和《电子商务世界》杂志编委，劳动部电子商务师专家委员会委员，国家信息化“十一五”规划起草组成员，电子政务工程服务网、中国物联网的创始人、开拓者。其主持完成了《数字湖南规划》《智慧中原规划纲要》《智慧舟山建设纲要》《常州“智慧城市”三年行动计划》《宁波杭州湾新区智慧新城规划》等国内多个智慧城市规划项目，并主持编写了《智慧城市：愿景、规划与行动策略》《智慧城市发展手册》《物联网100问》等著作。

一、不确定时代的几个确定性判断

近年来企业发生了很大的变化，最新的数据告诉我们，近十年来全球五大企业排序发生了一场剧变，十年前最有钱的企业前五名为：埃克森美孚、GE、微软、花旗银行、美国银行，一家石油企业、一家制造企业、一家软件企业、两家银行；而今天最有钱的企业依次是苹果、谷歌、微软、亚马逊、Facebook。

这说明了什么？短短十年，互联网企业成为最有钱企业，过去那些石油企业、制造业和金融行业的价值在快速地衰退。为什么石油企业在衰退？为什么互联网企业价值在快速成长？这就回到了我们的主题——企业数据资产管理，也就是说“谁的企业数据资产管理得好，谁将来就会比别人值钱”。

我们看到近半个世纪以来的“三次革命”已经引导人类进入了大数据时代。“三次革命”分别为：计算机时代——计算方式的革命；互联网时代（IT）——信息传播方式的革命；大数据时代（DT）——决策方式的革命。

所以，在这个时代，我们都不一定能预料并把握住很多东西，因为一切都在变化。现在是一个不确定性时代，但有几个确定性判断与大家分享：

一是互联网仍在加速进化，DT 时代已经来临：围绕互联网产生的新技术、新应用、新服务层出不穷。

二是商业生态系统不断演化，一切业务数据化，一切数据业务化：社会生态系统复杂化、开放化、非结构化、人性化，引发商业生态系统的数据化、品牌化、虚拟化。

三是组织架构重构，数据治理能力越来越重要，不单单要关注“人”“财”“物”，还要关注“数”：传统企业层级制、中心化、金字塔结构，互联网扁平化、去中心化、倒金字塔的组织结构，激烈博弈。

四是实物资产在变虚，虚拟资产在做实：门店、网点、现场、资金、厂房、机器等重要性在下降。那什么变得越来越重要呢？基于运营、基于业务逻辑流程的数据变得越来越重要，数据已成为企业进步、创新的重要驱动力。

五是成本高度透明：人工成本越来越高，产品和服务价格越来越低，竞争越来越激烈。为什么呢？还是因为数据，信息越来越透明。

二、大数据带来的变革与创新

1. 产业变革

大数据时代的到来，将催生新产业、改造传统行业（原有的 ICT 产业结构正在被重新组合，拥有云计算服务能力的互联网企业，正在成为越来越重要的大数据服务商）、淘汰落伍产业（一些不适应大数据要求的技术、产品的 IT 提供商，必将受到很大的冲击，逐渐被淘汰）。现代产业会越来越多，传统产业会逐渐落后。据说，一些专业人士也可能会被淘汰。

事实上，行业大数据应用发展与行业的信息化水平、行业与消费者的距离、行业的数据拥有程度相关。其中，应用水平最高的是互联网和营销行业，其次是信息化水平比较高的行业（如金融、电信这两个行业。政府行业的信息化程度和数据化程度差异较大，但政府大数据将会是未来大数据发展的关键，它通过数据开放可以激发数据类创新创业的大发展），最后是制造业、物流、医疗、农业等行业。

2. 大数据赋能商业模式与组织创新

（1）三个观点。

关于大数据赋能商业模式与组织创新，主要有三个观点：

第一，大数据云计算促进数据联通。

过去数据有，但不好用。现在大数据云计算模糊了企业内部 IT 与外部 IT 的界线，公司间传统的数据与程序相隔离的状态将有望被打破，随之将出现新的商业生态和价值网络，公司 IT 系统很容易与其他公司的 IT 系统实现信息交流与交换，从而越过公司界限执行业务流程。

第二，大数据直接赋能商业创新。

云计算带来海量数据收集、存储和计算能力的飞跃，原则上所有活动中产生的数据都可以被收集下来，带来商业运作逻辑的根本变化。企业内的管理和企业间的协作变成网状、并发、实时的协同。数据往哪里流动，商业模式就应该跟着它变化。

第三，大数据驱动商业逻辑转变。

从结构化的数据依附于结构化的流程转变为非结构化的数据驱动非结构化的流程。以用户为中心的、非固化的、灵活动态的商业流程协同。

（2）大数据应用正加速向传统领域拓展渗透。

大数据应用起源于互联网，正在向以数据生产、流通和利用为核心的各个产业渗透。传统领域利用大数据主要以行业和机构内部数据为主，通过对整合后的数据进行挖掘分析，从而发展大数据应用，少部分则借助于外部数据，开展大数据运用。

（3）大数据下的商业模式——C2B。

C2B（消费者到企业）一个重要的支撑是数据，没有实时、精准把握客户销售和需求的数据，要实现 C2B 是不可能的。我们过去是“先生产再销售”，通过 C2B 我们可以“先销售再生产”，即从过去的“标准化大生产”到现在的“大规模定制化生产”（以大规模生产具有的成本、速度满足消费者的个性化需求），这是商业模式的变迁。

C2B 模式有以下四大特点：

第一，以用户（消费者）为中心。工业时代以厂商为中心，而大数据下以用户（消费者）为中心。

第二，以定制创新独特价值。消费者不同程度、环节上参与，更具独特价值。

第三，数据共享驱动大规模协作。实现大规模、实时化、社会化的网状协作。

第四，基于云计算、互联网、大数据平台等新基础设施。

（4）大数据应用的前提。

大数据应用的前提是收集数据、管理数据、应用数据，要有数据（业务的互联网化是产生大数据的前提）、数据可用（系统化、标准化、实时更新的数据管理平台是大数据可用的前提）、数据有用（科学的管理决策理念是大数据有用的前提）。

（5）大数据下的组织模式外在表现。

大数据下的组织模式外在表现是“大平台 + 小前端”，要做到以下几点：

预测：不只是作出反应或者调整行动计划，还要驾驭和评估折中方案。

清醒：收集、感知和使用来自环境中的每个节点、人、传感器的结构化和非结构化信息。

联系：以对应于需要获取的业务结果的方式，从前端到后端跨地区连接内部和外部职能。

精确：仅使用最相关的信息，来支持更接近影响和结果的及时决定和行动。

质疑：保留通过质疑现状以变得更智慧的权利，同时创造新的机会。

赋能：支持和扩展员工的记忆力、洞察力、活动范围以及决策和行动的权力。

以上几点显示了大数据对企业的支撑，要把大数据融入企业的各个环节，把传统方式转化为智慧方式。过去工作是年、月、日，现在我们用时、分、秒；过去是决策支持，现在是行动支持；过去讲求效能，现在讲求优化问题，用数据说话、用数据管理、用数据决策、用数据服务。

数据分析与优化是一个与业务目标紧密结合的持续优化过程。根据企业战略和业务目标，了解企业的短板和需要提升的领域，这个过程是一个循环的过程。所以我们要利用好数据的价值（收集数据、加工数据、利用数据），挖掘内外资源（借助专家智慧、创新员工思维模式），寻求智慧模型，从而形成高效管理。

三、数据管理成为企业新的竞争力

数据作为一种越来越重要的生产要素，将成为比土地、资本、劳动力等更为核心的要素，数据管理自然而然地成为企业核心竞争力。

工业时代主要是劳动力资本时代，钱已经不是企业最核心的资源。大数据时代，数据从资源到资产、到资本，未来还可能到资金。资本需要增值，那数据这样一个角色怎样实现？这又回到了数据管理，是资源管理、资产管理还是资本管理？数据是资源观、资产观还是资本观？

1. 企业数据管理要点

（1）企业数据大准则。

第一，企业信息资源越来越重要，决定企业未来命运，成为企业生命线，无数据，无未来。

第二，数据重在使用，在分享中增值，为企业辅能。

第三，重视数据基础工作，数据元标准化是前提（没有标准化的数据其实就是一批脏数据）。

第四，数据与系统分离是趋势。

（2）信息体系构建逻辑。

最底层应该是数据元实现标准化；数据集要高质量，数据不是脏数据；数据目录应该是灵活动态的，可以调节、调整、编辑、加工，能够实时反映数据关系；信息体系应该“强、健、壮”。通过新的信息体系，实现基于业务和应用的场景，保障数据灵活地映射、关联、调用、管控和应用。

2. 发展企业数据资产的建议

（1）从数据库到数据仓库，再到数据工厂，不单单要把数据收起来、存起来，还要用起来。

（2）广泛采集、整理、分析、加工和应用数据，保障数据的流动性。

（3）利用数据来重塑企业流程、组织，提高智能与效率，进行规范与创新。

（4）建立基于数据为基础的企业运营模式。

（5）在资产报表中率先加进数据资产项，不断完善资产清单。不管国家的财务报表如何，企业自己的财务报表中要有数据资产项。

方美琪

用认识复杂性推动人工智能研究

方美琪，信息社会50人论坛成员，中国人民大学教授、博士生导师，原中国信息经济学会秘书长、副理事长，一直从事MIC、EC的教学与研究。参加工作以来已出版百余篇论文及二十余本著作，代表性成果有《复杂系统建模与仿真》《电子商务概论》等。

司马贺在他的经典名著《人工科学》里证明了：物质符号系统具备必要和充分的手段采取智能行动。这里的物质符号系统的一个例子就是计算机和软件，智能行动的例子就是现在的管理信息系统，如电子商务、电子银行、微信、人工智能等。

我们正在向信息社会迈进，发展、变化无处不在，吃穿住行总是需要的，但如何吃穿住行变化就太大了，这里能够采取智能行动的物质符号系统起了非常重要的作用。吃穿住行本身当然是基于物质实体，例如吃粮食，需要锄地、播种、浇水等，它们具有以物质实物为主的属性，但为了种好庄稼，所加的智力劳动越来越多，例如研究什么地种麦子最合适、何时播种、怎样浇水才省时省力、种多少才不会卖不出去……这个过程的中间环节需要收集信息、处理信息、作出决策、指导实际工作。过去大家用脑子想，拿笔在纸上写方案，现在，大都用计算机帮助解决问题了。

作为中间环节的物质符号系统的智能行动即为达到目标，物质符号系统能够调动内部的功能适应变化的外部环境。换句话说，物质符号系统是外部环境的同态像，它映射了外部，而外部环境是复杂的系统，所以，从某种意义上说，复杂性研究是用物质符号系统产生智能行动的核心问题。古今中外，哲人、科学家等许多人都曾认真地或者一闪念地想过知识到底是什么，有无统一的科学。复杂性研究可能是一种指向统一科学的途径，现在的人工智能对社会的影响可以说明这点。

司马贺把约翰·霍兰看作复杂性研究的最新近发展，复杂适应系统领域的权威。约翰·霍兰继承和发展了司马贺的思想。

司马贺和约翰·霍兰都从实际、具体的现象出发，巧妙地利用比喻的手段和逐层抽象的方法，建立模型，尤其是计算机模拟模型（多主体自适应系统、受限生成系统）。在建模的过程中，为了获得必要的、对共同的基础进行概括和描述的方法，可行地采取了一套合适的数学符号（例如约翰·霍兰在规则表示中，用了包括#，和 0，1 字符串，用 0，1 字符串表示染色体），并用计算机程序表示（遗传算法、回声模型、西洋象棋模型、神经网络模型）。他们发现了解决问题的不少美妙的好办法，对科学作了巨大的贡献。他们在用复杂性研究向统一的、最基础的科学进军，同时推动了人工智能的发展。

计算机和程序，人脑和语言都是物质符号系统，它们可以通过功能、目标、适应性来表征。外部环境决定着实现目标的条件，如果内部系统设计得当，能适应外部环境，那么，内部系统的行为在很大程度上是由外部环境决定的，行为呈现的是任务环境的形状。智能行动意味着根据环境的变化和内部的局限做出行动的决策以达到目的。

这里智能行动只是决策，不指实际的行动。如果为达到目的而干的实际行动（如锄地、播种、浇水）是实事部分的话，智能行动则指的是虚的部分（如计划、安排）。社会向前发展，干实事的人越来越少，干虚事的人越来越多。大多数的人，尤其是保守传统的人不容易理解这点，但这是事实。另外，虽然符号系统承载在物质上，但符号本身可以表达、运算、存储、传输……它们只能让人意会到。这也是虚实两层。

约翰·霍兰用直观逐步走向精确的科学研究方法，建立了受限生成过程的模型框架。现在研究的多数智能系统都是某种受限生成过程。由于生成的模型是动态的，所以称为“过程”；支撑这个模型的机制“生成”了这些动态的行为；事先规定好的、机制间的相互作用“约束”或“限制”了这些动态行为的可能的范围，就像游戏的规则约束了可能的布局一样。而且任何受限生成过程都能表现出涌现行为，并形成了具有层次结构的系统。

受限生成过程由四个步骤来表示：

（1）用机制（如下象棋的规则）来定义系统中的元素。机制根据输入（或信息）作出反应，对输入进行处理并产生最终的输出。

（2）很多模型都涉及不止一种机制，为说明某一个机制的执行是如何影响其他机制的，可以把多种机制连接起来形成网络。正是机制间的相互作用产生了有机的、复杂的行为。在一般情况中，实际用到的机制的种类不会很多，对它的描述也比较简单，并且排除了其中的很多细节。如此，我们就可以研究那些在考察单个机制时很难观察到的相互作用。当基本机制的数量大大增加的时候，整个系统的复杂性就会迅速增大，就像蚁群和神经网络那样。

（3）为表示由一些带约束条件的、相互作用着的机制连成的网格的所有可能性的集合，可以定义总的受限生成过程的状态，这个状态将由组成这个受限生成过程的所有机制的状态决定。然后，再到用转换函数来精确地描述各种从一种状态合法地转换到另一种状态的方式。

（4）像搭积木似的，为了简化描写和建立更复杂的机制，我们分离出一些基本机制使受限生成过程成为有层次的结构过程。正如司马贺在 1969 年所指出的，这将更便于对系统加以描述，并且绝大多数表现出涌现行为的系统都具有层次结构。

在一个复杂性必然是从简单性进化而来的世界中，复杂系统是层级结构的。层级结构在其动态过程中有一性质，即近可分解性，它大大地简化了层级结构的行为。近可分解性也简化了复杂系统的描述，使人们较易理解，使系统发育或繁殖所需的信息可以能够在合理的范围内储存起来。

少数规则和规律就能够产生令人惊讶的、错综复杂的系统。这个复杂性的来源是系统随机模式本身和从局部到整体的过渡，以及系统的动态所产生的永恒的新奇和新的涌现。其中，可识别的特征和模式是重复发生的。

我们强调正确的理念能够指导我们的行动，但是常常相当高级的抽象离开下面的具体太远了，没有抽象能力或没有悟性的人体会不到那些正确的理念如何来指导正确的行动。例如，集体利益和个人利益是对立统一的，符合一分为二的原理，在经济政策中，市场经济强调在个人利益驱动下，资源配置会趋于最优。计划经济强调强有力的政府可以计算出供需，达到生产安排最优。事实上完美的经济政策是不存在的，如果可以兼顾市场和组织计划，兼顾个人利益、集体利益，个人和集体的长远利益，按执行现状不断适应地调整可能会好些。但中国和资本主义国家的现实是经济常常出问题。尽管如此，我们仍然要尽不懈的努力推动正确理念的推广和普及。

我们经过认真的研究，选出以下十个复杂性研究的关键概念或正确的理念。这十个概念分为两组：前四个是基本的观点，或者说信念；后六个是对于复杂系统的若干普遍规律的理解和认识；两部分之间承上启下的、衔接点和核心点是第五点——近可分解的层次结构。这十点是：

（1）世界是无限的，这是复杂性的根本来源。

（2）不存在统一的、终极的理论体系。

（3）确定性和不确定性都是客观存在。

（4）个体和整体是相对的，它们之间既冲突又相互依存，其利益取向和行为规律是不同的。

（5）复杂系统一般都具有近可分解的层级结构。

（6）两种不同的复杂系统：CPS 和 CAS。

（7）CAS 的基本特点：适应导致复杂性。

（8）协同进化的关键：受限生成过程（CGP）。

（9）生境可以说是个体到整体的一个“中间环节”。

（10）半透明的膜和价值链的形成：层次概念的进一步细化。

胡延平

天空互联网

——连接未来世界

胡延平，信息社会50人论坛成员，DCCI互联网数据中心创始人。他于1995年进入互联网领域，先后在《北京青年报》等媒体主持互联网研究专栏，曾经担任《互联网周刊》总编、中国互联网协会交流与发展中心主任等职务。出版了多部研究专著，包括《第四种力量——新四化路途当中的信息化与信息产业生态观察》《跨越数字鸿沟——面对第二次现代化的危机与挑战》《第二次现代化——信息技术与美国经济新秩序》《数字蓝皮书·2001中国网络经济发展生态报告》《预约新千年》《奔腾时代》等。2004年起至今，他一直主持中国互联网发展领域规模最大的年度调查及报告——中国互联网调查及年度报告。

技术创新正在缔造的纷繁世界已经浮现眼前，而未来，这一切将如何连接起来？

什么？宽带？IPv6（互联网协议第6版）？问题不在这些层面，尽管宽带正在走向超宽带。无论是下一代互联网、下一代信息技术设施意义上的NGI（下一代互联网），还是下一代网络，“未来网络”的形态和架构，不是我们眼前看到的互联网，也不是过去一个阶段讨论较多的NGN（下一代网络）。在ITU（国际电信联盟）、IETF（国际互联网工程任务组）、IEEE（电气和电子工程师协会），以及OneM2M、3GPP、OMA、ISO/IEC JTC1等组织，以及ZigBee、Z-Wave、AllSeen等方向的各种联盟那里，有些许答案，但技术走得更远，且不是在类似“从http/1向http/2演进”这样的层面。未来已经开始发生。

我们会发现未来网络在一定程度上是多路力量齐头并进、多维创新协同作用的结果。能量密度、连接密度、数据密度、材料尺度、感知尺度、网络尺度、计算速度、移动速度、融合速度，这9个度在影响网络演进的速度和形态，不同领域和层面的基础科学、应用科技、产业群落在9个维度的突破创新，使得未来的网络——智慧网络若隐若现。

未来的智慧网络，从放眼天空、仰望星空开始。空间互联网、天空互联网，也就是正在到来的“天网”，是未来智慧网络当中最基础的“连接”。这注定是一个极富探索性同时充满争议的话题。

一、太阳能无人机，是未来的“天网”平台吗

2016年6月29日，Facebook太阳能无人机Aquila在美国亚利桑那州完成首次试飞。原计划飞行30分钟，由于进展顺利，最终飞行了96分钟，成功收集了与模式、飞机架构有关的飞行数据。在以无人机作为网络平台的方向，Facebook成功地迈出一大步。几年前收购英国太阳能无人机研发企业Ascenta之后成立的Project Aquila项目，给Facebook的internet. org计划成功带来“巨大里程碑”。

Internet. org是Facebook的CEO扎克伯格着力甚多的未来项目，目标是通过网络连接世界上的每个人，尤其是尚未接入网络的40亿人——贫困、偏远、网络状况比较差甚至没有网络覆盖的地区的人们。Internet. org多方努力，与手机厂商和运营商合作，Free Basics项目免费为民众提供300多项简化的互联网服务。名为“Connectivity Lab”的部门也因Internet. org项目而成立，专门负责寻找激光、无人机等网络通信新方法，包括将人工智能与上网服务结合起来，并最大限度地推进上网技术的开源、开放与共享。

Internet. org的目标是将互联网连接数量增加10倍，将上网价格降到目前十分之一的水平。

这时候有人说了，Facebook式的激光通信要变成可以规模化应用的商业项目需要10年。可是那又怎样，Facebook还是出发了。成功首飞的Aquila有和波音737一样长的43米的翼展，机身重量约454千克，相当于载人客机的

百分之一；由氦气球提升至气候环境稳定的平流层，Aquila 白天飞行高度为 27432 米左右，避开飞机航线高度，吸收和贮存太阳能；晚上飞行高度为 18288 米左右以节约电能。Facebook 的目标是 Aquila 一次可以在高空自持飞行 90 天。90 天？听起来这个数字挺吓人，甚至耸人听闻，但未来这是可行的。这里又是一个能量密度、材料尺度等涉及 9 度理论的问题。Facebook 有意未来在全球各地的天空部署 1000 架甚至 10000 架这样的无人机，每架无人机在直径约 97 千米的范围内来回转圈。这么多无人机在天上转来转去不是为了刷存在感，而是提供普遍的互联网接入服务。这个时候激光通信技术就派上用场了，"Connectivity Lab"的负责人表示，他们的激光通信数据传输速率能达到 10Gbps，近乎地面光纤水平，是标准激光信号的约 10 倍。通信过程是，地面母基站与无人机之间进行激光与电磁通信，无人机也可将信号通过激光发送到其他无人机进行中继。机群将激光光束向下发送到地面子基站的收发器，以收发器为圆心，网络信号可以覆盖半径约 48 千米的地区以便上网。系统会将信号转化为 Wi－Fi（无线网）或者 4G、5G 网络。这个时候问题来了，ProjectAquila 还是需要地面子基站的，无人机只是发挥了类似传统电信网络骨干网的作用，这就还不如传统卫星通信服务商 Iridium 的老思路了，后者至少全程都是在空中，以每个人都可以使用卫星手机为目标。Iridium 的卫星在太空，Aquila 在大气层内距地面 20 千米左右的平流层、电离层之下，理论上 Aquila 是可以直接做空中基站的，省去地面基站环节，但是这样一来，重量仅仅 454 千克的 Aquila 怎么能够受得了重量远在自身之上的收发设备？又怎么能够仅靠太阳能飞行 90 天不掉下来？如能够进行能耗巨大的天地通信，地面上网设备比如手机的天线之类的一整套东西也要跟着制定相关标准。到这里，又是一个能量密度、连接密度、材料尺度等涉及 9 度理论的问题，但这并非不可逾越。

Free Basics 已经为地球不同角落的上千万民众提供了互联网接入服务，但是如同在印度、埃及等国家遭到一些政府和民间组织的强烈反对一样，Project Aquila 在全球各地面临的阻力不会比空气的飞行阻力小。在印度，FreeBasics 甚至被禁止。那些或援引既有法律，或以网络中立原则或税收问题阻止，或振振有词或冠冕堂皇的反对理由，也许没有一项是站得住脚的，但是触及传统利益，就会遭到传统力量的反对，更何况这一次无人机要飞临的是传统主权国家的边界。相比之下，频谱资源不是最大的问题。

在太阳能无人机天空互联技术的探索者中，还有波音公司、AT&T（美国电话电报公司）、英特尔、空客公司、ZephyrS/T 公司等大大小小的企业和团队。Google 也没有落后，在美国新墨西哥州的美国太空港逾 15000 平方英尺的机坪上，Google 正在进行着一项名为 Project SkyBender 的新计划，同样是采用无人机作为网络平台，不同的是 Google 采用未来高速无线通信技术之一的毫米波通信技术，号称比 4G LTE 传输速度快 40 倍，甚至可能成为 5G 网络通信骨干，Project SkyBender 因此颇有空中 5G 网络平台的意思。

气球的可靠性虽然有待观察，但也已经被作为空中网络平台的探索方向之一。Google 在进行的 Project Loon 和 Project SkyBender 同属一个项目，它将高空聚乙烯氦气球送入平流层作为基站，形成网络覆盖，将互联网带到地球各个角落。Project Loon 的气球高度约为商务飞机的 2 倍，已进行的试验能够在高空停留 180 天以上。

Wi－Fi 飞艇 Google 也有在尝试。北京航空航天大学正在实验临近空间飞艇，以此实现无线网络覆盖。深圳的光启公司，就是投资入股新西兰研发个人飞行器的 Martin 公司的那家民企，他们号称“云端号”的 Wi－Fi 飞艇已经进行初步测试，不过其技术细节还需要推敲。总体看来，气球和飞艇在未来天空互联网中的位置，属于处在补充、次要地位的网络平台。

二、智能宽带卫星网络，比无人机更遥远，但更贴近“天网”未来吗

无论叫 Sky－Fi 还是天空互联网、空间互联网，并不重要，重要的是未来的网络信号必然首先来自天空、星空。卫星比无人机更遥远，但是从技术成本效率来看反倒更贴近未来。技术在 6 个方面的快速进化，是“天空互联网”越来越逼真的关键：发射成本大幅度降低、轨道近地化、波段高频化、卫星智能化和小型化、天线与终端小型化与低功耗、天地一体组网技术等。卫星制造成本、发射成本不断降低，带宽、可支持用户量不断提高，智能宽带卫星网络日趋可行。这是一条不断接近性价比临界点的路，尽管眼前和电信固网、移动网络相比，性价比还不够高。

SpaceX、Google、Facebook 是这场未来网络游戏的大玩家。SpaceX 一开始计划发射 700 多颗低成本的低轨道卫星，为地面提供上网服务。不过根据 SpaceX 在 2016 年向联邦通信委员会提交的最新报告，这项向全球提供卫星宽带网络服务的计划，将发射 4425 颗卫星。迄今为止着重点依然是发射服务，以及不断提高自己的火箭回收重复利用技术，为将航天发射成本降低到新的临界值而努力，甚至在此基础上宣布了雄心勃勃的火星计划。SpaceX 同时也为 Facebook 和法国卫星运营商 Eutelsat 合作的宽带卫星上网项目提供卫星发射服务。遗憾的是，2016 年 9 月第一颗卫星就被 SpaceX 失败的猎鹰火箭发射送到火焰里去了。以色列公司制造的这颗 5 吨重、造价 2 亿美元的 Amos – 6 卫星化为灰烬，原本它要为撒哈拉沙漠以南部分非洲地区提供互联网服务，对 internet. org 来说这是个不小的挫折。

这场未来网络空间竞赛游戏里也有创业公司的身影，一家以色列公司干脆把自己公司的名称命名为 SkyFi，且对外宣布计划向太空发射 60 颗微型卫星。卫星上天看起来悬，SkyFi 的微型卫星天线却反倒有些自己的独到技术，引来多个买家与其接触。

OneWeb（全球卫星电信网络的美国初创公司）比 SpaceX 低调得多，但是股东背景一样来头不小，站在后面的是 Virgin Galactic（维珍银河公司）、Qualcomm（高通公司）、Honeywell Aerospace（霍尼韦尔航空航天集团）等。OneWeb 的信号处理芯片就来自 Qualcomm，后者利用其终端与基站之间的切换技术，帮助建立卫星通信网络，解决诸多卫星在掠过一个个地面基站过程中的交接、切换问题。和 SpaceX 一样，OneWeb 要用小型低轨道卫星网络覆盖地球，计划发射 648 个小型卫星到近地轨道，终端接入速率约为 50Mb/s，每颗卫星的制造费用在 35 万美元左右，项目总成本约 20 亿美元。OneWeb 为航空公司、灾难救援组织、个人家庭客户、偏远山区的学校和村落提供服务。不过，尽管是近地轨道，OneWeb 的天线和功耗技术似乎一般，设备小型化程度还是不够高。地面基站的设备尺寸依然不小，虽然可以用太阳能电池板供电，但体积未来还是需要缩小。

美国 MDIF 公司 2014 年曾经发布的 Outnet 外联网计划是个插曲，MDIF 向近地轨道发射数百颗卫星以支持全球免费 Wi – Fi 的实现，虽然貌似动人，但这个 Outnet 的技术思路显然有问题，终端用户只能单向接收经过挑选的网络内容，不能互动，仅仅只是单向广播，不合时宜。

OneWeb 的频谱资源通过 O3b 获得，而 O3b 是这个领域另一个重要角色，可以称为中轨道玩家。起步不晚、开局不错，不过现阶段有些问题。O3b 的成立之意，在于解决地球上另外 30 亿人无法上网的问题。Google、SES、汇丰银行等不同行业巨头是其重要投资人。相比原来高度为 35000 多千米的地球同步轨道通信卫星存在的时延问题，处于 8000 千米中轨道的 O3b 卫星网络时延低于 150 毫秒，且中继带宽达到常规光纤水平，这意味着网络品质可以规模化商用了。O3b 在 2013 年和 2014 年通过阿丽亚娜火箭已经分别发射两个批次的 Ka 波段卫星，实现 8 颗在轨。O3b 卫星网络计划发射 12 ~ 16 颗卫星，利用这些成本比过往地球同步轨道卫星低廉得多的卫星，覆盖非洲、中东、亚洲、拉丁美洲等区域，提供最快可达 10Gbps 的速度和总容量 84Gbps 的网络服务给非洲、中东、亚洲、拉丁美洲等区域的发展中国家。

此前，尽管已经有号称 140Gbps 全球最高容量的宽带通信卫星 ViaSat1 在轨，同为 Ka 波段，但 ViaSat 公司是高轨道玩家，地球同步轨道以及 10 倍于中轨道 O3b 卫星的总质量，使其成本极为高昂。ViaSat1 的地面系统包括卫星用户终端——Ka 波段蝶形天线和卫星调制解调器，网关卫星地面站及网络操作中心，对企业、家庭用户的服务能力相对较强。相比之下，O3b 的天网定位于骨干网络而不是最终用户接入，O3b 采取一颗卫星下降到地平线之后由另一颗卫星接力的网络策略，使得制造、发射成本大幅降低，O3b 自己的数据有希望让非洲等地区的上网成本降低 95% 以上。太平洋岛国、非洲、美洲等地区的 40 多家 3G 和 LTE 移动运营商、互联网接入服务商已经成为客户。

当然，位于加利福尼亚州的 Viasat 公司也不会满足于现状，随后的 Viasat2 卫星带宽会是 Viasat 1 的 2 倍，容量 2.5 倍，为 250 万用户提供服务，宽带互联网服务下载速度从 Viasat 1 的 12 ~ 15Mbps 提升到 25Mbps。重组之后的 Google 在天空互联网方向越来越没了感觉，先是从 O3b 退股，后来又取消了 10 亿美元打造 180 颗高性能绕地卫星网络计划。但是，在关乎未来的重大方向上，Google 不会一去不回。在卫星图像领域 Google 已经有多起投资，间接拥有多颗在轨卫星。

三星尽管没有行动，但在口头上也表示自己也是一家世界级的、关注全球网络问题的大公司。三星称，未来要发射 4600 颗微型卫星，为用户提供低成本的互联网接入。

中国企业和相关机构尽管技术实力、所处发展阶段不太一样，但是在高中低不同轨道的发展方向与前述项目大致相同。中国航天科技集团在进行高通量宽带卫星项目，2016 年发射了第一颗地球同步轨道移动通信卫星天通一号 01 星，为船舶、飞机、车辆等大型移动用户以及手持终端提供通信、短报文、语音和数据传输等服务。中国卫通也在实施 Ka 频段宽带卫星计划。

十几年前，前北电网络公司（Nortel Networks）CEO 欧文斯曾提出和华为合作做低轨道卫星，类似今天 Facebook 和 Google 的方案，相关讨论未能继续。不过在低轨道方面，2014 年清华大学与信威集团联合研制的首颗灵巧通信试验卫星完成发射并进行在轨测试。卫星重量约 130 千克，运行高度约 800 千米，通信覆盖直径约 2400 千米。测试验证了星载智能天线、星上处理与交换、天地一体化组网、小卫星一体化集成设计等多项技术，实现手持卫星终端通话、手持卫星终端与手机通话、互联网数据传输等业务。为了实现未来天空互联网布局，信威集团甚至通过其子公司卢森堡空天通信公司向以色列 Space－Com 发出收购邀约，而 Space－Com 就是被 Space X 的猎鹰火箭送到火焰里的那颗 2 亿多美元的宽带卫星 Amos－6 的制造者。

中国香港上市企业中国趋势控股有限公司与美国休斯飞机公司（Hughe-sAircraft）合作，计划通过采用最新的大容量 Ka 波段宽带卫星资源，在亚太地区打造免费卫星移动互联网，用户可使用指定终端实现卫星上网、拨打卫星电话、收看卫星电视。

三、未来每个人都可以通过移动手持设备上“天网”吗

未来人人都会通过天空互联网上网，天空互联网会成为未来连接的基础网络吗？眼下，包括一部分电信通信甚至卫星通信从业者在内，恐怕许多人会这么说：“手持设备怎么可能卫星上网？打打卫星电话还行，上网尤其是宽带上网还是算了吧，发射功率太小，天线体积太大，上行速率难以提高，用卫星网络作为骨干网为移动运营商或者接入服务提供商的地面基站提供需要中继的网络服务还行，直接向个人用户提供大规模互联网接入服务，难！摩

托罗拉耗资数十亿美元的铱星计划不就是这么破产的吗？1996 年开始发射，1998 年开始提供服务，到 1999 年 3 月破产的时候，铱星手机在全球才发展了大概 5.5 万用户；而此时世界各地的电信运营商已经把更便宜、更便携、通信性能更好的手机送到千百万用户手上了。和铱星计划同时代的 Globalstar（全球星系统）也死得很难看，Teledesic（空中因特网系统）尽管有比尔·盖茨甚至沙特王室出手资助，却连项目成型的那一天都没有等到。”

但是技术驱动的创新进化，就是这样一个不断前仆后继、生生死死、死而复生的过程。私募基金后来接盘铱星计划，蛰伏数年后甚至成为 8 亿美元市值的美股上市公司铱星通信（Iridium Communications），尽管这只是铱星计划当时庞大投资的一个零头。2014 年，铱星通信推出全球覆盖卫星 Wi－Fi 热点服务 IridiumGO，而这个时候，已经是 OneWeb、SpaceX、Facebook 甚至 Sky－Fi 们的真正的天空互联网开始风起云涌的日子了。无论怎么应景和努力，铱星通信都只是明日黄花，因为从技术层次和通信体制的角度看，铱星通信都首先是一个卫星电话网络，而新生力量们所要实现的，是真正以数据通信为基础的天空互联网，而不是电话或 GPS（全球定位系统）网络。

这个阶段，火箭重复利用等技术使得卫星发射成本大幅度降低，而近地轨道卫星组网不仅能够有效解决时延问题，信号质量也远比地球同步轨道好，因此有助于更小的天线工作；波段高频化尤其是 Ka 波段的大规模深度开发利用成为现实，为海量用户提供宽带服务的技术障碍已经扫除；卫星的智能化和小型化、天线与终端小型化与低功耗以及天地一体组网技术，这些也都成为不仅看得见也能够落得实的技术趋势。天空互联网领域，已经不仅是休斯、劳拉、波音等传统卫星制造商和卫星通信运营商的天空，IT 企业、互联网巨头、新创企业、新生力量们已经当仁不让。

站在技术角度，微型天线技术、小型手持设备、卫星手机、手机卫星上网方面的产品动向尤其值得注意。未来最鼓舞人心的变化，也会发生在这个部分。看过移动卫星通信服务提供商 Inmarsat 的卫星热点设备 ISatHub 就知道，地球同步轨道卫星的地面设备已经可以小型化到半个笔记本电脑大小，这还是天线和 Modem（调制解调器）等不同部分共同加起来的体积。它很容易让你想起 20 年前电脑拨号上网阶段的 Modem，具有同样的体积。在一些国家，X 波段、Ku 波段和 Ka 波段移动卫星通信兼备的设备已经实现车载、背负甚至单人手持，而过去没有一口如同大锅的卫星天线和工作站级别的沉重设备，是无法想象的。至于中、低轨道尤其近地轨道卫星的地面终端设备，普遍可以手持。从 Inmarsat 到铱星、全球星、亚星电话、Spot 等卫星电话，最突出的是粗壮的通信天线，主流卫星电话的体积已经远小于最初的 GSM（全球移动通信系统）移动蜂窝电话。

而下一步，随着天线、电池技术的进一步提升，以及卫星的规模化、高带宽网络服务能力的提升，有希望逐步创造与普通智能手机相近的卫星上网体验。总部位于迪拜的卫星运营商 Thuraya 的智能手机卫星适配器是个有趣的方向。即使没有卫星电话，用户的苹果或者安卓手机只要套上 SatSleeve 适配器，在应用商店免费下载安装 SatSleeve App，智能手机即可与适配器有效连接，然后用户就可以在卫星网络模式下拨打电话、收发短信和电子邮件，使用一些社交、即时通信软件也没问题。Thuraya 的 SatSleeve 适配器，样子和厚一点的手机保护壳看上去没有太大不同，除了粗壮的天线，其他方面根本看不出来它竟然能让智能手机秒变卫星电话。如此看来，卫星上网距离每个手机用户还能有多远?

四、超级 Wi－Fi、微基站、Mesh 互联，未来“地网”与“天网”能形成自联网吗

理想而言，所有设备都可以通过天空互联网连接起来，但是天地一体、多网混合、应需组网，将是未来最广泛的应用形态，各种不同特性的网络在不同场景发挥各自所长。近距离通信过去是 Zigbee（紫蜂协议）、ZWave、All-Seen、Bluetooth（蓝牙）等的专长，但是 Wi－Fi 正在快速切入，中近距离是 Wi－Fi、超级 Wi－Fi 和移动运营商的基站的空间，骨干网在天空有卫星在地面有光纤，有些场所的固网接入依然是光纤、激光等在骨干网和接入网之间发挥中继作用。在局部，越来越强大的 Wi－Fi 正在部分取代原来必须由移动通信基站发挥的作用，超低功耗 Wi－Fi 则充分替代 Bluetooth。这里的超级 Wi－Fi 是指信号距离远、穿透力强、超高带宽、多路的 Wi－Fi 网络。而物联网、车联网，是融合传感，网络环境必然是卫星、基站、Wi－Fi 和 Zigbee 的融合应用。

“天网”部分最值得关注的是规模化面向最终用户的低轨道智能宽带卫星网络，“地网”部分最值得关注的当然是 Wi - Fi 以及 Wi - Fi 互联。更高更快更强，Wi - Fi 的发展并非同一维度的渐进，而是有望在全新维度创造全新的网络环境，以至于很多时候人们将会遗忘电信。这是一场正在地球表面的空气中进行的无线革命。无所谓基站，每一个热点都是一个微基站，无数强有力的 Wi - Fi 热点彼此互联且与低轨道卫星网络实时互联，包括手机在内的每一部稍具能力的智能设备也都是一个 Wi - Fi 热点、中继点、微基站，这就是未来最具效率且分布最为广泛的网络环境，其他特性的网络作为局部补充，未来的网络、网络的未来已经若隐若现。

6 个方面的技术突破正在驱动 Wi - Fi 创造未来的网络：传输距离、穿透能力、超低功耗、带宽容量、多用户、不是 Mesh（无线网格网络）的 Mesh 互联。速度方面，Wi - Fi 的 5GHz 频带吞吐量预计可达 10Gbps，60GHz 可以达到 20Gbps，理论上端到端、点对点突破 100Gbps 不是问题。不过印象最深刻的技术突破是，华盛顿大学研究人员利用电磁后向反射技术，研制出的全新超低功耗 Wi - Fi 技术，也被称为无源 Wi - Fi，发射功率仅为 10 ~ 50 微瓦，是传统 Wi - Fi 路由器的万分之一；更重要的是，可以进行 Wi - Fi 充电。而 Wi - Fi 充电，是前景广阔的无线充电领域非常有趣的方向之一，对 Wi - Fi 充电技术的研究，美、日、以、中、欧等世界主要创新经济体都已经蠢蠢欲动。

6 种技术当中最具生态影响力的是：不是 Mesh 的 Mesh，将驱动网络、设备之间通过协议实现应需互联，移动自组网，称为自联网并不为过。Mesh 无线网格网络由 ad hoc（点对点）网络发展而来，可以与其他网络协同通信，自组织、无中心、无边界、动态扩展、任意设备均可互联、每个设备都可中继是它的 6 个特点。

20 年前有这么一句话，“全世界 PC（个人计算机）连接起来，Internet（因特网）一定会实现”；今天，我们要说的是，“全地球的 Thing（事物）连接起来，自联网一定会实现”，这里说的不是物联网，而是由设备和设备、设备和人自由连接起来的自组织网络。第一个阶段的 OTT（通过互联网向用户提供各种应用服务）是在电信网络之上虚拟业务，也是数据业务对话音业务的碾压，而第二个阶段的 OTT 则意味着用户可以脱离甚至完全抛却电信网，用户彼此之间自己连接起来。

驱动自联网成为可能的四种力量：首先是基于 ID 的开放协议、算法撮合等智能耦合；其次是 Wi－Fi 技术的演进正在极大程度上解决端到端的通信距离、带宽以及多用户多通道能力的提升问题；再次是设备密度和大量非电信网络使得有效的网络连接获得必要的不是基站的微基站密度和网络补充；最后是最关键的一个动力，即天空互联网就是自联网最强有力的那个“转接”网络，用户随时可以经由这里连接到别处，且路径最短。

传统通信产业和电信业者深知，电信网络资源在很大程度上耗费在了大量的路由转接上，一个用户到达另一个用户，一个终端连接另一个服务，往往要经过大量的转接过程，造成拥堵，这也是妨碍带宽提高的重要原因。而任何两个点经过一个转接点就能接通，减少网内转发量和转发次数，必然有助于降低成本，提高用户实际能够体验到的带宽。

Mesh 在电信业者眼里不仅不新鲜，而且乏善可陈，但自联网的网络原理恰恰基于不是 Mesh 的 Mesh。一说到 Mesh 有人容易首先想到那些令人提心吊胆的应用软件 Firechat、MeshMe 等。FireChat 通信应用基于 Mesh 思想的自组网，依靠蓝牙或 Wi－Fi 信号在附近的用户之间传输消息，只要有安装 FireChat 的设备充当节点，FireChat 的网络就不存在地域限制。但我们所说的自联网不是 Firechat，自联网是密度、尺度、路径最为优化的那个网络之上的网络，是基于软件、数据、传感的多方协议体系。每一个智能设备都是一个热点、基站甚至路由，自联网的网络形态首先是 P2P。是不是又要有人说，P2P？太 out（落伍）了。可是，真的是这样吗？

还记得无尺度网络吗？大量数据、用户、服务集中在极少数重大节点上，网络巨头们的这个状况并非没有它的对立面，自联网在一定程度上有助于消解无尺度网络。无论是经济学人杂志担心的互联网巨头的狼性问题，还是科幻电影所呈现的 Matrix（母体）对人的集中控制，都会有另一种力量与之对冲，尽管不一定能够产生和谐与平衡。集中与分布同在，自联与节点同在。

五、人类登陆火星，飞行器探索宇宙，星际互联网是未来网络的终极边界吗

美国在外太空建立星际互联网的长期构架 IPN（Inter Planetary Internet，

星际网络）当中，DTN（Disruption－Tolerant Networking，中断容错网络）是重要试验内容。互联网之父温顿·瑟夫早在最初架构互联网之时，就已经有星际网络的概念构想雏形。温顿·瑟夫后来也成为实现行星和航天器间远距离可靠数据传输的新太空协议科学家团队成员。

短期而言，地球与飞向火星等外太空的飞行器失去联系、数据传输速率极低、数据丢失、时延较大等问题，是星际互联网产生问题的根由。苏联发射的火星探测器绝大多数以失联收场。数据从火星传到地球需要 6～20 分钟，而地球与冥王星之间的通信时延高达数小时。长期而言，星际互联网将把各种相关轨道飞行器、探测器、登陆车、航天发射装置、宇航员通信装置、卫星等发射接收和通信中继设备连接起来的互联网络，甚至分布在太阳系的所有装置互联起来形成一个巨大的接收器。IPN 的体系结构设计很多方面都参考了 Internet 的体系结构，在其中可以看到卫星、激光、网关、中继、存储、分布、转发等熟悉的字眼内容。基站与航天器之间也可以用激光来通信，地球与月球之间的激光通信已经成功测试，速率达到600Mbps。星际互联网，距离普通人似乎像外星和地球的距离一样遥远。但是，在有生之年，激动人心的时刻还是会到来，改变世界的黑科技会一个接一个被人类创造出来。2020 年，以生命探测为主要目的的下一代火星车将飞往火星，美国前总统奥巴马声称 2030 年将第一次送人类到达火星，而 SpaceX 公布的计划如果一切就绪，前往火星的载人发射时间窗口在 2022 年就开始到来，但是 SpaceX 的 Allen Musk（埃伦·穆斯克）话音未落，波音的 CEO 就表示波音用于火星载人飞行的太空发射系统 SLS 计划于 2019 年首飞，首个踏上火星的人将坐波音火箭。一切并不遥远。

通信如何先行？目前在火星表面活动的火星车“好奇号”，与地球之间采取其他方式通信。“好奇号”与先期发射到火星轨道的火星卫星通信，然后卫星与地球进行接力通信。“好奇号”与卫星之间在波长很短的 X 频段以 UHF（超高频）每天进行最多 8 分钟时间的通信，速率 2MB 到 256KB 不等，也就是窄带互联网的速率水平。

那么，如果是量子通信呢？到 2030 年的时候，真正的量子通信网络而不只是量子加密通信是否堪用？

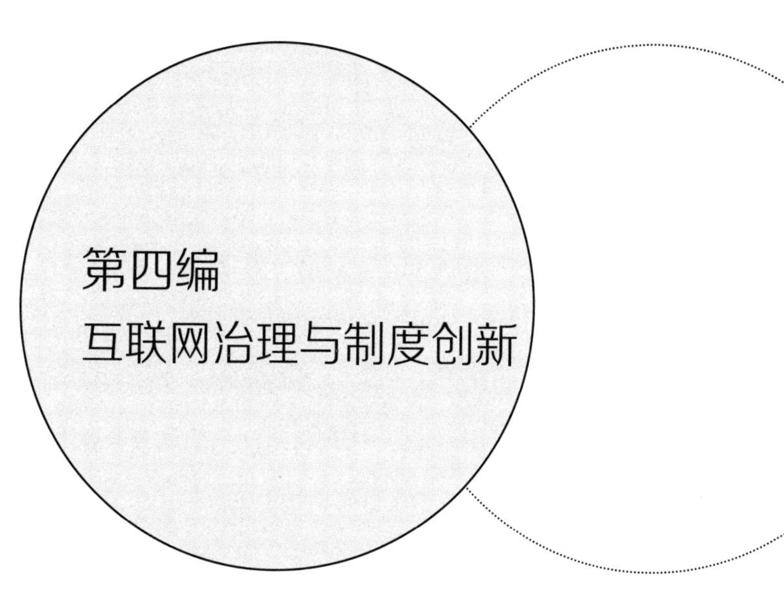

第四编

互联网治理与制度创新

鲁春丛　发展数字经济的思考

汪向东　电商扶贫的长效机制与贫困主体的获得感
——兼论电商扶贫的“PPPS模型”

师曾志　从互联网时代赋权与反赋权的角度谈谈现代公益的特点

朱　巍　数字经济带来的法治化挑战与建议

薛兆丰　商业制度决定一个时代的好坏

阿拉木斯　从摩拜单车看电商立法的细节式鸿沟

鲁春丛

发展数字经济的思考

鲁春丛，信息社会50人论坛成员，中国信息通信研究院政策与经济研究所所长，从事通信与信息系统相关领域工作，近来主要进行3G运行维护管理模式研究以及中国卫星通信发展战略若干问题研究，从事七号信令网、同步网、网管系统、网络运维组织管理的规划与研究工作。

当前，世界经济加速向以网络信息技术产业为重要内容的经济活动转变，数字经济正深刻地改变着人类的生产和生活方式，成为经济增长新动能。发展数字经济已经成为全球共识，为世界各国、产业各界、社会各方广泛关注。2017年7月的G20峰会上，习近平总书记指出，我们要主动适应数字化变革，培育经济增长新动力，积极推动结构性改革，促进数字经济同实体经济融合发展。我国是经济大国、互联网大国，也是数字经济大国，发展数字经济，是紧跟时代步伐顺应历史规律的发展要求，是着眼全球提升国际综合竞争力的客观要求，是立足国情推动新旧动能接续转换的内在要求；发展数字经济，对建设制造强国、网络强国、科技强国意义重大，将为实现“两个一百年”目标提供强大动力。

一、什么是数字经济

从理论研究角度看，数字经济发展经历了三个阶段。

第一个阶段是单部门的信息经济阶段。20 世纪 40 年代，第二代晶体管电子计算机和集成电路得以发明应用，人类知识和信息处理能力大幅提高，1962 年美国经济学家马克卢普提出“信息经济”概念，认为“向市场提供信息产品或信息服务的那些企业”是重要经济部门，信息经济等同于信息产业的直接贡献。

第二个阶段是双部门的信息经济阶段。20 世纪 80 年代，大规模集成电路、微型处理器、软件领域的革命性成果加速了数字技术扩散，数字技术与其他经济部门交互发展加速。美国经济学家马克·波拉特在 1977 年指出，除“第一信息部门”外，还应包括融合信息产品和服务的其他经济部门，即“第二信息部门”，信息经济等同于信息产业贡献加上融合领域的间接贡献。

第三个阶段是以网络为依托的数字经济阶段。20 世纪 90 年代起，互联网商用技术日趋成熟，数字技术与网络技术逐渐融合，特别是近些年来，世界各国加快实施宽带战略，光纤、4G 网络的覆盖水平与速率大幅提升，从人人互联到万物互联，数字化技术发生深刻质变和巨大量变。1996 年美国学者泰普斯科特在《数字经济时代》中正式提出数字经济概念。2000 年前后，美国商务部出版《浮现中的数字经济》和《数字经济》研究报告，被广泛接受。

从技术经济角度看，每一类经济范式都基于所依托的技术产业。社会上有网络经济、互联网经济、信息经济、数字经济等多个概念。我个人理解的观点是，其一，信息经济最大，因为信息包括模拟信息和数字信息，数字化转型是大势所趋，信息经济将等同于数字经济。其二，网络经济大于互联网经济，因为网络除了互联网，还包括电信网、政企专用网。电信网络历经模拟化、数字化时代，正在向 IP 化、IT 化演进升级，网络经济将基本等同于互联网经济。其三，数字经济范畴远大于网络经济范畴，因为数字技术不一定完全依赖网络，比如工厂的数控机床、数控机器人等单机的数字化技术，产业规模非常庞大。之所以统一到数字经济这个概念，因为一是符合国际社会的共识，二是符合历史沿革的定义，三是符合技术经济演进的趋势。

我们认为，数字经济是以数字化的知识和信息为关键生产要素，以数字技术创新为核心驱动力，以现代信息网络为重要载体，通过数字技术与实体经济深度融合，不断提高传统产业数字化、智能化水平，加速重构经济发展与政府治理模式的新型经济形态。

数字经济包括两大部分：一是数字产业化，也称为数字经济基础部分，即信息产业，包括电子信息制造业、信息通信业、软件服务业等；二是产业数字化，也称为数字经济融合部分，传统产业由于应用数字技术，所带来的生产数量和生产效率提升，其新增产出构成数字经济的重要组成部分。

数字经济是信息化发展的高级阶段。数字经济是一种技术经济范式，是继农业经济、工业经济之后的更高级的经济社会形态。如同农业经济时代以劳动力和土地、工业经济时代以资本和技术为新的生产要素一样，数字经济时代，数据成为新的关键生产要素。数据资源具有可复制、可共享、无限增长和供给的特点，打破了传统要素有限供给对增长的制约，为持续增长和永续发展提供了基础与可能。我们需站在人类经济社会形态演化的历史长河中，全面审视数字经济对经济社会的革命性、系统性和全局性影响。

二、国际数字经济发展情况

当前，国际金融危机的深层次影响尚未消除，世界主要国家高度重视数字经济发展，构筑新一轮经济浪潮下的领先优势。美国自 2011 年起先后发布《联邦云计算战略》《大数据的研究和发展计划》《支持数据驱动型创新的技术与政策》等细分领域战略；英国于 2015 年发布《英国 2015—2018 数字经济战略》，并于 2017 年发布最新《英国数字经济战略》；日本先后出台《e－Japan 战略》《u－Japan 战略》《i－Japan 战略》等。各国战略主要聚焦于以下几方面。

一是增强技术创新与产业能力，夯实发展基础。其表现在两个方面：一方面，推动数字技术、产品和服务创新。英国鼓励本土数字科技企业成长，通过吸引国外的科技创新企业促进发展。日本支持超高速网络传输技术、数据处理和模式识别技术、传感器和机器人技术。另一方面，发达国家争相刷新网络发展新路标，构筑固定移动“双千兆”网络，织造空天一体化网络，持续推进宽带网络建设。美国提出到 2020 年为至少 1 亿个家庭提供最低 100Mbit/s 的实际下载速度和最低 50 Mbit/s 的实际上传速度。

二是加强数字技术应用水平，深化融合发展。美国政府延续了奥巴马时代制定的先进制造战略，德国工业 4.0 正在推向深入，日本、法国、英国、韩国等主要发达工业国和新兴经济体也都加紧实施本国制造业相关战略。美国、英国着力提升教育数字化水平，日本加大医疗机构数字化，提升医疗服务水平和质量。欧盟把数字素养提升到国家战略高度，实施了“数字素养项目”，提升公民利用数字资源、数字工具的能力，扩大数字使用需求。

三是推进数字政府及立法建设，提升治理能力。信息基础设施、网络安全、数据保护、数据国际治理等方面的立法、修法不断加快。日本提出的数字政府，让任何人在任何时间、任何地点，都可通过一站式电子政务门户访问公共部门数据，享受公共服务。美国高度重视保护互联网产业的技术研发和知识产权。

四是大力实施网络安全战略，强化安全保障。美国发布“网络空间国际战略”，将网络空间视为与国家海、陆、空、外太空同等重要的国家战略性基础设施，并将网络空间安全提升到与军事和经济安全同等重要的地位。英国加大网络安全的研发和人才投入。德国加大对数字技术安全产业发展的支持，强化在线服务安全。

数字经济正在成为各国壮大新兴产业、提升传统产业、实现包容性增长和可持续增长的重要驱动。根据中国信通院测算，美国数字经济规模达到10.2万亿美元，占GDP比重达到56.9%；英国数字经济规模达到1.4万亿美元，占GDP比重超过48.4%；日本数字经济规模达到2.0万亿美元，占GDP比重超过47.5%。

三、中国数字经济发展情况

中国信通院测算表明，2016年中国数字经济总量达到22.6万亿元，同比名义增长接近19%，占GDP的比重超过30%，同比提升2.8个百分点。数字经济已成为近年来带动经济增长的核心动力，2016年中国数字经济对GDP的贡献接近70%。中国数字经济对GDP增长的贡献不断增加，接近甚至超越了某些发达国家的水平。

1. 中国数字经济发展总体特点

（1）基础贡献基本稳定。

数字经济基础贡献，即信息产业的增加值为5.2万亿元，同比名义增长8.7%，占同期GDP的比重为6.9%。21世纪以来，信息产业增长与GDP基本同步，OECD（经济合作与发展组织）国家基本稳定地维持在3%～6%。近年来，世界几乎半数主要国家的信息产业领域研发投资占全部投资的比重达到20%，韩国、以色列、芬兰、中国台湾等几个领先的国家和地区甚至超过了40%。以世界平均水平为例，信息产业领域的专利占比达到39%，金砖国家的这一比例甚至达到了55%。

（2）融合贡献规模大、增速快。

2016年，数字经济融合部分规模为17.4万亿元，占GDP比重23.4%，同比增长22.4%，融合部分占数字经济比重高达77.2%。衡量数字经济发展水平的主要标志之一是人均信息消费水平，我国信息消费加速从1.0阶段向2.0阶段跃迁，即从“信息的消费”转向“信息+消费”，由线上为主向线上线下融合的新消费形态转变，信息服务从通信需求转向应用服务和数字内容消费，信息产品从手机、电脑向数字家庭、智能网联汽车、共享单车等新型融合产品延伸。近5年来，信息消费年均增幅21%，为同期最终消费增速的2.4倍，占最终消费支出的比重超过9%，预计到2020年，信息消费规模达到6万亿元，间接带动经济增长15万亿元，电子商务、移动支付、分享经济将成为引领全球的中国新名片。

（3）数字经济在各行业中的发展出现较大差异。

2016年，服务业中数字经济占行业比重平均值为29.6%，工业中数字经济占行业比重平均值为17.0%，农业中数字经济占行业比重平均值为6.2%，呈现出第三产业高于第二产业、第二产业高于第一产业的特征。资本密集型工业数字化转型（装备制造等资本密集型行业排名前十位）要明显快于劳动密集型工业（纺织服装等劳动密集型行业排名后十位）。

远期看，2020年，我国数字经济规模将超过32万亿元，占GDP比重35%，到2030年，数字经济占GDP比重将超过50%，全面步入数字经济时代。

2. 中国数字经济发展的瓶颈

中国数字经济发展还存在以下三方面瓶颈。

（1）转型壁垒。

数字技术与实体经济加速融合应用，市场优胜劣汰机制发生巨大转变，企业面临竞争市场局面更加复杂，以前重视价格、质量等，现在还要重视渠道、方式、手段。传统产业利用数字技术动力不足，信息化投入大、投资专用性强、转换成本高，追加信息化投资周期长、见效慢，试错成本和试错风险超出企业承受能力。行业标准缺失或不统一，无标准或多标准现象并存，严重制约企业应用步伐；企业外部服务体系发展滞后，支撑能力缺失。还有一个重要原因是，数字技术发挥作用时滞较长，数字技术从投入到产生正向经济收益之间为3~10年。

（2）发展失衡。

一是产业不均衡。数字经济发展呈现出第三、第二、第一产业逆向渗透趋势，第三产业数字经济发展较为超前，第一、第二产业数字经济则相对滞后。中国信息通信研究院测算表明，2016年我国第三产业ICT中间投入占行业中间总投入的比重为10.08%，而第二产业与第一产业该指标数值仅为5.56%和0.44%，产业间数字经济发展不均衡问题非常突出。

二是区域不均衡，扩大社会收入差距。2016年，广东、江苏、浙江数字经济规模均突破2万亿元，三省数字经济总量占全国数字经济总量的三分之一，在规模、占比、增速方面均引领全国发展，“强者恒强”效应显著。而云南、新疆、宁夏等十个省份和自治区数字经济总量均在3500亿元以下，十省总量仅相当于我国数字经济总量的12%。

三是消费生产不均衡。资本大量涌入数字经济生活服务领域，2016年在线教育融资8.5亿美元，在线医疗融资12.2亿美元，同比增长超过100%。但数字经济生产领域技术和资源投入仍然不足，距离创新、设计、生产制造等核心环节的实质性变革与发达国家还有较大差距。据测算，2016年我国97个生产部门中ICT中间投资占比低于0.5%的部门高达55个。

（3）平台治理。

一是责任界定问题。数字经济下新业态丰富、市场主体众多，科学合理界定不同主体的权利、责任和义务，是其健康持续发展的关键。数字经济下平台模式成为主流，平台模式与传统商业模式不同，出了问题，责任往往全部加于平台企业身上。目前，平台、政府、用户之间的责任不清晰，平台企业不应承担无限责任。

二是政府协同监管问题。数字经济生态下，去中心化、跨界融合等特点给传统监管体系带来很大挑战。目前，我国跨行业协同管理以及跨地区协作机制都还不完善，特别是各行业和各地区对同一业态的管理要求和标准不尽相同，这大大增加了企业的运营成本。例如，出于税收、管理等考虑，地方往往会要求平台企业在当地建立分支机构，同时要求平台将业务运营数据在本地监管机构进行备份，平台企业往往面临着数据接口和标准不统一的问题。

平台治理本质上是管理理念问题，各国国情不同，平台治理的出发点也不同。比如，关于电子商务平台责任的界定，美国和欧洲国家有很大不同。美国倾向于对网络平台这种新事物给予更多的支持，不要求平台承担售假的连带责任。欧洲国家在类似案件的司法裁定中，更倾向于品牌商，一般要求平台商承担第三方售假的连带责任，这都有实际的判例。

四、稳步推进数字经济发展

总体看，以网络信息技术为主要驱动力的新一轮科技革命和产业变革正在兴起，这是历史性的、世界性的，甚至是颠覆性的，数字经济对人类社会的影响，绝不亚于工业经济对人类社会的影响，其加剧了全球化进程、加快了人类文明前进的步伐。“虽有智慧，不如乘势；虽有镃基，不如待时”，数字经济的大势来临，我国具有坚实的产业基础、市场基础、融合基础，面临极为难得的战略机遇窗口，只要把握好战略方向，我们完全有条件做大做强数字经济。推动数字经济发展的重点体现在以下三方面。

1. 完善经济理论

准确把握当今中国数字经济的历史方位和发展大势，是处理好所有改革和发展问题的基本依据，为此需要做到以下三点。

（1）历史视野：深刻认识数字经济的时代潮流，知晓中国发展从哪里起步、走到了哪里、未来将走向何方。

（2）国际视野：科学判断世界形势和国际环境的发展变化，找准数字经济在世界发展和人类文明进步中的定位。

（3）辩证思维：数字经济是一个从局部量变到全面量变，从局部质变到整体质变的前后相继、不断升级的演变过程。

这需要加快形成系统性、全局性、规律性的理论认识，推进基础理论创新，破除观念误区，具体包括：

产业组织理论——重点是新要素引发的新古典经济范式生产函数和产业形态的调整与重塑。

市场理论——主要是互联网导致的价格形成机制、经济交易成本、外部性理论的巨大变革。

消费理论——尤其是免费与后向付费模式对理性选择理论、消费者福利理论带来的影响。

治理理论——特别是数字经济对产权理论的冲击和对政府传统治理方式的挑战。

2. 推进发展实践

（1）夯实综合基础设施。

构建高速、移动、泛在、安全的信息基础设施，推进光纤宽带和移动宽带网络的演进升级，加强云计算中心、大数据平台、内容分发网络的部署和应用，夯实物联网基础设施，加快建设融合感知、传输、存储、计算、处理为一体的智能化综合信息基础设施；推动电网、水网、交通运输网等智能化改造，提高绿色效能，提升基础设施使用效率。

（2）有效利用数据资源。

推动数据资源开发利用，突破大数据关键技术，充分挖掘数据资源，形成面向行业的数据解决方案；促进数据资源交易流转，推动数据开放共享，制定数据交易相关法律法规和交易流通的一般规则，规范交易行为；加强数据标准体系建设，强化制度设计，建立并完善涵盖各环节的数据标准体系。

（3）加强技术创新力度。

构建现代数字技术体系，构筑人工智能等前沿颠覆性技术比较优势，攻克“核高基”等关键薄弱环节，加强“大云物移”等技术创新；推动技术融合创新突破，促进数字技术与垂直行业技术深度融合，着力突破机器人、智能制造、能源互联网等交叉领域，带动群体性重大技术变革。

（4）深化融合应用。

以工业互联网为重点，加快提升实体经济的融合应用能力。面向重点领域加快布局工业互联网平台，为传统产业平台化、生态化发展提供新型应用基础设施，着力培育一大批成本低、服务好、产品过硬的集成解决方案提供商；鼓励广大企业积极探索平台化、生态化发展模式，改造传统创新链、供应链、产业链和价值链，形成示范带动效应。

（5）扩大升级有效需求。

释放信息消费潜力，带动信息消费结构升级，提高信息消费覆盖范围；扩大有效投资，充分发挥政府投资的杠杆作用，重点加强对基础性、前瞻性和颠覆性技术创新和应用的投资，优化投资结构；拓展全球合作，加快企业走出去的步伐，提升数字经济国际话语权。

3. 营造宽松环境

数字经济快速发展，传统治理的适应性正在减弱，不适应性在增加。应探索推进负面清单管理模式，破除行业和地域壁垒，保护各类市场主体依法平等进入，激发各类主体的发展动力。同时，也要树立底线意识，设置合理的“安全阀”和“红线”，着力防范区域性、系统新风险，严格保护经济主体的合法权益。一方面，避免使用旧办法管制新业态，清理和调整不适应数字经济发展的行政许可、商事登记等事项及相关制度，采取既具弹性又有规范的管理措施，加强对新业态的动态并行、分类监管研究，为新业态、新模式提供试错空间，激发社会创造力。另一方面，创新监管方式，建立以信用为核心的市场监管机制，积极运用大数据、云计算等技术手段提升政府监管能力，建立完善符合数字经济发展特点的竞争监管政策，探索建立多方协同的治理、重在事中事后的监管机制，营造数字经济公平竞争的市场环境。

参考文献

［1］李强治．互联网平台假货治理的国际经验及启示［N］．人民邮电报，2016－03－21.

［2］荣王青．促进数字经济发展 大数据彰显大价值［N］．人民邮电报，2017－05－17.

［3］李强治．论我国网络假货治理的复杂性［J］．现代电信科技，2016，46（3）：45－48.

［4］李国杰．数字经济引领创新发展［N］．人民日报，2016－12－16（7）.

汪向东

电商扶贫的长效机制与贫困主体的获得感

——兼论电商扶贫的“PPPS 模型”

汪向东，信息社会 50 人论坛理事，中国社会科学院信息化研究中心主任，研究生院教授、博士生导师，中国信息经济学会副理事长，“信息化百人会”成员，兼任多家院校教授，多地政府电子商务专家顾问，国家发改委“十三五”规划专家咨询委员会委员，商务部电子商务专家咨询委员会委员，工信部电信经济专家委员会委员，国家电商示范项目评审委员会委员。他是著名的信息化专家，电商扶贫的倡导者、推进者，涉农电商、县域电商领域的知名学者，因提出“沙集模式”被评为 2010 年农村信息化十大年度人物。

自 2014 年年底国家把电商扶贫纳入精准扶贫“十大工程”以来，以农村为主战场的电商扶贫，在实践的诸多方面已取得有目共睹的重大进展，同时，也提出了一些值得研究的理论政策问题。比如，什么是农村电商扶贫的衡量标准和分析框架？什么是农村电商扶贫长效机制的基本要素和核心基础？再比如，如何看待农产品上行滞后、电商平台选择、农村电商“全覆盖”、综合示范县等实践热点和政策热点问题？

我认为，正确认识和解答此类问题的关键，是贫困主体的获得感。电商扶贫，必须围绕让贫困主体有持续不断、更多更强的获得感来推进，本文提出以此为基点的“PPPS 模型”，有助于我们厘清思路、深化研究，进而改进政策，创新和构建农村电商扶贫的长效机制。

一、衡量农村电商扶贫成败得失的根本标准

既然电商扶贫以农村为主战场，那么我们就先从评价农村电商的根本标准说起。

早在2011年年初，我曾发表文章《衡量我国农村电商成败的根本标准》，指出农村电商的根本问题，是利用电子商务，为广大农民解决小生产对接大市场的问题，因此，“我们必须牢牢树立为农民、靠农民发展农村电子商务的战略指导思想，以广大农民是否积极参与并从中获得实惠，作为衡量我国农村电子商务成败得失的根本标准”。

农村电商不是“作秀”，也不能“作秀”，否则，便会带来严重的资源浪费，挫伤市场主体和农民群众的积极性，从而沦为悲剧。农村电商必须“成规模、可持续、见实效”，以创新构建基于市场的长效机制。

毫无疑问，农村电商扶贫同样如此。

农村电商扶贫的根本问题，是以电子商务为扶贫的手段与载体，助力精准有效地解决贫困主体的脱贫致富问题。在这里，“贫困主体”是指以精准扶贫建档立卡工作为基础的贫困人口、贫困村、贫困县；“成规模”是说参与电商及其产业链并从中得到助益的，不是只有少数人、个别村，而必须形成规模化覆盖，发挥战略级效应；“可持续”是说电商扶贫及其带来的效果，不能只是短期性的，而必须能长期保持下去，可持续滚动发展；“见实效”是针对贫困主体而言的，不是只有参与电商扶贫的外来主体得好处，而必须真正让贫困主体得实惠，在激发和维护贫困主体内生动力的前提下，实现多方共赢，并由此构建多主体参与的互动机制。这里“成规模、可持续、见实效”应该是一个整体的要求。

总之，如我在2015年7月《电商进村与扶贫攻坚》的文章中所言：“检验电商扶贫的成败得失，只有一个最终的衡量标准，那就是看能不能、看在多大程度上让贫困主体通过电子商务获得实实在在的帮助，脱贫致富。哪怕你能在电子商务这个领域里玩出花来，最后都得归结到这一点上。”

二、贫困主体的获得感，是构建电商扶贫长效机制的核心基础

在电商扶贫的实践中，贫困主体的获得感至关重要。在我看来，这就是构建电商扶贫长效机制的核心基础，也是政府、企业、社会等其他主体开展电商扶贫工作的关键基点。

构建农村电商扶贫、电商脱贫的长效机制，有众多要素。分析框架的理论构建需要抽象，才能在林林总总的影响要素中把握重点，在它们的互动关系中寻求规律，顺势而为。

首先，贫困主体的获得感，是电商扶贫、电商脱贫发展变化的内因。电商扶贫要“见实效”，就是要让贫困主体有获得感，让贫困户发自内心地认同“做电子商务，能脱贫增收”，让贫困村、贫困县认同“电商能助力本地产业振兴、经济发展和农民致富”的道理。事实上，这种获得感，也是贫困主体对特定电商扶贫行为和自己参与电商脱贫是否“见实效”的自我体验，这与作为“外因”的其他主体，包括帮扶者的体验，或许一致，或许不同。不过，贫困主体自己的获得感，才是他们愿意真心投入和不断去从事电商活动的行为依据，也是他们产生内生动力的源泉，由此成为构建电商扶贫长效机制的核心基础。

其次，从农村电商的实践来看，广大农民包括贫困主体的获得感，也是过往在沙集、曹县等地形成淘宝村，今天在砀山、武乡等地出现微商村，以及跨平台的电商村规模化发展的根本动因。农村电商“成规模”，固然需要外部条件，但最根本的还是这些地方的农村有越来越多的农民群众，通过活生生的生活实践，认同电商带来的获得感，广泛参与进来的结果。这种更多人认同的获得感，成为农村电商规模化复制的关键促因。

再次，农村电商包括贫困主体持续不断、更多更强的获得感，是推动电商扶贫、电商脱贫长期发展、滚动前进的不竭动力。农村电商扶贫、电商脱贫的生命力，不能只靠外部“输血”来维系，必须形成和保持贫困主体自我“造血”能力。一个地方农民群众和贫困主体的获得感越多、越强、越持久，这个地方农村电商扶贫、电商脱贫，就会有旺盛持久、生生不息的发展活力。

最后，让贫困主体有广泛持续、更多更强的获得感，也是政府、企业、

社会其他主体开展电商扶贫的努力目标和关键落脚点。与其他事物的发展规律一样，电商扶贫的外因也需要通过内因起作用。一方面，如果贫困主体“坐在墙根晒太阳，等人帮扶进小康”，那么，再多的扶贫措施也都无济于事，“输血”中止，返贫即至；另一方面，帮扶者的措施如只是浮于表层，外部循环，不能抵达和长驻贫困主体心中，不能化为他们的获得感和行动依据的话，也会让电商扶贫的效果大打折扣。

因此，构建电商扶贫的长效机制，当以贫困主体的获得感为核心基础。

三、构建电商扶贫的长效机制，要基于市场，“重上行”

贫困主体的获得感来自何方？农村电商扶贫的实践告诉我们，贫困主体基于市场运作取得成功而形成的获得感，才是真正有效和长期可靠的。

其实，道理很简单：电子商务说到底是市场行为，因此，电商扶贫必须基于市场。在《电商进村与扶贫攻坚》的文章中，我提出电商扶贫有政府、公益和市场三类不同主体，分析了他们各自不同的行为逻辑，在承认政府与公益主体参与电商扶贫必要性的基础上，重点指出“无论是开展电商扶贫，还是电商进农村，都不是政府可以包打天下的”。“为此，一定要基于市场，找到市场化的投入补偿方式。不然的话，很难实现‘成规模、可持续、见实效’的要求。”

在基于市场的前提下，构建电商扶贫的长效机制，要“重上行”。这也是由贫困主体要有持续不断和更多更强获得感的要求所致。

贫困主体的获得感，绝非虚无缥缈、空穴来风。它首先来自和建立在自己实实在在的获益之上，是权衡自己成本回报后的认可。只开空头支票，画饼充饥，是难以持久的。另外，还要看到，获得感与获得毕竟有所不同。同样的获得带给贫困主体的获得感，会因时、因地、因人而异。因此，在电商扶贫中，要让贫困主体保持获得感，往往需要与时俱进，需要有源源不断、更多更强的获益。

在农村电商和电商扶贫领域，为什么上行滞后？尤其是农产品上行滞后的现象，引起越来越多人的关注与非议。其实，我们可从农民和贫困主体的获得感上，从上行、下行与服务带给他们获得感的区别上找到答案。

实践表明，农村电商上行、下行带给农民和贫困主体的获得感是不同的：必须承认，电商下行可突破原有农村线下市场的局限，给人们带来实实在在的好处。2015年4月，我在《电商扶贫：条件更成熟》一文中，曾将之归纳为“买得到、买得对、买得省”，指出它“本身也是电商扶贫效果的体现。而且，在线购买规模的增加，还可以培育人的电商意识，促进当地电商基础设施建设”，从而，“为更多人以后开展网上销售创造更好的条件”。下行带来的这种实实在在的好处，尤其在电商导入初期，可让农民和贫困主体产生非常显著和强烈的获得感。然而，随着人们逐步对下行习以为常，这种获得感往往会减退。即便贫困户中也可能产生“剁手党”，但下行（网购）所产生的获得感相对于上行（网销）赚钱的获得感，不可同日而语。至于贫困主体中的贫困村、贫困县，更要靠上行、靠“卖得掉、卖得好、卖得久”，来增加收入、发展经济，从而形成持续不断、更多更强的获得感。

在农村电商和电商扶贫中，服务改进所带来的获得感，情况比较复杂。我们可以将它大致分为两类：一类是线上商品交易带来的服务改进（“服务Ⅰ”），比如，物流快递费用和时间的节省、基础设施的改善；另一类是服务类产品的增加和便利（“服务Ⅱ”）。前者带来的获得感，应处于下行与上行之间；后者带来的获得感，发展空间极大。二者都是农村电商和电商扶贫需改进的内容，这与“重上行”看法并行不悖。

四、影响获得感的基本要素——从“CBES模型”到“PPPS模型”

为分析农村电商的影响要素、作用机理与实际效果，也为构建农村电商及电商扶贫长效机制提供理论依据，通过对我国农村电商长期跟踪和大量调研，我们不妨提出以下两个相互关联的理论分析模型：“CBES模型”和“PPPS模型”。

1. “CBES模型”

它以农村电商效果（A）为中心，将对其产生影响的众多要素，归纳为渠道（Channels）、业务（Business）、环境（Environments）、服务（Services）4个大的方面。

在“CBES模型”中，首先，渠道（C）是复数，它既包括多种多样的电商交易平台，也包括由电商带来的线下渠道的融合与转型；业务（B），包括了下行、上行等特定的农村电商主营业务的内容和水平；环境（E），包括电商基础设施硬环境和政策、氛围等软环境；服务（S），更是涵盖从农村电商三级服务体系，支持上下行交易到要素供给、载体建设等在内的各类服务。"CBES 模型"的各要素是相互关联的，在实践发展中，要求面向农村电商发展的实际需要，形成相互匹配的动态平衡关系。否则，会影响农村电商的效果，甚至造成负面效应。

"CBES 模型"可以应用于农村电商的多种分析场景和对象。比如，2017 年 3 月 2 日，团中央在京东集团总部举办全国"首届青年电商精英培养计划系列培训班"，我应邀讲授"农村电商与'双创'"专题，就以农村"创客需求"为中心，应用"CBES 模型"，讨论了平台通道、业务支撑、政策环境、服务体系的影响及其效果。

尝试将"CBES 模型"用于分析电商扶贫，是从 2015 年开始的。受当时莆田、龙岩的启发，我提出电商扶贫的"15 字诀"，即"拓通道、建支点、育网军、强体系、优环境"，就是以贫困主体为核心，涉及 CBES 各方面。

2. "PPPS 模型"

随着电商扶贫实践的推进，针对贫困地区农村产品，尤其是农产品上行滞后，不利于提升贫困主体获得感的突出问题，我们不妨将"CBES 模型"中的关键因素进一步剥离，以贫困主体获得感（G）为结果变量，建立以"平台"（Platforms）"产品"（Products）"政策"（Policies）"服务"（Services）为原因变量的分析框架。

"PPPS 模型"强调，电商扶贫带给贫困主体的获得感，更受以下因素影响：一是在平台多样化、电商由基于 PC 的传统模式转向移动端、社交化的条件下，贫困主体所选择的平台是否适合；二是电商扶贫具体的产品依托及其与电商的融合情况，这里不仅指上下行交易的商品，也包括农旅结合、休闲农业的乡村旅游产品；三是考虑硬环境的改善往往具有周期长、不可逆等特点，而软环境特别是政策因素弹性大、因地因时因人而异，故而将政策影响专门突显出来；四是服务体系，尤其是贫困地区电商的要素供给、服务体系的建构与改进。

通过"PPPS 模型"，分析者不难发现，假如选定了特定平台，贫困主体的获得感将取决于产品支撑、政策和服务的改进，在此意义上，强调说农村电商不仅是上行下行，解决上行滞后不能只归咎于平台并没有错。但换个角度来看，在同样一个地方，同样的政策支持，同样的产品和服务支撑条件，甚至同一个经营主体，由于选择了不同的交易平台，也会产生不同的成本与回报，由此带来不同的获得感。这也被农村跨平台运营的大量事实所印证。

就像工业品下行，不同的平台可带给消费者不同的体验一样，农村产品的上行，尤其短期成本回报率较低、难度很大的农产品上行，不同的平台也会给人带来不同的体验。客观地讲，有的平台的确不太重视农产品上行，农产品交易事实上的占比也很小；而有的平台对农产品有更多关注，甚至有的平台是专注于农产品上行的。同是可做农产品上行的电商平台，有的以2C见长，未必就适合开展大宗农产品的2B交易。贫困主体如果选择了不适合自己的平台，也会影响实际绩效和自己的获得感。

“PPPS模型”有相当大的可拓展性。我的学生李敏在他的博士论文中就以此模型为基础，进一步创新和细化，开发出由十几个指标组成的电商扶贫评价指标体系，对阿里、京东、邮政和乐村淘四大交易平台的电商扶贫运作实践与绩效进行比较研究，取得了值得期待的研究成果。

五、关于“全覆盖”和“示范县”等热点问题

除了上述农产品上行、平台选择等实践热点问题外，我们还可尝试将本文得到的理论观点与分析方法，用于观察、分析和评价农村电商及电商扶贫领域的一些重大政策问题，比如“全覆盖”和“示范县”问题。

1. 关于“全覆盖”

继河北省率先在全国提出（并宣布已实现）农村电商全覆盖的工作目标后，在省级层面，山东省、安徽省、吉林省等省政府，贵州供销、重庆邮政等省级系统，也提出了定期实现农村电商全覆盖的目标。宁夏回族自治区，三明、昆明、丽江等地市，宣布已实现电商进农村示范县的全覆盖。还有一些县市，也宣布实现了本地农村电商的全覆盖。

怎么看待这一问题？

首先，我们需要厘清“全覆盖”的内涵，讨论才可有的放矢。实际上，

目前各地提出的“全覆盖”，有的指的是农村电商站点覆盖，有的指的是农村电商业务覆盖；有的指的是覆盖到县，有的指的是覆盖到村，也有的指的是覆盖到乡镇；提出来覆盖到村的，有的指的是覆盖到行政村，也有的甚至提出要覆盖到自然村。

我们强调，农村电商及电商扶贫要“成规模、可持续、见实效”。那么，目前条件下，农村电商站点和业务到村的全覆盖，可谓最大限度地体现了“成规模”的要求。显然，包含贫困村在内的全覆盖，会给那里贫困户在内的农民群众带去电商包容性发展的新机遇。将贫困县纳入电商进农村示范县的全覆盖，有助于将国家扶持资金和政策引导到电商扶贫上来，但覆盖到县与覆盖到村，甚至到户到人，毕竟还是有所不同，需要进一步分析。

更重要的是，本文指出“成规模、可持续、见实效”是一个整体的观点。如果不能“可持续、见实效”，那么，就算一时实现了“成规模”、完成了“全覆盖”，已建成的站点如不能长期存续、发挥作用，当地农民群众和贫困主体也很难有满意的获得感。

“CBES 模型”和“PPPS 模型”还告诉我们，农村电商和电商扶贫“见实效”，具有一定的条件依赖性。因此，“全覆盖”的挑战还在于，加快覆盖的规模越大，“可持续、见实效”的难度也就越大；农村电商越是加快覆盖到小村、穷村、偏远村，“可持续、见实效”的成本也就越高。对此，国务院扶贫办牵头出台的《关于促进电商精准扶贫的指导意见》，在部署“十三五”“三重全覆盖”工作时，专门用了“逐步实现对有条件的贫困地区”这样的限制语，对于贫困村的电商站点覆盖，提出的目标是 6 万个以上、占比约在 50%。这显然是更加慎重、留有余地的。

总之，对于先“成规模”再深化应用的“全覆盖”地区，真正的考验在后面，那些条件相对更差，甚至最差的贫困农村，实现覆盖后能否构建起电商应用与助力扶贫的长效机制是关键所在。河北省出台的《关于深化农村电子商务全覆盖工作的指导意见》，提出要在全省农村电商实现全覆盖的基础上继续深化工作，使应用水平得到全面提升、服务体系得到进一步完善、持续发展能力得到进一步增强，在降低农村流通成本、拓展农村消费市场、带动农村脱贫等方面取得明显成效。我们期待河北省能在这方面为全国探索一条成功之道。

2. 关于电商进农村示范县

目前，全国已有三批共496个县进入国家级电商进农村示范县行列，不算地方政府的配套投入和带动的社会资本，仅中央财政为此就投入了80多亿元。不少地方还评选了省级、市级电商进农村示范县，由地方财政予以扶持。自2015年以来，国家主管部门明确将电商进农村示范工作与助力扶贫攻坚相结合，示范县的选择明显向贫困县倾斜。2016年下半年，国家已明确，此项工作在未来3年将会继续，并将有条件的贫困县全部覆盖进来。

如何看待电商进农村示范工作，及其与扶贫的结合？

我在2015年发表《电商进村与扶贫攻坚》的文章中，就曾明确表达过自己的看法：电商进村助扶贫是重大的政策创新，同时也将带来不少新的挑战，并进而探索了如何应对挑战，特别强调了机制创新的问题。今天回头再看当时的观点，特别是经过这两年的实践，随着一些示范县陆续进入“后示范期”，上述观点不仅没有改变，而且恐怕是更值得强调了。

正确理解电商进农村综合示范工作，须把它放在“互联网+三农”的历史大进程中来看待。远的不说，我们为缩小城乡市场鸿沟而开展的“万村千乡工程”已做了十多年，眼下的电商进农村一个重要的政策诉求，就是要将互联网和电商加进以往侧重线下的农村市场体系建设之中，以示范引导和带动，促其转型升级。同时，考虑到各地农村的差异性，在市场主体纷纷进入农村电商市场的情况下，国家希望用政府行为来弥补“市场失灵”，在那些条件相对较差的农村投入更多的公共资源。这是经济社会均衡发展的要求，也契合了国家扶贫攻坚的战略部署。

问题是如何真正把要做的好事做好、做成，这就又回到我们所说的“成规模、可持续、见实效”上，回到构建电商扶贫的长效机制和贫困主体的获得感上。电商进农村示范工作，对于示范县毕竟只是一项阶段性任务，财政扶持资金按要求毕竟是要限期花完的，然而，农村电商却是一场没有终点的“马拉松”。在完成综合示范工作以后，农村电商下一步该怎么走？这是摆在示范县面前的一项重大而紧要的现实课题。

为此，前不久，半汤商学院专门组织了一次专题沙龙，围绕“综合示范工作后的农村电商战略思路”主题，设置了6个分议题，邀请来自政府主管部门和部分示范县的领导、专家学者和实际“操盘手”们深入研讨，共商大计。与会者在交流中，就电商进农村示范工作的深层问题和示范县农村电商未来发展，发表了许多真知灼见，具有重要的参考价值。

针对构建电商扶贫长效机制和提升贫困主体获得感，这里，特别想重申和补充的观点和建议是：

第一，示范县利用财政扶持资金推动电商进农村和助力扶贫，一定要立足于培育贫困主体的内生能力。

第二，示范工作中的政府引导（在一些地方甚至事实上是政府主导）要基于市场，重视发挥市场在配置资源中的决定作用（切忌加大未来向市场机制切换的难度）。

第三，要高度关注和努力避免“后示范期”机制切换失败的风险，对可能由此带来的“途中熄火抛锚”“烂尾工程”等，制订必要的应对预案。

第四，无论示范工作中，还是示范后，都要围绕提升农民群众和贫困主体的获得感来开展工作，以此为核心基点应用“CBES/PPPS模型”，组织平台渠道、产品业务、政策环境、服务体系各基本要素和各主体的力量，探索构建电商扶贫的长效机制。

第五，考虑到示范县有不同情况，有的县农村电商市场驱动为主的机制已经形成，有的尚未形成，后者更应重视长效机制问题。

师曾志

从互联网时代赋权与反赋权的角度谈谈现代公益的特点

师曾志，信息社会50人论坛成员，北京大学新闻与传播学院教授，北京大学公民社会研究中心执行主任，北京大学公共传播与社会发展研究中心主任，安平公共传播公益基金主席。其著作有《新媒介赋权：国家与社会协同演进》《新媒介赋权及意义互联网的兴起》《新媒介赋权：一种农村电子商务实践性的社会研究——以沙集网商为例》。

公益在发达国家，是衡量一个社会发展成熟度乃至社会文明程度的指标。公益是社会变迁必然不能忽视的重要领域，因为它的背后是在重建一种社会关系乃至社会结构。我们现存的社会关系是在特定的政治、经济形态下所建构的，它忽略了人与人之间最为本真的甚至是最想追求的美和善。而公益对社会关系的重构就是在这种美和善诉求的基础上所建立的一种社会连接。

一、互联网时代的赋能即是赋权

按大众的理解，腾讯做公益是一种赋能，但其实赋能本身的概念就是赋权，因为一些政治话语表达的限制，很多互联网公司把赋权的概念称为赋能。而这种表述背后根本的原因在于，很多人并不了解赋权。

互联网在连接经济利益、政治利益的基础上，又打开了人们连接善、连接美的可能性，这种可能性建构了一种新型的社会关系。这种社会关系就像不同学科背景、不同行业领域的人们能够坐在一起讨论一个关于公益的议题，这就是一种具体的因公益而把大家连接在一起、赋权在一起的过程。

因而赋权不是一个简单的政治概念，更多的是一种价值情感的认同，是每个人精神层面的需求。普通大众常简单地把公益作为高水平道德的一种诉求，但是如《道德经》所言："天下皆知美之为美，斯恶已；皆知善为之善，斯不善已。"单纯地强调善、强调公益，本身就是最大的恶。我们应该知道善与恶在人性中是同根的，不应简单地进行道德判断。

二、赋权与反赋权争夺中的公益

公益推动着中国社会的变化，尤其是在互联网公益不断发展的情况下，对政治、经济、社会和改革都有很大的推动力。公益是一种权力，赋权的同时又是反赋权的过程，有权力的授予、资源的流动，又有反复争夺、变化再生成的过程。从这个意义上看，人们应该清晰地认识到公益慈善事业不是简简单单可以脱离政治、经济、文化而独立发展的，不能将其抽象化、理想化。

我们应该把公益当作连接情感、连接价值观、连接大众对爱和美的追求来看待。很多时候我们把公益当作一种手段而不是目的，因而在百家争鸣的公益生态形式下，会出现非常多的困难和问题。无论为了道德诉求还是经济、政治要求，在赋权和反赋权的争夺过程中，我们对公益未来的发展趋势都应持非常乐观的态度。很多人并没有常态化高频度的公益行动，但是心向公益，没有去行动的原因在于没有找到很好的、低成本的、快捷方便的公益方式方法，但并不代表没有公益的善心。

三、互联网让公益连接一切成为可能

当今社会提倡弘扬中国的传统文化、传统国学，这其中非常重要的哲学观念就是要"连接"，中国人的价值情感与西方强调独立个体、自由精神不同，特别注重人与人之间的关系。因此我们发现，尽管媒体常常报道某个个体捐款受骗上当的新闻，但现实中每每遇到救助，人们还是愿意去捐款、去帮助他人。

西方社会现在致力于解决一个问题，就是当技术连接一切的时候，我们真正在连接的是什么。曾经在麻省理工学院的走访经历告诉我，西方研究学者认为技术发展到一定程度，考虑的一定是人的需要。技术能帮我们完成很多超越组织机构的事情，但是它除了连接人和人的关系、人和物的关系外，还有其他的作用吗？我认为最重要的是连接自我，就如苏格拉底曾经说过一句话："我唯一知道的就是我什么都不知道。"

所以，公益在早期的时候，更多的是政治、经济的一种连接，但是今天更加强调的是个体自我对于真善美的理解。当下，大多数人在互联网社交媒体上表达自我的时候，某种意义上连自己都不知道自己在表达什么，有什么意义，传达了什么价值。每一个人在现实社会的表达都是在生命的底色上、自我认知的基础上进行的，每个个体是不是能够真正地理解自我，在这个基础上再去理解他人、理解社会是非常重要的。

大众都曾把很多概念当作无法具象的东西，比如民主、真善美、公益等，但是，当下社会有特别大的变化，那就是万物皆媒，通过互联网这个媒介连接一切可能——当我们真正地领悟了这些东西的时候，会在万物皆媒的基础上达到万物皆美。

四、鼓励公益从身边做起

西方慈善事业有一个长期的发展阶段，无论是公众观念还是社会制度，都比中国的公益慈善发展得要长久和成熟。如若将他们已经形成观念性的东西和制度保障的体系来与中国的发展现状作比较，必然有一种历史的时空错落现象存在。中国人长久生活在相对稳定的社会结构中，对于公益这样的事物较难有信任感。人际之间更多的是靠相互信任，而人际信任建立在真正为双方做了什么事情的基础上。互联网时代将一切都透明化，个人财务、生活状态甚至人格都是透明的。但互联网所呈现的公益形态并不能代表公益形态的全貌，因为很多做公益的组织和个人都在线下，没有在互联网上呈现。但是，这些群体依然会受到互联网观念和思想的影响，比如各种媒体的相关报道。然而，媒体所呈现的在一定程度上同样不是事件或现象的全部，甚至可能会有鸡同鸭讲的信息传递，因此一般的大众讨论问题常常用道德的优越感去评价事实讲道理。这些舆论语言产生力量的同时也常常产生暴力，所以公益在当下透明化的基础上应该回归到每个个体。

因而，本人提倡这样的公益：每个人都把自己身边的人和事，尤其是自己的家庭经营好，先帮助熟悉的人，再去帮助更多的陌生人。

朱巍

数字经济带来的法治化挑战与建议

朱巍，信息社会50人论坛成员，中国政法大学传播法研究中心副主任，研究员，副教授，硕士生导师，法学博士，中国人民大学民商事法律科学研究中心兼职研究员，中国互联网协会分享经济工作委员会专家委员，北京互联网协会法律工作委员会委员，中国互联网电子数据研究院电子数据法律与政策专家组委员，中国人民公安大学网络安全创新协同中心专家，北京互联网人民调解委员会副主任。

按照在G20杭州峰会上提出的《二十国集团数字经济发展与合作倡议》，将“数字经济”定性为以网络信息技术为重要内容的经济活动。数字经济产生于信息社会，以互联网技术为代表，通过物联网、人工智能、大数据、云计算等科技应用，以互联网平台经济为核心，将传统经济与互联网相结合，逐渐形成了数字经济这一新经济形态。

一、数字经济带来的司法挑战

1. 分享经济平台责任

分享经济是“互联网+”的典型代表，是以互联网平台为中心的经济构成形态，相对于传统经济而言，分享经济平台的平台责任出现了异化，现有法律规定很难将其涵盖在内。

首先，分享经济平台性质不同于电商平台。不论是B2C（商对客电子商务）或是C2C（个人与个人之间的电子商务）电子商务平台的相关责任，都可以扩展适用避风港规则和红旗规则来衡量。不过，分享经济平台本身不提供产品和服务，所有用户既可能是消费者，也可能是商品或服务的提供者。平台通过大数据整合和提供交易机会达到商业目的，既存在有抽成的有偿服务，也存在没有抽成的无偿服务。在分享经济平台承担主体责任方面，缺乏具体明确的法律规定，包括保险责任、先行赔付、责任分担、举证责任、过错认定、技术中立性等方面，现行法律没有给出成文法规定，这就给实践同案不同判的情况埋下了隐患。

其次，平台对服务提供者的主体资格核查服务与新经济形态中的“消费者意愿经济”模式存在理念上的差异。传统电商平台对提供服务者的主体资格审核制度已经比较完善，不过，在“互联网+”是典型的意愿经济时代——消费者的意愿成为交易的核心。平台对服务提供者的审核责任在意愿经济背景下，逐渐演化为充分调查和保障消费者知情权，对传统商业时代的商事主体资格门槛限制则少了很多。例如，一个自然人做饭比较好吃，他就可以通过平台信息服务和物流平台，将自己加工的食品投入市场。平台需要做到的就是将提供做饭服务的自然人主体身份备案并公开，充分告知消费者其没有商业资质的事实，而不在于验证相关资质方面。

最后，平台与提供服务者之间的新型劳动关系与传统雇佣关系不同。分享经济最大的优势在于解决了大量就业问题，其中绝大部分的从业者都是兼职性质服务。我国《劳动合同法》对分享经济形态的新型劳动关系并没有直接规定，过于僵硬的法定劳动关系不利于分享经济模式下创造新的就业和再就业机会。

2. 大数据与隐私权的博弈关系

大数据是数字经济的重要基础，既构成了互联网个性化服务和精准广告服务的技术基础，也构成了数字城市、新型统计学和人工智能的前提性条件。目前我国法律对大数据的范围界定并不明确，仅限定于个人信息的界限范围，例如《网络安全法》对个人信息做出了明确界定。不过，除了个人信息之外，由用户行为产生的数据、个人信息脱敏后的数据、从政府部门统计出来的数据等，都没有做出具体规范。

（1）数据性质不明。

个人信息源自隐私权，是人格权的一种，其性质权属当然是用户本人。

不过，通过用户使用网络服务前网络服务提供者所提供的网民协议，以格式条款约定用户信息的归属权是否有效就成为关键性问题。目前我国因缺乏统一的《个人信息保护法》，用户个人信息通过约定方式转让的效力问题仍属待定。《网络安全法》仅以用户对数据的控制权做出了限定，没有明确数据性质问题，这就给实践操作造成巨大麻烦。如今，华为与微信、今日头条与新浪微博等的数据之争，或多或少都是因为数据权属不清造成的。

大数据则属于不能直接或间接“可识别”到用户身份的数据信息，在本质上属于知识产权性质。我国《民法总则》曾在修订案中出现过数据信息权属于知识产权的版本，但后来因巨大争议，最终未能写进总则。《民法总则》草案对数据信息权在没做出性质界定的情况下，一并将其纳入到知识产权客体确实值得商榷。然而，大数据属于知识产权的认知却是中外皆一，若不能确定大数据的权属性质，就会如同现实经济社会产权不明一样，必定会造成巨大权属纠纷隐患。

（2）大数据标准缺乏法律规定。

如果按照通说，大数据属于知识产权的话，大数据标准就应该在法律上确定下来。实践中，个别互联网数据公司以大数据的名义，实则是对公民个人信息的非法使用或处分。判断数据信息是否为大数据信息，是确定大数据知识产权性质的前提。一些企业在数据信息商业化使用前，大都将个人信息进行脱敏化处理。所谓脱敏化处理，就是用人工或程序的方式隐去数据信息中个人信息可识别的部分。这个过程必须要有法定标准，不然极容易出现“挂羊头卖狗肉”的假脱敏，或者是“可逆化”的假大数据。这样做最终伤害到的就是广大用户合法权益和国家网络安全。

（3）精准营销缺乏立法认可。

精准营销就是利用互联网 cookies（小型文本文件）技术数据，判断出用户的基本画像，包括行为习惯、购物偏好、浏览喜好、位置信息等数据，然后网络服务提供者再根据这些画像推送精准的商业性广告。

精准营销是目前世界范围内互联网免费时代的基础，若没有精准营销的广告，用户就需要向网络服务提供者特别付费。例如，在精准营销模式下的视频网站，一般用户无须付费，只需要看完视频前的广告，就可以免费观看视频。若是不想看这些广告，那就必须付费去掉广告。从这个角度讲，精准营销已经成为数字经济的重要营销基础，一切均建立在大数据和免费基础上，通过用户画像和广告联盟等方式达到平台与用户双赢的结果。

不过，现阶段作为数字经济基础的精准营销领域，尚未有法律直接规定。司法实践中已经出现“朱烨诉百度”等相关案例，一审、二审判决出现过逆转。美国司法对精准营销是通过一系列判例做出认可的，相比之下，我国作为成文法国家仅依靠判例还不足以确立精准营销的法律边界和合法性地位。

3. 人工智能对数字经济在法律上的影响

人工智能（AI）在很多领域已经出现在数字经济之中，在无人车驾驶、工业制造、新闻传播、商品交易、导航位置、人脸和语音识别等多个领域已较为成熟。欧盟和美国也先后对无人驾驶技术的法律性质定位做出了明确规定，即人工智能系统被视为是机动车的驾驶员。

我国法律对人工智能领域尚未有任何回应，立法在法律责任、市场门槛、主体地位、公众知情权、商业保险等相关领域都属空白。过于滞后的立法，很可能会反作用于我国本来蒸蒸日上的技术革命，导致商业机会和技术开发的落后。以无人车为例，美国从各个州到联邦政府都已经准备好了各种促进法案，从保险到主体责任，从上路监测到安全义务都规定得非常明确。然而，我国无人车在技术上已经达到上路标准，却因法律空白导致无法取得上路实验资质，地图测绘也受到旧有法律的一定限制。

人工智能是机器学习和模仿大量数据的结果，是下一代“互联网+”与工业4.0产业革命的关键所在。人工智能的商业化运用将给我国法律带来前所未有的挑战，产品责任将进一步区分软件责任和硬件责任，伦理责任与道德责任也将空前获得法律关注，商业保险责任更加普及化。在这次革命中，人与人之间的劳务关系、机器与人之间的伦理责任、系统与机器之间的产品责任、商家对用户的告知义务等多个方面将产生翻天覆地的巨大变化。

二、应对数字时代法治变化的建议

1. 司法实践的趋势应该更加开放

习近平总书记明确指出，要“以信息化培育新动能，用新动能推动新发展，做大做强数字经济”。数字经济是法治经济，司法先行要将促进发展与底线约束相结合，在发展中规范，在规范中发展。数字时代的法治工作重点应该是破除遵循守旧的司法思路，以鼓励促进司法思维迎接新时代。

我国近年来几乎所有的法律修缮工作都或多或少地存在针对互联网的特别立法，这也是法治互联网时代的重要标志。但在这些法律性文件落实到司法实践时，却经常被打折扣，立法的新精神和新思路没有完全体现在司法中。再加上各级法院对新法的理解和新事物的接受程度存在差异，往往导致同案不同判的情况经常出现。

为应对数字经济带来的司法变化，最高法院和各地高院应加快更新指导性案例的发布工作，更倾向于数字时代新判例以及新法适用的新方向。在数字经济某一方面发展比较成熟，相关案例司法实践较为统一或争议较大的情况下，最高法院应适时出台新的司法解释或指导判例，以开放包容的思维拥抱数字时代的法治挑战。

2. 应加快司法智库建设工作

数字时代司法工作难点更多的在于各级法院对新技术的掌握和理解，在于将新事物灵活适用现行法律框架。对于数字经济的新型案例，往往需要专业知识技术人员、相关领域专家和专业研究人员的专业司法建议。相对独立的第三方智库出具的专业法律意见，不仅在立法上和司法上，而且能从技术角度和经济发展角度对新事物作出较好判断，能够更有利于法院处理相对复杂和新型的案例。

司法智库建设作为应对数字经济对法治建设挑战的重要抓手，依靠智库促进法院转换新思路，依靠智库完善新判例，依靠智库完成知识更新，依靠智库协助司法工作促进经济社会发展的重要工作。

3. 加快对新事物的特别解释工作

大数据、人工智能、云计算、物联网等新技术在数字经济时代越来越影响到经济社会的发展。相对于这些新技术新应用，落后的立法不仅导致无法可依，甚至也可能导致误判。以避风港规则在云存储的适用为例，云存储平台属于网络服务提供者，当权利人向平台发出侵权通知后，平台就有义务采取必要措施。不过，云计算的性质就大不相同，虽然也属于网络服务提供者，但云计算提供的服务是运行服务，云存储提供的则是存储服务。避风港规则适用的前提是平台能够轻易依靠权利人提供的材料和理由，判断出是否存在侵权情况。这一点在云存储中比较好判断，但云计算提供的是运算服务，平台无法也不可能通过运算处理程序判断出行为人是否侵权。因此，从技术角度讲，云计算作为网络服务提供者是避风港规则适用的例外。所以，类似于云计算等新事物适用旧法律出现的矛盾时，最高法院应及早出台指导判例或司法解释。

再比如，无人驾驶汽车的驾驶员责任问题，因为司机并不实际控制汽车，车辆运行都是由系统人工智能完成的，一旦出了交通事故，系统运营者就成为法律上认定的“驾驶员”，实际的驾驶员反倒变成了乘客。这种情况在我国《道路交通安全法》是没有特别规定的，国外已经出现多起此类案例，在国内修法过程比较漫长的背景下，最高法院的司法解释或指导判例应及时作出回应。

薛兆丰

商业制度决定一个时代的好坏

薛兆丰，信息社会50人论坛成员，北京大学国家发展研究院教授，北京大学法律经济学研究中心联席主任。薛兆丰曾为美国西北大学法学院（Northwestern University School of Law）博士后研究员，为美国乔治·梅森大学（George Mason University）经济学博士。薛兆丰长期关注法律、管制与经济增长之间的关系，长期关注信息技术创新与互联网商业在中国的发展，为“微金融50人论坛”联合发起人。薛兆丰的研究兴趣包括法律经济学、竞争政策和电子商务管制与治理，著有《经济学通识》和《商业无边界——反垄断法的经济学革命》。

我们生活在什么样的时代？好时代还是坏时代？

20世纪70年代有本很出名的书，用计算机模拟的方式来算人类的未来，叫作《增长的极限》。书中说咱们人类的生活快到头了，而且作者算的是当时的经济水平，当时的消耗量，随着人口寿命的增加，世界到头的日子比作者预测的还快。

今天世界到头了没有？没有。绝大多数人都变得更好了，更好的一个强有力的指标是我们对生活有很多的抱怨，其中一个重要原因是我们的需求在改变，变得非常挑剔了。一个重要的无可辩驳的指标是人均寿命翻倍。我们的生活从来没这么好过。

1860年的时候美国的人均寿命不到40岁，像法国、意大利，是30来岁。美国黑奴的平均寿命也是40岁左右，因为在美国黑奴是被挑选过的，“品质”

比较好，经过了长途跋涉以及海运的筛选。而且在美国黑奴的待遇是在全世界各种奴隶里面最好的。所以有一个现象，说美国的黑奴生活得不错，美国的黑奴的记录还那么清楚，在别的国家都没有了，大家以为其他国家没有奴隶制，其实是存在的。

现在耗电几乎不用钱了。最早的时候我们用鱼油照明，后来洛克菲勒做煤油灯，当时大家都不看好，投资者也不看好，他们觉得煤油灯不安全，会着火。洛克菲勒的公司为什么叫标准石油？他说他要把石油产品做得标准化，从地下抽上来，炼油、运送、使用，每个环节都要标准化。

为什么我了解这些历史呢？因为他的公司做大后被告倾销，是反垄断的大案。他把石油产业标准化以后，石油从一开始卖1块钱，最后变成几分钱。

想想以前人们用鱼油照明是多贵！他使美国人民，哪怕是最穷的人入夜之后的生活成为可能。你想一下他的贡献，使得我们的生命，尤其是精神上的生命翻倍了。虽然他倾销，虽然他把石油的价格弄得那么低，但美国人民还是把他推成了美国的首富，这是商业史。我们生活的整个方式完全发生了改变。

绝对贫穷的人数极大下降了，一天收入不足1美元的人口从过去占总人口相当大的比例，下降到今天就是一个零头。衡量自己到底是变穷还是变富有个好办法，看看你的消费品，你每天买的东西有没有用，没用就是有钱了。

今天人们的上升渠道增大了。有一个流行说法：越大的公司越做越好，强者越强，弱者越弱，我们的数据根本不支持这样的说法。如果强者越强的话，那么今天的Facebook最有钱，50年前最有钱的是什么？日本就是天王，英国就是王族，Facebook应该是他们家的，Google应该是他们家的，本田和丰田应该是他们家的。其实不是，是上升的渠道发生了很大的改变。

如果上帝惩罚你，要你下辈子做个穷人，但是你有个选择，你可以选择在哪个国家当穷人，包括发达国家，比如美国。美国一个标准的穷人要比50年前、100年前的富人好多了。所以我也经常说，上帝要让你再做一次人，你选哪个时代？是今天的时代还是过去做皇帝的时代？我到故宫看了以后，我不想做皇帝，远远不如现在的朗润园，故宫没有空调，没有暖气，没有自来水，最重要的是没有Wi-Fi。

现在是好时代，哪怕是对穷人而言。贫富分化其实不重要，最重要的是饼做得特别大。以前最厉害的人实际上也只能有很小的享受。我印象最深的就是非常奢侈的丘吉尔，“二战”中他让人家背着浴缸到战壕里面泡澡。当时美国是禁酒的国家，他到了美国的要求就是要喝酒。这就算奢侈了，其实他的要求跟他的贡献比起来微不足道。

我20世纪90年代大学毕业，花3000元钱买了200兆的硬盘。今天我们的硬盘是按T算的，这些年我自己对硬盘技术的成熟、价格的下降做了多大的贡献？没做贡献，但是我却有巨大的享受。这些无端的好处，如果再投一次胎，我肯定希望是投在未来，而不是过去。

今天人为的因素越来越大，自然的因素越来越小。同时还有一个说法，我们富裕是因为剥削来的，这显然不成立。也不是简单的投资，有很多人说钱就能生钱，其实不是。

国家能持续发展很难，因为基数在那里，每年都持续一个比例增长，特别是中国这种经济体是非常困难的。

那么可持续发展来自什么？来自想象力，来自知识，来自创新，来自咱们在16世纪、17世纪从荷兰到英国开始对商人的重视。

不仅仅是口头上的重视，在制度上面也重视了，那时候开始出现有限责任公司制度。这个制度完美地处理了人与人之间信息不对称的问题，到今天依然是非常漂亮的一个创造，但在开始的时候不受待见。

当时有好多的批评，泰晤士报、经济学杂志都批评，这是一小部分有钱人把自己的钱拿出来，项目成功了他们赚大钱，项目失败了以后，他们就说自己有限责任就算了。

但是很妙的地方是解决了投资人之间的信息不对称的问题，你再也不用跟你的投资人“谈恋爱”了，也不用了解对方以及找磨合点了，公司可以无限增长，就靠这么一个伟大的发明。在这个发明之后，由于悬赏，技术才跟进。我们今天也有一个误解，以为是技术带动了商业，其实不是，是商业推动了技术。

你去问科学家，你为什么做发明创造？他会回答说，因为我有兴趣，我就是喜欢探索自然，我就是有很多的想法。实际上只有想法是走不远的。我们都有想法，没有后面非常精巧的商业机制、制度安排，仅仅一个想法是行不通的。

我听 MIT（麻省理工学院）商业转化办公室的人讲，在科研上投入 1 块钱，需要 100 块钱商业投资来转换。从科学家的想法、科技论文到变成产品，这个过程商业投入的比例令人震撼。如果科学家和风险投资按五五分成，这事儿做不成，按 1∶10 也做不成，最后是 1∶100 才做成。

那科学家愿意这么做吗？愿意。因为他 100% 拥有这个专利，但没钱。他拥有这个专利 1% 的分红，实际上他拥有的要比没钱转换成产品多得多。所有的发明创造背后都是由一个制度在推动的。

通过分工和合作，哪怕所有人的能力都很差，整个社会的饼也会做得非常大，而交易的双方，哪怕是样样都比别人差的人，都能得到很大的改善，这是经济学里最颠覆不了的原理之一。

记得中国香港有个节目，讨论中国香港要不要引入外地劳工，当时本地人的反对声很强烈。参加节目的一个报刊老板说，人是要搭配的，就跟做饺子要搭配面和肉一样。如果同样一份肉，面粉越多，肉就很贵；男生跟女生，男生多了，女生地位就高了。当地人有各种各样的资源，比如教育、语言等，外地人进来以后，本地人的地位会提高，而不是下降。这是经济学的力量——反常识。

看到美国创新做得那么好，咱们为什么做不到？表面上看，任何一个创业故事厉害的是人，其实重要的是制度。

我说美国人有一个《拜杜法案》，哪怕是政府资助的研究项目，本来产权应该归政府的，但科研人员也可以选择商业开发，明明是政府给的钱，私人可以拿来赚钱，这在中国就是国有资产流失。但是美国 1980 年就通过了这个法案，他们的创新就不再为了发表而发表了，而是朝着市场的需求去了，科学家被请到企业里面解决他们的问题，同时科学家又把现实中的问题带回实验室，这条路就打通了。

你去 MIT 看校园地图非常有意思，红色的核心是 MIT 校舍，周围包围着各种各样的公司，这其实是制度的牵引。有了这个制度就有了发明创造。

阿拉木斯

从摩拜单车看电商立法的细节式鸿沟

阿拉木斯，信息社会50人论坛成员，中国电子商务协会政策法律委员会副主任，网规研究中心主任。阿拉木斯于2000年创办中国电子商务法律网，2003年创办北京德法智诚信息科技有限公司，2006年创办“网上交易保障中心”，2010年创办网规研究中心。从2010年开始，阿拉木斯任阿里巴巴集团政研室高级顾问。工作期间，他参加了我国电子商务与IT领域的多项重要法律课题的研究工作，为国家十五重点科技攻关计划专题“中国电子商务法律法规体系研究”的项目主人。其主要著作有《计算机2000年问题法律指南》（主编）、《信息网络与高新技术法律前沿》（副主编）等，主编《中华人民共和国电子商务法规汇编》（2001年版、2005年版）。

电子商务立法正式启动是在2013年12月，整整3年时间起草的过程，我都参与其中。2016年年底公布草案以后，可以说反响和争议比预想的要大。争议中最核心、关注度最高的两个议题：新旧实体经济的关系和个人网店的登记。

目前有观点认为，网络经济对实体经济造成巨大的冲击，一些人认为产生冲击最主要的原因是不公平，就是因为没有工商登记、没有交税所以才造成了这样的冲击，要求电子商务法对电子商务行业严管，要求公平对待。

我个人的理解是，大家只看到了那些被新实体经济、网络经济冲击的行业领域，这个方面当然是有的，但是比较少看到真正在冲击之下实现凤凰涅槃、成功转型的产业和领域，这才是问题的核心所在。

我特别查了两个行业在“互联网+”前后的情况，一个是电影产业，另一个是文化产业（电视剧、影视剧），按道理来说，它们应该比传统商业受冲击更严重，因为它们就是知识产权，就是内容。互联网取代传统的传播渠道，如果简单地想，大家都去网上看电影、看影视剧，电影院、电影公司、影视剧制作公司也该关门了。但是实际情况却特别有意思，我们的电影产业在2009年的时候有2亿观众，到2015年这个数字已经突破10亿，在“互联网+”的冲击下，在所谓的虚拟经济严重的冲击下它们反而过得更好了。

网络影视剧行业也更是有过之无不及，行业有个说法，这个领域的版权费10年涨了1000倍。10年前，每一集的费用是几千元，10年后一集电视剧达到几百万元，有的甚至达到了上千万元。这两个本来应该被互联网消灭的领域，为什么经过几年的洗涤之后反而活得这么好？这些案例是值得好好反思的。

当然，经济转型不可能保证每个企业都成功。我们要看到成功的企业，并汲取优秀的经验。体育产业更不用说了，恒大淘宝的市值已经是全球市值顶尖的俱乐部之一，这就是互联网化的结果。最近我注意到有近两百家网店已经准备在新三板市场上市了，比如三只松鼠、小狗电器等。按照立法中的一些声音，这些网店的成功是因为没有工商登记、没有交税，但这两百家网店都是经过工商登记的网络企业，也一定是交税的，否则不可能在新三板上市，所以这种指责不攻自破。

进一步想，问题究竟出在哪里？很多人的理解是，把公平当成一种手段，这是极其错误的，公平永远是目的，不可能是手段。13亿人要迈一步，就一定要一起迈，否则就不公平，这是对公平的误解。公平是需要达到的目的，但是至于达到这个目的哪些人先走、哪些人后走，是走A路径还是B路径，完全是可以不一样的，不可能通过一种手段来实现，即过程中永远不可能达到每一步绝对的公平。我认为这就是问题的根源，我们的目的是公平，但是要达到公平的目的恰恰需要不同的手段。

关于个人网店登记的问题，立法中和立法后的争论都比较多。里面也有一个误区，大家觉得线下是全部需要工商登记的，所以现在线上一部分人不需要工商登记是不公平的，这种逻辑恰恰又是错误的。线下也一定是有大量的个人不需要工商登记的，这一点上和线上没有差别，只不过他们业态不一样而已。比如农村的流动商贩在集贸市场等地方政府指定的区域销售农产品，都不需要工商登记。也就是说，并不是线下都需要登记，而线上不登记就是不公平，恰恰线上和线下都有不需要登记的情形，基本情况是类似的。

从 2016 年到现在我已经使用摩拜单车骑了将近 100 千米，还是个不错的成绩。而使用摩拜单车之前，我们知道，北京有公共自行车，但我从来没用过公共自行车，虽然它们存在的时间更早，这里面的差别在什么地方？差别其实在于，公共自行车是需要到居委会办理一个登记，摩拜单车什么都不需要，掏出手机点两下就可以骑走。这么多年，我根本不知道我附近的居委会到底在什么地方！很多人总是觉得不就那一点点差别吗？你们干吗不去办？工商登记也很简单也没有什么门槛，为什么不去办呢？但事实是，就是那一点点的差别就让上千万人不去做。如果非要去登记，确实会过滤掉大量的人，真让我办一个企业，可能就会有一大堆根本想不到的麻烦，普通老百姓往往就是这么想的。可能在有些人的眼中这是非常小的差别，但对于大部分自然人来说，这就是一个鸿沟，这种细微的差别恐怕只有商业与市场会认真对待和解决。

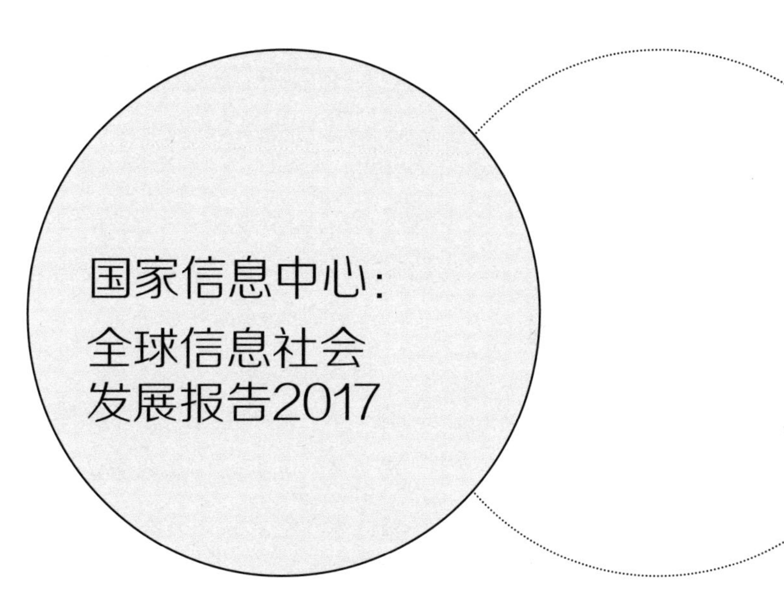
国家信息中心：
全球信息社会
发展报告2017

第一章　全球信息社会发展概况

2017 年全球“信息社会指数”（Information Society Index，ISI）[①] 为 0.5748，比去年略有提高，增长 2.96%，处于从工业社会向信息社会过渡的转型期。

126 个国家中，有 57 个国家进入信息社会，发达国家全部进入了信息社会，而绝大多数发展中国家正在加速向信息社会转型，同时仍有 12 个低收入发展中国家处于信息社会起步期。欧洲信息社会指数为 0.7165，整体上已进入信息社会。卢森堡信息社会指数为 0.9087，位居全球第 1。信息社会指数排名前 10 名中欧洲国家占据 8 席。亚洲信息社会指数达到 0.5404，新加坡、日本、巴林、科威特超过 0.8，韩国、以色列等 8 国处于 0.6 ~0.8 区间，中国、印度、伊朗等 18 个国家处于 0.3 ~0.6 区间，巴基斯坦等 5 国不到 0.3。美洲信息社会指数为 0.5292，三梯队层次明显，美国（0.8484）、加拿大（0.7865）遥遥领先，阿根廷、乌拉圭、智利等 8 国处于 0.6 ~0.65 区间，另有 19 个国家处于 0.6 以下，尚未进入信息社会。大洋洲两大主要国家仍处于较高水平，澳大利亚信息社会指数为 0.8646，全球排名第 9；新西兰为 0.8253，排名第 15。非洲信息社会指数为 0.3772，发展相对落后；非洲国家中毛里求斯水平最高，为 0.6741，排在全球第 44 位。

2011 年，全球信息社会指数仅为 0.4923。经过 7 年时间，该指数达到 0.5748，提升了 16.8%，世界信息社会发展水平稳步提升。在经历国际金融危机冲击后，各国积极把握信息技术新一轮大发展机遇，创新云计算、移动互联网、物联网、大数据、人工智能等技术内涵和应用场景，全球信息社会发展再上新台阶，经济活力有效复苏。

---

① 全球信息社会指数是 126 个样本国家信息社会指数的算术平均值。本报告中与全球、区域和其他样本群组有关的信息社会各种指数的均值均依此方法计算。

一、总体情况

2017 年全球信息社会指数为 0.5748，较 2016 年提升了 2.96%。

本次测评涵盖 126 个国家，有 57 个国家信息社会指数超过 0.6，进入了信息社会。其中，20 个国家的信息社会指数超过 0.8，进入信息社会中级阶段；超过 0.9 而进入信息社会高级阶段的国家仍只有卢森堡；其余 36 个国家处于信息社会中级阶段。

有 69 个国家信息社会指数在 0.6 以下，尚未进入信息社会。其中，有 57 个国家信息社会指数处于 0.3 ~ 0.6，正在从工业社会向信息社会加速转型；有 12 个国家信息社会指数低于 0.3，处于信息社会起步阶段。

2017 年，卢森堡信息社会指数达到 0.9087，蝉联全球首位，瑞士（0.8859）和芬兰（0.8835）紧随其后。挪威、英国、丹麦、新加坡、奥地利、澳大利亚、瑞典位列第 4 至第 10 位。

2017 年，全球信息社会指数排名前 30 位的国家中，排名增幅较大的国家是科威特，上升 8 位，如表 1 所示。

表 1　2017 年全球 ISI 排名前 30 名的国家

2017 年排名	国家	2017 年 ISI	2016 年 ISI	排名变化
1	卢森堡	0.9087	0.9098	0
2	瑞士	0.8859	0.8776	2
3	芬兰	0.8835	0.8793	0
4	挪威	0.8756	0.8641	1
5	英国	0.8715	0.8590	3
6	丹麦	0.8701	0.8602	1
7	新加坡	0.8694	0.8825	-5
8	奥地利	0.8694	0.8559	1
9	澳大利亚	0.8646	0.8520	1
10	瑞典	0.8579	0.8609	-4

续 表

2017 年排名	国家	2017 年 ISI	2016 年 ISI	排名变化
11	美国	0.8484	0.8449	1
12	日本	0.8463	0.8508	-1
13	冰岛	0.8448	0.8332	0
14	德国	0.8294	0.8194	0
15	新西兰	0.8253	0.8100	1
16	荷兰	0.8206	0.8117	-1
17	巴林	0.8174	0.8092	0
18	科威特	0.8147	0.7567	8
19	比利时	0.8106	0.7978	0
20	爱尔兰	0.8105	0.7990	-2
21	法国	0.7969	0.7886	0
22	爱沙尼亚	0.7944	0.7818	0
23	加拿大	0.7865	0.7894	-3
24	以色列	0.7839	0.7697	0
25	韩国	0.7838	0.7762	-2
26	阿联酋	0.7731	0.7682	-1
27	立陶宛	0.7648	0.7257	3
28	文莱	0.7527	0.7143	7
29	捷克	0.7473	0.7192	4
30	塞浦路斯	0.7410	0.7334	-2

2011—2017 年增幅最大的 30 个国家全部是发展中国家，平均增幅为 41.7%。加纳以 62.7% 的增幅名列第 1 位，如表 2 所示。其中绝大部分（27 个）国家尚未进入信息社会，这些国家虽然信息社会建设基础较低，但是发展速度快、潜力大、前景广阔。

表 2　　2011—2017 年 ISI 增幅前 30 名的国家

增幅排名	国家	2017 年 ISI	2016—2017 年增幅（%）	2011—2017 年增幅（%）
1	加纳	0. 3843	8. 5	62. 7
2	埃塞俄比亚	0. 2351	9. 7	61. 8
3	哈萨克斯坦	0. 6456	7. 7	60. 5
4	尼泊尔	0. 2642	12. 1	53. 1
5	阿塞拜疆	0. 5839	10. 7	52. 1
6	尼日利亚	0. 3184	6. 9	51. 8
7	柬埔寨	0. 2849	-0. 6	48. 9
8	肯尼亚	0. 3337	6. 4	48. 7
9	中国	0. 4749	4. 6	46. 4
10	莫桑比克	0. 2599	3. 3	46. 4
11	亚美尼亚	0. 5188	3. 7	44. 9
12	格鲁吉亚	0. 4944	1. 4	43. 7
13	毛里求斯	0. 6741	18. 5	40. 9
14	不丹	0. 4075	8. 4	40. 0
15	赞比亚	0. 2733	11. 1	39. 2
16	伊朗	0. 5231	1. 1	39. 1
17	孟加拉国	0. 2959	9. 7	38. 8
18	蒙古	0. 4490	-0. 5	38. 7
19	黎巴嫩	0. 5788	1. 4	37. 8
20	巴拉圭	0. 4773	9. 9	37. 7
21	摩洛哥	0. 4719	0. 8	34. 6
22	埃及	0. 4491	2. 9	33. 0
23	南非	0. 5213	3. 7	31. 7
24	印度	0. 3221	8. 9	31. 7
25	印度尼西亚	0. 3896	3. 2	31. 6
26	突尼斯	0. 5325	7. 0	31. 4
27	乌克兰	0. 5541	6. 3	31. 2
28	巴西	0. 6030	3. 6	30. 5
29	博茨瓦纳	0. 4466	5. 1	30. 5
30	纳米比亚	0. 4040	8. 5	30. 2

二、信息经济

2017 年全球信息经济指数为 0.5601，比 2016 年增长 1.39%，相比 2011 年增长了 6.58%。不同收入组国家差距明显，高收入国家信息经济指数达到 0.7724，中等收入国家信息经济指数为 0.4324，低收入国家信息经济指数仅为 0.2541。

2017 年日本信息经济指数达 0.9098，蝉联全球第 1 位，比全球平均值高出 62.43%。排名第 2 至第 5 位的分别是以色列、丹麦、美国和瑞士，信息经济指数分别为 0.9073、0.8800、0.8799 和 0.8666。在排名前 20 位的国家中，欧洲占据 14 位（见表 3）。

表 3　　2017 年信息经济指数排名前 30 的国家

排名	国家	2017 年信息经济指数	2016—2017 年增幅（%）	2011—2017 年增幅（%）
1	日本	0.9098	-0.02	1.90
2	以色列	0.9073	0.08	1.29
3	丹麦	0.8800	0.03	0.60
4	美国	0.8799	0.80	3.69
5	瑞士	0.8666	0.34	2.57
6	瑞典	0.8630	-0.35	1.27
7	芬兰	0.8629	0.18	2.21
8	比利时	0.8626	0.75	4.25
9	韩国	0.8621	0.31	4.77
10	新加坡	0.8588	0.81	4.69
11	英国	0.8573	0.37	2.71
12	澳大利亚	0.8523	0.76	4.02
13	法国	0.8510	0.16	2.37
14	卢森堡	0.8499	0.31	0.90

续 表

排名	国家	2017 年信息经济指数	2016—2017 年增幅（%）	2011—2017 年增幅（%）
15	奥地利	0.8478	0.46	3.64
16	挪威	0.8432	0.58	0.74
17	塞浦路斯	0.8398	0.08	1.78
18	德国	0.8357	0.21	0.73
19	荷兰	0.8269	-0.10	1.86
20	爱尔兰	0.8152	0.28	-1.60
21	加拿大	0.8152	0.05	-0.17
22	新西兰	0.8125	0.31	1.79
23	爱沙尼亚	0.8071	0.91	14.00
24	巴巴多斯	0.8006	0.03	1.21
25	西班牙	0.7955	0.02	-0.55
26	意大利	0.7764	0.03	0.43
27	葡萄牙	0.7761	-0.12	4.27
28	马耳他	0.7733	0.05	0.94
29	冰岛	0.7632	-1.18	-4.49
30	斯洛文尼亚	0.7605	-0.61	2.20

三、网络社会

2017 年全球网络社会指数为 0.5310，比 2016 年增长 5.05%，比 2011 年增长 9.00%。其中，高收入国家网络社会指数为 0.7082，中等收入国家网络社会指数为 0.4293，低收入国家网络社会指数为 0.2275。

2017 年卢森堡网络社会指数为 0.9619，排名全球第 1 位，瑞士、挪威、冰岛和芬兰位居其后，网络社会指数分别为 0.9193、0.9132、0.8981 和 0.8749（见表 4）。

表 4　　2017 年网络社会指数排名前 30 位的国家

排名	国家	网络社会指数	2016—2017 年年增幅（%）	2011—2017 年年增幅（%）
1	卢森堡	0.9619	0.05	0.64
2	瑞士	0.9193	0.80	27.68
3	挪威	0.9132	5.11	11.06
4	冰岛	0.8981	7.30	7.61
5	芬兰	0.8749	3.56	6.47
6	澳大利亚	0.8669	7.22	14.62
7	奥地利	0.8641	2.91	15.87
8	美国	0.8555	0.54	-8.27
9	英国	0.8464	2.40	1.27
10	新加坡	0.8447	-0.69	-9.09
11	文莱	0.8406	14.19	26.22
12	爱尔兰	0.8390	6.23	3.96
13	巴林	0.8346	3.80	16.16
14	丹麦	0.8282	3.46	-4.70
15	毛里求斯	0.8276	43.52	45.67
16	科威特	0.8181	-0.25	5.76
17	瑞典	0.8074	-1.35	-3.01
18	新西兰	0.7951	1.25	20.63
19	立陶宛	0.7892	15.02	32.98
20	德国	0.7844	3.43	5.24
21	俄罗斯	0.7741	4.39	35.04
22	日本	0.7694	1.97	16.28
23	加拿大	0.7484	0.72	-12.33
24	比利时	0.7474	4.38	-6.71
25	塞浦路斯	0.7266	3.72	1.48
26	法国	0.7243	7.49	11.77
27	白俄罗斯	0.7200	15.82	14.20
28	拉脱维亚	0.7183	21.67	31.39
29	荷兰	0.7082	4.27	-4.29
30	哥斯达黎加	0.6951	0.57	2.72

四、在线政府

2017 年全球在线政府指数为 0. 5860，比 2016 年增长 1. 69%，比 2011 年增长 15. 87%。其中，高收入国家在线政府指数为 0. 7495，中等收入国家为 0. 4956，低收入国家为 0. 2725。

2017 年英国在线政府指数为 0. 9193，位居全球第 1 位。排名第 2 至第 5 位的国家分别为澳大利亚、韩国、新加坡和芬兰，在线政府指数分别为 0. 9143、0. 8915、0. 8828 和 0. 8817（见表 5）。

表 5　　2017 年在线政府指数排名前 30 的国家

排名	国家	2017 年	2016—2017 年增幅（%）	2011—2017 年增幅（%）
1	英国	0. 9193	4. 09	12. 84
2	澳大利亚	0. 9143	-2. 87	16. 28
3	韩国	0. 8915	-7. 44	1. 48
4	新加坡	0. 8828	-6. 84	18. 08
5	芬兰	0. 8817	-0. 03	26. 55
6	瑞典	0. 8704	3. 46	16. 46
7	荷兰	0. 8659	-4. 81	6. 94
8	新西兰	0. 8653	-3. 61	18. 36
9	丹麦	0. 8510	3. 35	8. 10
10	法国	0. 8456	-9. 04	12. 60
11	日本	0. 8440	-9. 29	18. 01
12	美国	0. 8420	-4. 40	-1. 06
13	爱沙尼亚	0. 8334	-1. 77	19. 66
14	加拿大	0. 8285	-1. 49	-1. 93
15	德国	0. 8210	2. 59	12. 33

续 表

排名	国家	2017 年	2016—2017 年增幅（%）	2011—2017 年增幅（%）
16	奥地利	0. 8208	-0. 15	22. 89
17	西班牙	0. 8135	-5. 77	8. 24
18	挪威	0. 8117	-3. 84	1. 21
19	比利时	0. 7874	2. 94	8. 98
20	以色列	0. 7806	-8. 86	19. 14
21	斯洛文尼亚	0. 7769	18. 24	24. 44
22	意大利	0. 7764	-3. 45	33. 86
23	立陶宛	0. 7747	3. 09	23. 07
24	巴林	0. 7734	-6. 49	5. 04
25	卢森堡	0. 7705	-1. 48	15. 48
26	爱尔兰	0. 7689	-4. 44	11. 99
27	冰岛	0. 7662	-7. 56	14. 41
28	瑞士	0. 7525	3. 09	5. 45
29	阿联酋	0. 7515	-0. 89	40. 49
30	马耳他	0. 7424	12. 23	21. 13

五、数字生活

2017 年全球数字生活指数为 0. 6297，比 2016 年增长 3. 05%，比 2011 年提升 37. 01%。其中，高收入国家数字生活指数为 0. 8310，中等收入国家为 0. 5200，低收入国家为 0. 2282。

2017 年巴林数字生活指数为 0. 9827，位列全球第 1 位。排名第 2 至第 5 位的国家分别为阿联酋、卢森堡、科威特和爱沙尼亚，数字生活指数分别为 0. 9643、0. 9604、0. 9340 和 0. 9302（见表 6）。

表 6　　2017 年数字生活指数排名前 30 位的国家

排名	国家	2017 年数字生活指数	2016—2017 年增幅（%）	2011—2017 年增幅（%）
1	巴林	0. 9827	0. 07	34. 35
2	阿联酋	0. 9643	-2. 00	24. 95
3	卢森堡	0. 9604	-0. 32	4. 67
4	科威特	0. 9340	19. 67	87. 97
5	爱沙尼亚	0. 9302	1. 07	26. 28
6	瑞士	0. 9163	1. 10	11. 67
7	芬兰	0. 9133	-1. 86	4. 65
8	奥地利	0. 9124	1. 89	13. 36
9	荷兰	0. 9114	1. 77	2. 62
10	丹麦	0. 9084	-0. 44	4. 81
11	新加坡	0. 9002	-2. 48	9. 54
12	阿曼	0. 8994	-0. 22	66. 40
13	瑞典	0. 8993	-0. 59	4. 74
14	冰岛	0. 8992	0. 84	3. 69
15	英国	0. 8950	0. 77	6. 75
16	挪威	0. 8916	-0. 01	4. 16
17	德国	0. 8709	-0. 14	4. 19
18	日本	0. 8605	-0. 11	14. 46
19	澳大利亚	0. 8579	-1. 61	15. 12
20	新西兰	0. 8549	6. 14	8. 30
21	斯洛伐克	0. 8537	5. 81	24. 86
22	哈萨克斯坦	0. 8492	12. 88	139. 53
23	以色列	0. 8486	7. 10	14. 59
24	俄罗斯	0. 8468	3. 68	39. 41
25	韩国	0. 8367	2. 79	7. 15
26	捷克	0. 8333	0. 66	19. 59
27	比利时	0. 8297	-0. 30	14. 85
28	马耳他	0. 8219	1. 52	26. 32
29	波兰	0. 8213	-0. 56	20. 23
30	沙特阿拉伯	0. 8145	-1. 58	28. 59

第二章　五大洲信息社会发展情况

2011—2017 年五大洲信息社会建设成效显著。亚洲扎实前行，非洲进步明显，美洲和欧洲稳步发展，大洋洲延续良好表现。

一、亚洲

2017 年亚洲信息社会指数为 0.5385，略低于全球平均水平，相比 2016 年增长 3.05%。新加坡、日本、巴林、科威特 4 国进入信息社会中级阶段，以色列、韩国、阿联酋等 8 国处于信息社会初级阶段，阿塞拜疆、黎巴嫩、中国等 18 国处于从工业社会向信息社会的转型阶段，孟加拉国、巴基斯坦、柬埔寨等 5 国尚处于起步阶段。

科威特、文莱、阿塞拜疆的全球信息社会排名进步较大，较 2016 年分别上升了 8 位、7 位、6 位。阿曼、沙特阿拉伯、蒙古全球排名退步较大，分别下降了 6 位、6 位、5 位（见表 7）。

表 7　　2017 年亚洲地区国家 ISI 及排名情况

2017 年全球排名	国家	2017 年 ISI	信息经济指数	网络社会指数	在线政府指数	数字生活指数	2016 年 ISI	排名变化
7	新加坡	0.8694	0.8588	0.8447	0.8828	0.9002	0.8825	-5
12	日本	0.8463	0.9098	0.7694	0.8440	0.8605	0.8508	-1
17	巴林	0.8174	0.6494	0.8346	0.7734	0.9827	0.8092	0
18	科威特	0.8147	0.7276	0.8181	0.7080	0.9340	0.7567	8
24	以色列	0.7839	0.9073	0.5968	0.7806	0.8486	0.7697	0
25	韩国	0.7838	0.8621	0.6167	0.8915	0.8367	0.7762	-2
26	阿联酋	0.7731	0.6922	0.6701	0.7515	0.9643	0.7682	-1
28	文莱	0.7527	0.6916	0.8406	0.5298	0.8003	0.7143	7
33	阿曼	0.7382	0.6833	0.6791	0.5962	0.8994	0.7361	-6
42	沙特阿拉伯	0.6966	0.7134	0.5666	0.6822	0.8145	0.7014	-6

续 表

2017 年全球排名	国家	2017 年 ISI	信息经济指数	网络社会指数	在线政府指数	数字生活指数	2016 年 ISI	排名变化
46	马来西亚	0.6688	0.5729	0.6624	0.6175	0.7884	0.6367	2
51	哈萨克斯坦	0.6456	0.4472	0.6138	0.7250	0.8492	0.5995	2
59	阿塞拜疆	0.5839	0.4433	0.5687	0.6274	0.7250	0.5275	6
60	黎巴嫩	0.5788	0.5376	0.4780	0.5646	0.7255	0.5705	-2
63	约旦	0.5607	0.5590	0.4515	0.5123	0.6878	0.5490	-3
64	土耳其	0.5601	0.5792	0.5068	0.5900	0.5844	0.5296	-1
70	伊朗	0.5231	0.4151	0.6377	0.4649	0.5358	0.5173	-2
73	亚美尼亚	0.5188	0.3809	0.5044	0.5179	0.6713	0.5005	0
81	中国	0.4749	0.4112	0.4250	0.6071	0.5443	0.4540	2
84	泰国	0.4629	0.3950	0.4578	0.5522	0.5061	0.4472	3
88	斯里兰卡	0.4553	0.3585	0.5507	0.5445	0.4268	0.4384	1
90	蒙古	0.4490	0.4303	0.4532	0.5194	0.4401	0.4512	-5
95	越南	0.4282	0.3513	0.3639	0.5143	0.5408	0.4232	-1
97	叙利亚	0.4153	0.4282	0.4353	0.3404	0.4075	0.4118	-1
98	菲律宾	0.4119	0.3867	0.3074	0.5765	0.4868	0.3878	1
99	不丹	0.4075	0.3381	0.4924	0.3506	0.4109	0.3758	4
103	印度尼西亚	0.3896	0.3438	0.3861	0.4478	0.4195	0.3775	-1
106	吉尔吉斯斯坦	0.3829	0.3602	0.2969	0.4969	0.4537	0.3721	-1
111	塔吉克斯坦	0.3340	0.3504	0.3588	0.3366	0.2920	0.3252	0
113	印度	0.3221	0.3169	0.2947	0.4637	0.3075	0.2958	1
115	孟加拉国	0.2959	0.2863	0.3190	0.3799	0.2543	0.2698	3
117	巴基斯坦	0.2851	0.3108	0.2841	0.2583	0.2694	0.2788	-1
118	柬埔寨	0.2849	0.2535	0.2088	0.2593	0.4008	0.2866	-3
120	也门	0.2697	0.3033	0.2645	0.2248	0.2563	0.2651	-1
121	尼泊尔	0.2642	0.2469	0.2220	0.3458	0.2963	0.2357	1

二、非洲

2017 年非洲信息社会指数为 0.3772，比 2016 年增长 7.08%。毛里求斯是非洲唯一进入信息社会的国家，信息社会指数达到0.6741，全球排名第44位。突尼斯、南非、加蓬等11国处于从工业社会向信息社会的转型阶段，塞内加尔、赞比亚、莫桑比克等7国尚处于起步阶段。

毛里求斯、突尼斯、纳米比亚的全球信息社会排名进步较大，较2016年分别上升了15位、7位、4位。摩洛哥、莫桑比克全球排名退步较大，分别下降了4位、2位（见表8）。

表8　2017年非洲地区国家ISI及排名情况

2017年全球排名	国家	2017年ISI	信息经济指数	网络社会指数	在线政府指数	数字生活指数	2016年ISI	排名变化
44	毛里求斯	0.6741	0.5431	0.8276	0.6231	0.6686	0.5688	15
68	突尼斯	0.5325	0.4708	0.5355	0.5682	0.5794	0.4978	7
72	南非	0.5213	0.5840	0.3668	0.5546	0.6021	0.5027	-1
78	加蓬	0.4861	0.4934	0.5414	0.3584	0.4660	0.4561	3
82	摩洛哥	0.4719	0.3838	0.3581	0.5186	0.6584	0.4681	-4
89	埃及	0.4491	0.3698	0.3487	0.4594	0.6253	0.4364	1
93	博茨瓦纳	0.4466	0.5112	0.3378	0.4531	0.4885	0.4248	0
94	阿尔及利亚	0.4457	0.4645	0.4208	0.2999	0.5003	0.3951	3
100	纳米比亚	0.4040	0.4559	0.4135	0.3682	0.3543	0.3722	4
105	加纳	0.3843	0.3373	0.3022	0.4181	0.5022	0.3542	2
112	肯尼亚	0.3337	0.2979	0.2941	0.4186	0.3807	0.3137	0
114	尼日利亚	0.3184	0.2944	0.2775	0.3291	0.3796	0.2978	-1
116	塞内加尔	0.2934	0.3164	0.2217	0.3250	0.3316	0.2783	1
119	赞比亚	0.2733	0.2608	0.2757	0.3507	0.2576	0.2459	2
122	莫桑比克	0.2599	0.2555	0.3258	0.2305	0.2083	0.2517	-2
123	埃塞俄比亚	0.2351	0.3399	0.2111	0.2666	0.1437	0.2143	1
124	贝宁	0.2299	0.2411	0.2368	0.2039	0.2206	0.2317	-1
125	乌干达	0.2193	0.2476	0.1651	0.3599	0.1985	0.2012	0
126	马达加斯加	0.1881	0.1945	0.2230	0.2416	0.1290	0.1819	0

三、美洲

2017 年美洲信息社会指数为 0. 5292，比 2016 年增长 2. 04%。美国进入信息社会中级阶段，加拿大、特立尼达和多巴哥、巴巴多斯等 9 国处于信息社会初级阶段，委内瑞拉、巴拿马、墨西哥等 19 国处于从工业社会向信息社会转型阶段。

巴拉圭的全球信息社会排名进步明显，较 2016 年上升了 12 位。特立尼达和多巴哥、墨西哥均上升了 2 位。圣文森特和格林纳丁斯、乌拉圭、智利全球排名退步较大，分别下降了 8 位、7 位、5 位（见表 9）。

表 9　　2017 年美洲国家信息社会发展情况

2017 年全球排名	国家	2017 年 ISI	信息经济指数	网络社会指数	在线政府指数	数字生活指数	2016 年 ISI	排名变化
11	美国	0. 8484	0. 8799	0. 8555	0. 8420	0. 8121	0. 8449	1
23	加拿大	0. 7865	0. 8152	0. 7484	0. 8285	0. 7820	0. 7894	-3
41	特立尼达和多巴哥	0. 6975	0. 6908	0. 6302	0. 5780	0. 8111	0. 6705	2
45	巴巴多斯	0. 6702	0. 8006	0. 4624	0. 6310	0. 7605	0. 6568	0
49	乌拉圭	0. 6619	0. 5860	0. 5800	0. 7237	0. 7993	0. 6716	-7
50	哥斯达黎加	0. 6591	0. 5788	0. 6951	0. 6314	0. 7126	0. 6411	-3
53	阿根廷	0. 6259	0. 6416	0. 4381	0. 6978	0. 7738	0. 6241	-3
54	智利	0. 6168	0. 6230	0. 4817	0. 6949	0. 7198	0. 6246	-5
55	安提瓜和巴布达	0. 6095	0. 7274	0. 4220	0. 4892	0. 7194	0. 6081	-4
56	巴西	0. 6030	0. 5516	0. 5849	0. 6377	0. 6609	0. 5822	1
58	委内瑞拉	0. 5857	0. 6012	0. 6009	0. 5128	0. 5792	0. 5890	-3
62	巴拿马	0. 5612	0. 5358	0. 5165	0. 4903	0. 6550	0. 5487	-1
67	墨西哥	0. 5474	0. 5662	0. 5118	0. 6195	0. 5401	0. 5089	2
74	哥伦比亚	0. 5183	0. 4947	0. 4252	0. 6237	0. 5999	0. 5001	0

续 表

2017 年全球排名	国家	2017 年 ISI	信息经济指数	网络社会指数	在线政府指数	数字生活指数	2016 年 ISI	排名变化
75	圣文森特和格林纳丁斯	0.5122	0.5233	0.4205	0.4494	0.6137	0.5192	-8
77	多米尼加	0.4879	0.4965	0.5012	0.4914	0.4647	0.4639	2
79	圣卢西亚	0.4816	0.5346	0.3774	0.4531	0.5424	0.4750	-2
80	巴拉圭	0.4773	0.4396	0.4875	0.4989	0.4976	0.4341	12
85	秘鲁	0.4586	0.4583	0.4025	0.5381	0.4884	0.4536	-1
86	厄瓜多尔	0.4583	0.4493	0.4081	0.5625	0.4827	0.4541	-4
92	牙买加	0.4471	0.4577	0.3749	0.4534	0.5066	0.4363	-1
96	萨尔瓦多	0.4210	0.3947	0.3552	0.4718	0.4960	0.4215	-1
101	伯利兹	0.4005	0.4574	0.3874	0.3825	0.3626	0.3876	-1
102	玻利维亚	0.3963	0.3600	0.3308	0.4821	0.4694	0.3878	-4
104	古巴	0.3858	0.5402	0.4079	0.3522	0.2203	0.3819	-3
107	圭亚那	0.3682	0.3487	0.3786	0.3651	0.3785	0.3648	-1
108	危地马拉	0.3661	0.3387	0.3153	0.4790	0.4066	0.3333	1
109	洪都拉斯	0.3482	0.3471	0.3420	0.3611	0.3511	0.3399	-1
110	尼加拉瓜	0.3453	0.3409	0.3291	0.3801	0.3542	0.3264	0

四、欧洲

2017 年欧洲信息社会指数为 0.7165，比 2016 年增长了 2.50%。卢森堡是唯一进入信息社会高级阶段的国家，信息社会指数达到 0.9087。瑞士、芬兰、挪威等 12 个国家进入信息社会中级阶段，法国、爱沙尼亚、立陶宛等 19 国处于信息社会初级阶段，罗马尼亚、保加利亚、乌克兰等 9 国处于从工业社会向信息社会转型阶段。

拉脱维亚、克罗地亚、捷克的全球信息社会排名进步较大，较 2016 年分别上升了 8 位、5 位、4 位。意大利和瑞典全球排名退步较大，分别下降了 7 位和 4 位，另外俄罗斯、西班牙、阿尔巴尼亚、波黑均下降了 3 位（见表 10）。

表 10　　2017 年欧洲地区国家 ISI 及排名情况

2017 年全球排名	国家	2017 年 ISI	信息经济指数	网络社会指数	在线政府指数	数字生活指数	2016 年 ISI	排名变化
1	卢森堡	0. 9087	0. 8499	0. 9619	0. 7705	0. 9604	0. 9098	0
2	瑞士	0. 8859	0. 8666	0. 9193	0. 7525	0. 9163	0. 8776	2
3	芬兰	0. 8835	0. 8629	0. 8749	0. 8817	0. 9133	0. 8793	0
4	挪威	0. 8756	0. 8432	0. 9132	0. 8117	0. 8916	0. 8641	1
5	英国	0. 8715	0. 8573	0. 8464	0. 9193	0. 8950	0. 8590	3
6	丹麦	0. 8701	0. 8800	0. 8282	0. 8510	0. 9084	0. 8602	1
8	奥地利	0. 8694	0. 8478	0. 8641	0. 8208	0. 9124	0. 8559	1
10	瑞典	0. 8579	0. 8630	0. 8074	0. 8704	0. 8993	0. 8609	-4
13	冰岛	0. 8448	0. 7632	0. 8981	0. 7662	0. 8992	0. 8332	0
14	德国	0. 8294	0. 8357	0. 7844	0. 8210	0. 8709	0. 8194	0
16	荷兰	0. 8206	0. 8269	0. 7082	0. 8659	0. 9114	0. 8117	-1
19	比利时	0. 8106	0. 8626	0. 7474	0. 7874	0. 8297	0. 7978	0
20	爱尔兰	0. 8105	0. 8152	0. 8390	0. 7689	0. 7911	0. 7990	-2
21	法国	0. 7969	0. 8510	0. 7243	0. 8456	0. 7991	0. 7886	0
22	爱沙尼亚	0. 7944	0. 8071	0. 6329	0. 8334	0. 9302	0. 7818	0
27	立陶宛	0. 7648	0. 7215	0. 7892	0. 7747	0. 7804	0. 7257	3
29	捷克	0. 7473	0. 7477	0. 6948	0. 6454	0. 8333	0. 7192	4
30	塞浦路斯	0. 7410	0. 8398	0. 7266	0. 6023	0. 7027	0. 7334	-2
31	马耳他	0. 7402	0. 7733	0. 6246	0. 7424	0. 8219	0. 7159	3
32	拉脱维亚	0. 7388	0. 7058	0. 7183	0. 6810	0. 8115	0. 6836	8
34	俄罗斯	0. 7366	0. 5940	0. 7741	0. 7215	0. 8468	0. 7245	-3
35	西班牙	0. 7347	0. 7955	0. 6131	0. 8135	0. 7692	0. 7218	-3
36	意大利	0. 7306	0. 7764	0. 6003	0. 7764	0. 7998	0. 7302	-7
37	波兰	0. 7253	0. 6727	0. 6834	0. 7211	0. 8213	0. 6946	0
38	斯洛伐克	0. 7201	0. 7429	0. 6068	0. 5915	0. 8537	0. 6932	0
39	葡萄牙	0. 7088	0. 7761	0. 6274	0. 7144	0. 7212	0. 6905	0
40	斯洛文尼亚	0. 7015	0. 7605	0. 5529	0. 7769	0. 7659	0. 6818	1
43	匈牙利	0. 6756	0. 7430	0. 5165	0. 6745	0. 7675	0. 6680	1

续 表

2017 年全球排名	国家	2017 年 ISI	信息经济指数	网络社会指数	在线政府指数	数字生活指数	2016 年 ISI	排名变化
47	克罗地亚	0. 6634	0. 6637	0. 5782	0. 7162	0. 7307	0. 6077	5
48	希腊	0. 6628	0. 7207	0. 5445	0. 6910	0. 7137	0. 6502	-2
52	白俄罗斯	0. 6411	0. 4978	0. 7200	0. 6625	0. 6984	0. 5983	2
57	黑山	0. 6018	0. 5767	0. 4443	0. 6733	0. 7605	0. 5873	-1
61	罗马尼亚	0. 5780	0. 4679	0. 6131	0. 5611	0. 6587	0. 5280	3
65	保加利亚	0. 5549	0. 5287	0. 4326	0. 6376	0. 6758	0. 5405	-3
66	乌克兰	0. 5541	0. 4852	0. 4795	0. 6076	0. 6798	0. 5211	0
69	塞尔维亚	0. 5321	0. 4405	0. 3879	0. 7131	0. 7077	0. 5007	3
71	前南马其顿	0. 5224	0. 4521	0. 3848	0. 5885	0. 7082	0. 5034	-1
76	格鲁吉亚	0. 4944	0. 3964	0. 4472	0. 6108	0. 6009	0. 4878	0
83	阿尔巴尼亚	0. 4717	0. 4162	0. 4369	0. 5331	0. 5416	0. 4629	-3
87	摩尔多瓦	0. 4580	0. 4454	0. 3171	0. 5994	0. 5643	0. 4505	-1
91	波黑	0. 4472	0. 3936	0. 3407	0. 5118	0. 5858	0. 4424	-3

五、大洋洲

受数据可得性影响，本次测评样本中大洋洲仅有澳大利亚和新西兰 2 个国家。2017 年大洋洲信息社会指数为 0. 8449，相比 2016 年增长 1. 67%。澳大利亚信息社会指数达到 0. 8646，全球排名第 9 位。新西兰信息社会指数为 0. 8253，全球排名第 15 位。2 国均比 2016 年排名前进 1 位（见表 11）。

表 11　　2017 年大洋洲地区部分国家 ISI 及排名情况

2017 年全球排名	国家	2017 年 ISI	信息经济指数	网络社会指数	在线政府指数	数字生活指数	2016 年 ISI	排名变化
9	澳大利亚	0. 8646	0. 8523	0. 8669	0. 9143	0. 8579	0. 8520	1
15	新西兰	0. 8253	0. 8125	0. 7951	0. 8653	0. 8549	0. 8100	1

第三章 全球信息社会测评结论

2017年的全球信息社会发展速度有所回升，增速从2016年的1.98%提高到2017年的2.96%。起步期国家建设步伐较快，年增幅为5.53%，明显高于其他3个阶段。全球信息社会发展不平衡状况趋于好转，相对差距呈现下降趋势。分区域看，“一带一路”沿线国家信息社会保持稳步发展，中国在全球的排名继续前进。

一、全球信息社会发展速度有所回升

2017年全球信息社会指数为0.5748，仍处在从工业社会向信息社会过渡的转型期。信息经济指数、网络社会指数、在线政府指数、数字生活指数分别为0.5601、0.5310、0.5860、0.6297。

- 卢森堡信息社会指数为0.9087，仍然是全球唯一进入信息社会高级阶段的国家。
- 瑞士、芬兰、挪威等19个国家信息社会指数超过0.8，已进入信息社会发展的中级阶段，比2016年增加3个，科威特、比利时、爱尔兰为新进入这一阶段的国家。
- 法国、爱沙尼亚、加拿大等37个国家的信息社会指数处于0.6～0.8，进入信息社会初级阶段，其中哈萨克斯坦、白俄罗斯、巴西、黑山为新进入这一阶段的国家。
- 委内瑞拉、黎巴嫩、土耳其、中国等57个国家信息社会指数处于0.3～0.6，处于从工业社会向信息社会转型期，其中印度和尼日利亚为新进入这一阶段的国家。
- 孟加拉国、柬埔寨、马达加斯加等12个国家的信息社会指数低于0.3，尚处在信息社会发展的起步期。

从指数提高幅度来看，从2012年开始全球信息社会发展速度减缓，步入平稳期。2017年的指数比2016年提高2.96%（见图1），增幅较之过去几年有所回升，可见全球对信息社会建设的重视程度有所提高。其中信息经济指

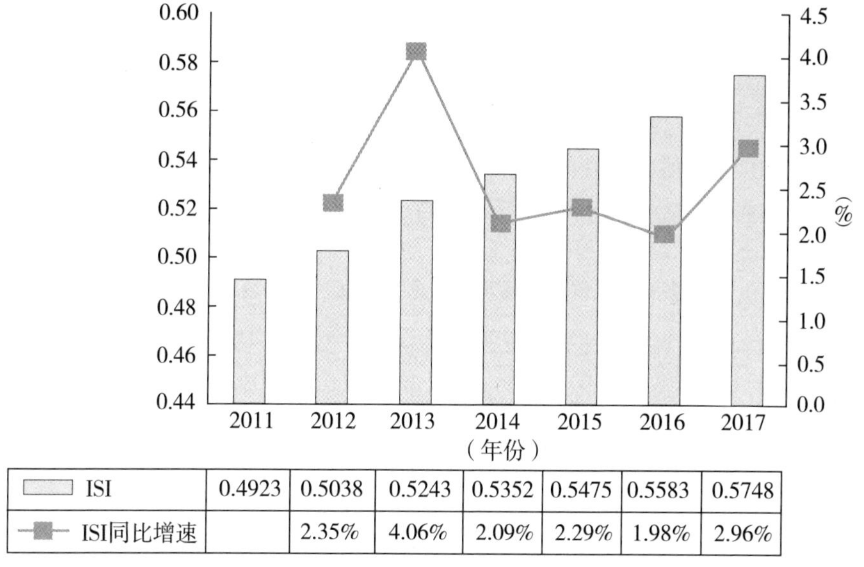

	2011	2012	2013	2014	2015	2016	2017
ISI	0.4923	0.5038	0.5243	0.5352	0.5475	0.5583	0.5748
ISI同比增速		2.35%	4.06%	2.09%	2.29%	1.98%	2.96%

图1　2011—2017 年全球信息社会指数及增速

数、网络社会指数、在线政府指数、数字生活指数分别提高 1.39%、5.05%、1.69%、3.05%，网络社会和数字生活指数保持较快增速。其中，移动电话和固定宽带的支付能力指数增长最快，分别增长 13.12%、15.24%，相比于其他领域指数的增长十分显著。这充分说明各国电话与网络资费不断下降，随着通信技术的发展、互联网宽带的普及，人们的通信成本逐渐降低。

全球信息社会发展速度开始回升，有以下原因：一是移动互联网、智能制造、大数据、人工智能等新一代信息技术的不断前进，对产业结构调整、经济发展模式、社会生活方式等各方面产生全方位的影响，降低了原有生产成本、提高了人们的生活质量；二是世界各国越来越重视信息技术的创新与应用，将信息社会建设作为新时期国际竞争力的重要抓手，先后出台了一系列战略和政策，如美国“工业互联网”、德国“工业 4.0”、日本“先进机器人制造计划”、中国“互联网 +”和“中国制造 2025”等。

二、起步期国家信息社会建设步伐较快

从信息社会发展阶段来看，处于起步期的国家发展速度更快。2017 年，处于起步期的 12 个国家年增幅为 5.53%，明显高于中高级阶段（年增幅

1.18%）、初级阶段（年增幅3.06%）和转型期（年增幅4.08%）国家。

纵向来看，2012—2017年处于起步期的国家一直保持较快的发展速度，年均增速4.90%。转型期、初级阶段、中高级阶段的年均增速分别为3.87%、2.05%、1.02%。值得注意的是，2017年处于转型期和初级阶段的国家开始加快步伐，年增速分别从2.57%、1.56%提高到4.08%、3.06%（见表12、图2）。

表12　2012—2017年处于各阶段的国家信息社会指数增速对比

阶段		起步期	转型期	初级阶段	中高级阶段
2012年	国家数	18	63	32	13
	增速	5.33%	4.10%	0.85%	1.32%
2013年	国家数	16	63	33	14
	增速	5.82%	5.92%	3.30%	1.39%
2014年	国家数	15	61	35	15
	增速	3.65%	3.23%	1.76%	0.44%
2015年	国家数	15	59	37	15
	增速	3.95%	3.35%	1.74%	0.74%
2016年	国家数	14	60	35	17
	增速	5.12%	2.57%	1.56%	1.07%
2017年	国家数	12	57	37	20
	增速	5.53%	4.08%	3.06%	1.18%

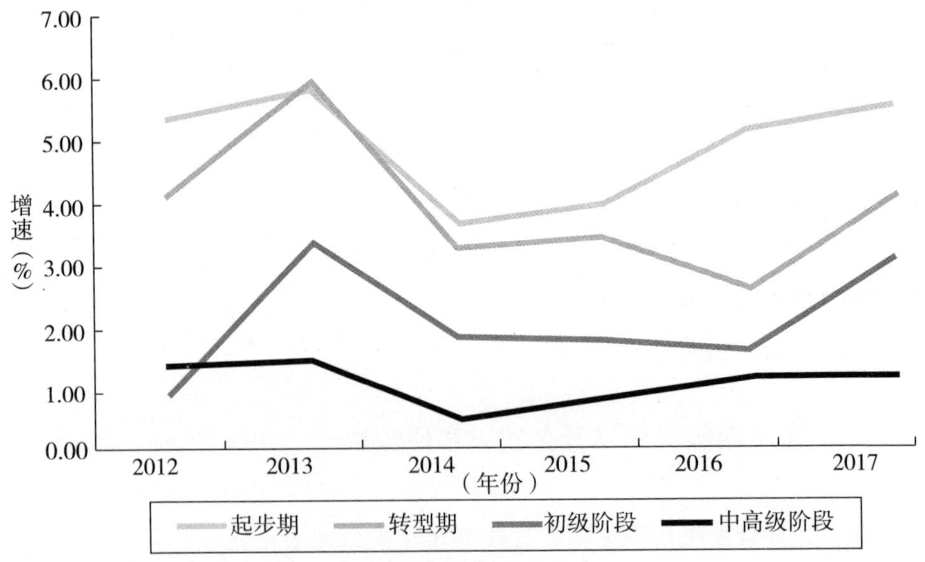

图2　2012—2017年不同发展阶段的国家信息社会指数增速对比

从分领域指标来看，在信息社会发展的不同阶段，各类指标的作用表现会有所不同。在起步期和转型期，数字生活、在线政府的作用更为明显，年均增幅分别达到12.47%、15.59%，而网络社会指数增长最慢，只有1.37%。可以说，数字生活、在线政府是处于起步期的发展中国家建设信息社会的重要推手(见图3)。

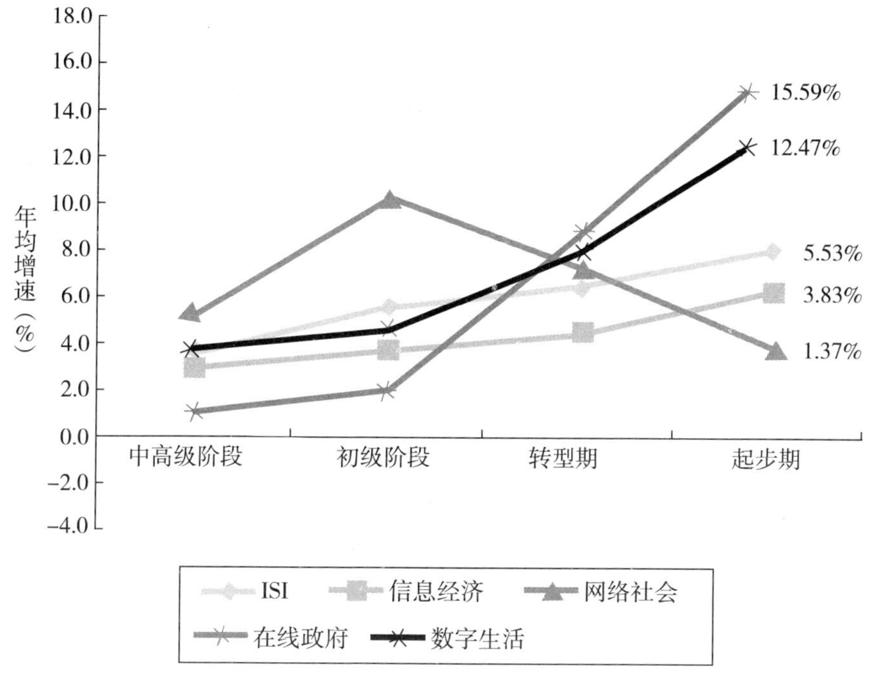

图3　2017年不同发展阶段的国家分领域指数增速对比

总体而言，处于信息社会起步期的国家起点低、基础薄弱、信息化建设落后，整体发展水平较低。但同时，这些国家也蕴含着巨大的发展动能，手机、互联网、电子政务等与人们日常生活息息相关的信息技术应用是值得重点支持的领域，将推动这些国家实现跨越式发展，未来前景十分广阔。

三、“一带一路”沿线国家信息社会建设稳步前进

在世界多极化、经济全球化、文化多样化、社会信息化大背景下，致力于促进经济要素有序自由流动、资源高效配置和市场深度融合，中国主动实施“一带一路”战略，获得了沿线国家和联合国等国际组织的积极响应。在

“一带一路”沿线的65个国家中，本次测评包括55个，基本可以反映沿线国家信息社会的总体情况。

2017年“一带一路”沿线国家信息社会平均水平略低于全球，但是发展速度比全球平均水平要快。55个国家信息社会指数平均值为0.5599，略低于全球平均水平；同比增速3.41%，高于全球增速。新加坡位列第一，信息社会指数为0.8694，尼泊尔位列最后，信息社会指数为0.2642。“一带一路”沿线55个国家中有新加坡、巴林、科威特3个国家信息社会指数超过0.8，进入信息社会中级阶段，有爱沙尼亚、以色列等19个国家进入信息社会初级阶段，罗马尼亚、中国等28个国家处于转型期，尼泊尔、巴基斯坦等5个国家还处于起步期。其中排名进步较大的国家是阿塞拜疆、立陶宛、拉脱维亚，分别上升7位、5位和5位。退步较大的是俄罗斯、沙特阿拉伯，均后退了5位。中国在“一带一路”沿线国家中排名第35位，较2016年提升了1位（见表13、图4）。

表13　　2017年“一带一路”沿线国家信息社会指数

“一带一路”排名	国家	2017年ISI	信息经济指数	网络社会指数	在线政府指数	数字生活指数	排名变化	全球排名
1	新加坡	0.8694	0.8588	0.8447	0.8828	0.9002	0	7
2	巴林	0.8174	0.6494	0.8346	0.7734	0.9827	0	17
3	科威特	0.8147	0.7276	0.8181	0.708	0.934	2	18
4	爱沙尼亚	0.7944	0.8071	0.6329	0.8334	0.9302	2	22
5	以色列	0.7839	0.9073	0.5968	0.7806	0.8486	-2	24
6	阿联酋	0.7731	0.6922	0.6701	0.7515	0.9643	-2	26
7	立陶宛	0.7648	0.7215	0.7892	0.7747	0.7804	5	27
8	文莱	0.7527	0.6916	0.8406	0.5298	0.8003	2	28
9	捷克	0.7473	0.7477	0.6948	0.6454	0.8333	-1	29
10	拉脱维亚	0.7388	0.7058	0.7183	0.681	0.8115	5	32
11	阿曼	0.7382	0.6833	0.6791	0.5962	0.8994	-2	33
12	俄罗斯	0.7366	0.594	0.7741	0.7215	0.8468	-5	34
13	波兰	0.7253	0.6727	0.6834	0.7211	0.8213	0	37
14	斯洛伐克	0.7201	0.7429	0.6068	0.5915	0.8537	0	38
15	斯洛文尼亚	0.7015	0.7605	0.5529	0.7769	0.7659	1	40

续 表

"一带一路"排名	国家	2017年ISI	信息经济指数	网络社会指数	在线政府指数	数字生活指数	排名变化	全球排名
16	沙特阿拉伯	0.6966	0.7134	0.5666	0.6822	0.8145	-5	42
17	匈牙利	0.6756	0.743	0.5165	0.6745	0.7675	0	43
18	马来西亚	0.6688	0.5729	0.6624	0.6175	0.7884	0	46
19	克罗地亚	0.6634	0.6637	0.5782	0.7162	0.7307	0	47
20	哈萨克斯坦	0.6456	0.4472	0.6138	0.725	0.8492	1	51
21	白俄罗斯	0.6411	0.4978	0.72	0.6625	0.6984	-1	52
22	黑山	0.6018	0.5767	0.4443	0.6733	0.7605	0	57
23	阿塞拜疆	0.5839	0.4433	0.5687	0.6274	0.725	7	59
24	黎巴嫩	0.5788	0.5376	0.478	0.5646	0.7255	-1	60
25	罗马尼亚	0.578	0.4679	0.6131	0.5611	0.6587	1	61
26	约旦	0.5607	0.559	0.4515	0.5123	0.6878	-2	63
27	土耳其	0.5601	0.5792	0.5068	0.59	0.5844	0	64
28	保加利亚	0.5549	0.5287	0.4326	0.6376	0.6758	-3	65
29	乌克兰	0.5541	0.4852	0.4795	0.6076	0.6798	-1	66
30	塞尔维亚	0.5321	0.4405	0.3879	0.7131	0.7077	3	69
31	伊朗	0.5231	0.4151	0.6377	0.4649	0.5358	-2	70
32	前南马其顿	0.5224	0.4521	0.3848	0.5885	0.7082	-1	71
33	亚美尼亚	0.5188	0.3809	0.5044	0.5179	0.6713	1	73
34	格鲁吉亚	0.4944	0.3964	0.4472	0.6108	0.6009	-2	76
35	中国	0.4749	0.4112	0.425	0.6071	0.5443	1	81
36	阿尔巴尼亚	0.4717	0.4162	0.4369	0.5331	0.5416	-1	83
37	泰国	0.4629	0.395	0.4578	0.5522	0.5061	3	84
38	摩尔多瓦	0.458	0.4454	0.3171	0.5994	0.5643	0	87
39	斯里兰卡	0.4553	0.3585	0.5507	0.5445	0.4268	2	88
40	埃及	0.4491	0.3698	0.3487	0.4594	0.6253	2	89
41	蒙古	0.449	0.4303	0.4532	0.5194	0.4401	-4	90
42	波黑	0.4472	0.3936	0.3407	0.5118	0.5858	-3	91
43	越南	0.4282	0.3513	0.3639	0.5143	0.5408	0	95
44	叙利亚	0.4153	0.4282	0.4353	0.3404	0.4075	0	97
45	菲律宾	0.4119	0.3867	0.3074	0.5765	0.4868	1	98
46	不丹	0.4075	0.3381	0.4924	0.3506	0.4109	1	99
47	印度尼西亚	0.3896	0.3438	0.3861	0.4478	0.4195	-2	103

续 表

"一带一路"排名	国家	2017 年 ISI	信息经济指数	网络社会指数	在线政府指数	数字生活指数	排名变化	全球排名
48	吉尔吉斯斯坦	0.3829	0.3602	0.2969	0.4969	0.4537	0	106
49	塔吉克斯坦	0.334	0.3504	0.3588	0.3366	0.292	0	111
50	印度	0.3221	0.3169	0.2947	0.4637	0.3075	0	113
51	孟加拉国	0.2959	0.2863	0.319	0.3799	0.2543	3	115
52	巴基斯坦	0.2851	0.3108	0.2841	0.2583	0.2694	0	117
53	柬埔寨	0.2849	0.2535	0.2088	0.2593	0.4008	-2	118
54	也门	0.2697	0.3033	0.2645	0.2248	0.2563	-1	120
55	尼泊尔	0.2642	0.2469	0.222	0.3458	0.2963	0	121
—	平均值	0.5599	0.5156	0.5144	0.5788	0.6431	—	—
—	增幅	3.41%	2.69%	4.43%	2.69%	3.38%	—	—

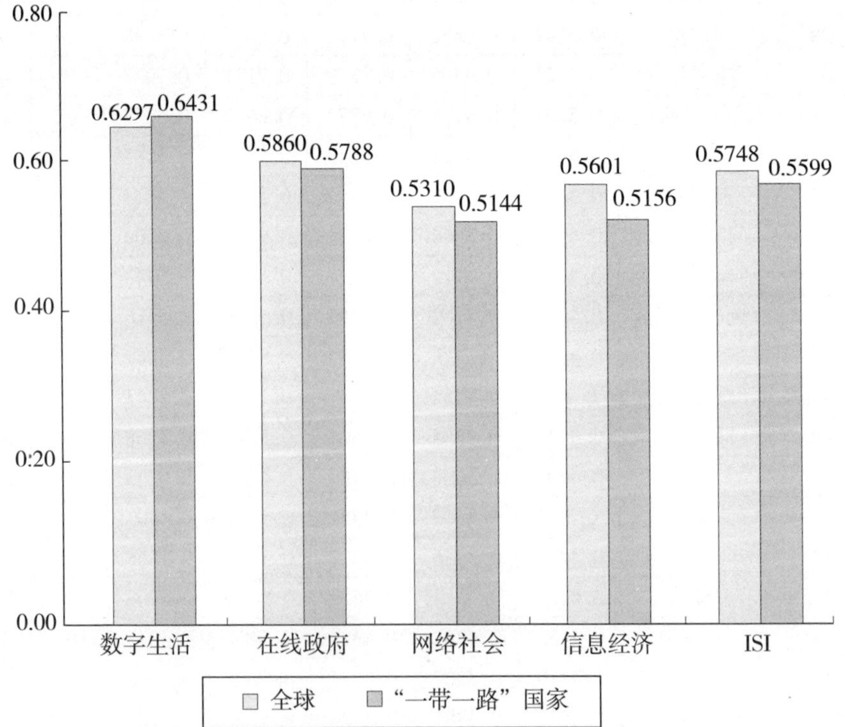

图 4 "一带一路"沿线国家分领域指数与全球的对比

分领域来看，“一带一路”沿线55个国家网络社会指数增长较快，较2016年提高4.43%；其次是数字生活指数，较2016年提高3.38%。与全球相比，只有数字生活指数高于全球平均水平，网络社会指数和在线政府指数小幅落后于全球，信息经济指数与全球均值差距仍然较大。

“一带一路”沿线国家间信息社会发展水平存在较大差异。其中，欧洲国家信息社会指数为0.6249，较2016年增长3.71%；亚洲国家为0.5343，较2016年增长3.04%。在亚洲内部，西亚国家信息社会指数为0.6167，明显高于其他亚洲国家，较2016年增长2.38%。

四、全球信息社会发展不平衡状况趋于好转

当前，全球信息社会发展不平衡的状态依然严峻，美欧等地区的发达国家信息社会指数普遍超过0.6，大部分已经进入中级阶段，而亚非拉国家则相对落后，大多数仍处于起步期和转型期。2017年全球信息社会指数相对差距达到67.3%①，最大相对差距则达到79.3%（见表14）。

表14　　2011—2017年全球信息社会不平衡情况对比

年份	2011	2012	2013	2014	2015	2016	2017
最高值	0.8814	0.8920	0.9046	0.9005	0.9036	0.9098	0.9087
均值	0.4923	0.5038	0.5243	0.5352	0.5475	0.5583	0.5748
最低值	0.1453	0.1572	0.1686	0.1815	0.1813	0.1819	0.1881
全球相对差距	70.5%	68.8%	67.8%	66.1%	66.9%	67.4%	67.3%
最大相对差距	83.5%	82.4%	81.4%	79.8%	79.9%	80.0%	79.3%

纵向来看，这种不平衡状况趋于好转。全球相对差距从2011年的70.5%下降至2017年的67.3%，最大差距从83.5%下降到79.3%。虽然从2014年

① 全球相对差距表明最低水平国家与全球平均水平间的差距程度，介于0~1之间。0.2以下表明全球信息社会发展差距不明显，0.2~0.4表明存在“明显差距”，0.4~0.6之间表明存在“严重差距”，0.6以上表明存在“巨大差距”。

开始全球的不平衡状况略有扩大，但 2017 年开始趋于好转，呈下降趋势（见图 5）。

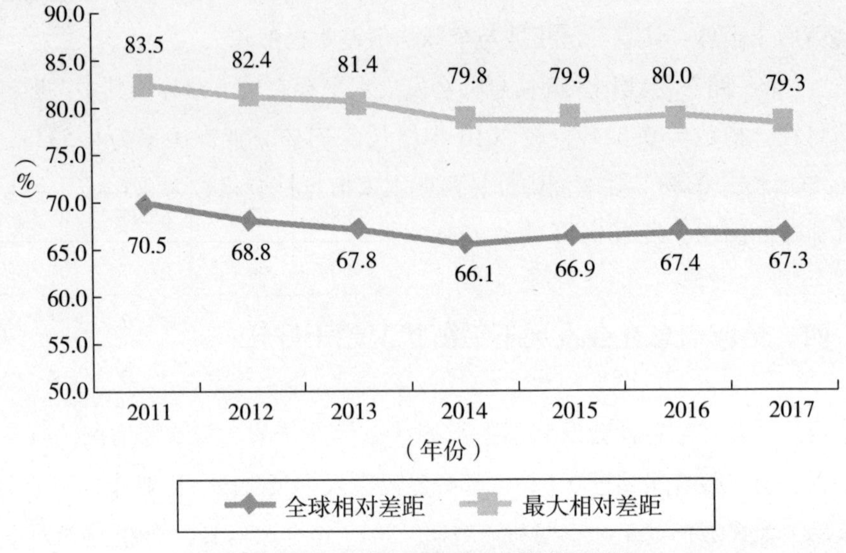

图 5　2011—2017 年全球不平衡状况对比

从分领域看，2017 年数字生活指数相对差距最大，为 79. 5%；在线政府指数相对差距最小，为 65. 2%；信息经济和网络社会相对差距指数分别为 65. 3%、68. 9%。自 2011 年以来，信息经济、在线政府、数字生活指数的相对差距也都呈下降趋势，只有网络社会指数的差距仍然在扩大。其中数字生活指数的相对差距一直是最大的，但下降幅度也是最快的，从 97. 0% 下降到 79. 5%。近年来，各国尤其是信息社会指数较低的国家，数字生活快速发展，成为推动信息社会建设的重要力量（见图 6、图 7）。

各大洲内部信息社会发展不平衡状况也普遍存在。2017 年，亚洲相对差距最大为 50. 95%，其次是非洲为 50. 13%，美洲为 34. 75%，欧洲为 37. 59%（见表 15）。

从 2011 年至今，非洲的相对差距波动较大，2017 年有了明显扩大，说明非洲国家间的信息社会发展均衡性较差，欧洲国家间相对差距从 2016 年开始出现小幅波动，亚洲国家间相对差距缩小较为明显，从 2011 年的 60. 56% 下降到 50. 95%。

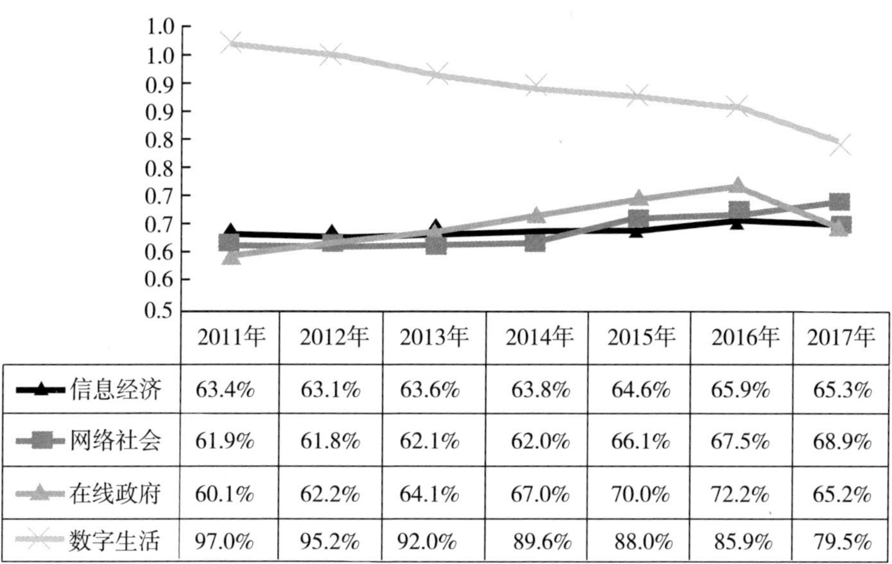

	2011年	2012年	2013年	2014年	2015年	2016年	2017年
信息经济	63.4%	63.1%	63.6%	63.8%	64.6%	65.9%	65.3%
网络社会	61.9%	61.8%	62.1%	62.0%	66.1%	67.5%	68.9%
在线政府	60.1%	62.2%	64.1%	67.0%	70.0%	72.2%	65.2%
数字生活	97.0%	95.2%	92.0%	89.6%	88.0%	85.9%	79.5%

图 6　2011—2017 年分领域相对差距指数对比

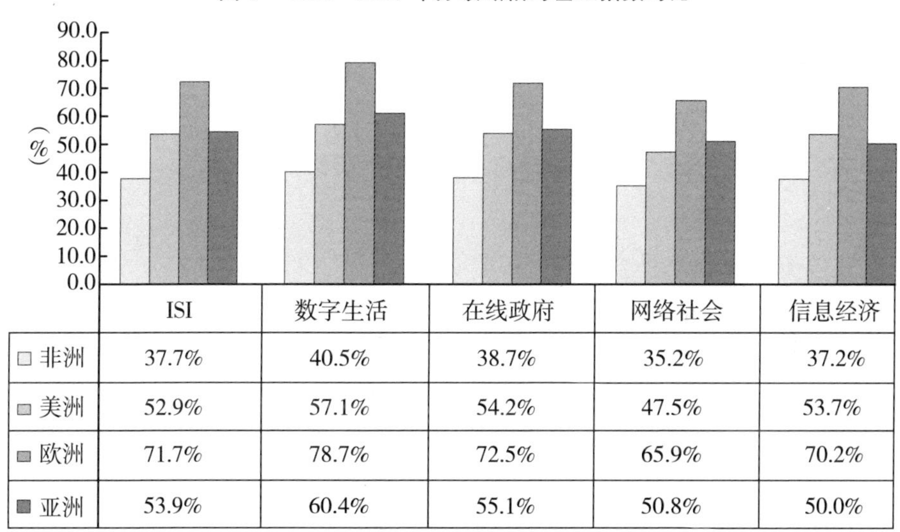

	ISI	数字生活	在线政府	网络社会	信息经济
非洲	37.7%	40.5%	38.7%	35.2%	37.2%
美洲	52.9%	57.1%	54.2%	47.5%	53.7%
欧洲	71.7%	78.7%	72.5%	65.9%	70.2%
亚洲	53.9%	60.4%	55.1%	50.8%	50.0%

图 7　各大洲分领域相对差距指数对比

表 15　2011—2017 年各大洲相对差距对比

年份		2011	2012	2013	2014	2015	2016	2017
非洲	最大值	0. 4784	0. 4568	0. 5203	0. 5413	0. 5829	0. 5688	0. 6741
	最小值	0. 1453	0. 1572	0. 1686	0. 1815	0. 1813	0. 1819	0. 1881
	均值	0. 2816	0. 2965	0. 3171	0. 3287	0. 3426	0. 3523	0. 3772
	相对差距	48. 39%	46. 98%	46. 82%	44. 78%	47. 09%	48. 35%	50. 13%

续 表

年份		2011	2012	2013	2014	2015	2016	2017
美洲	最大值	0.8262	0.8077	0.8078	0.8247	0.8101	0.8449	0.8484
	最小值	0.2783	0.2893	0.3002	0.3128	0.322	0.3264	0.3453
	均值	0.4622	0.4705	0.4878	0.4991	0.5093	0.5186	0.5292
	相对差距	39.79%	38.52%	38.46%	37.33%	36.78%	37.07%	34.75%
欧洲	最大值	0.8814	0.892	0.9046	0.9005	0.9036	0.9098	0.9087
	最小值	0.3441	0.38	0.4072	0.4263	0.4398	0.4424	0.4472
	均值	0.6448	0.6537	0.6716	0.6777	0.6897	0.6991	0.7165
	相对差距	46.64%	41.88%	39.36%	37.09%	36.24%	36.72%	37.59%
亚洲	最大值	0.8461	0.841	0.8613	0.8644	0.8871	0.8825	0.8694
	最小值	0.1725	0.1854	0.1989	0.2107	0.2244	0.2357	0.2642
	均值	0.4374	0.4527	0.4794	0.4958	0.5083	0.5226	0.5385
	相对差距	60.56%	59.04%	58.52%	57.51%	55.86%	54.89%	50.95%

五、中国在全球信息社会排名中前进两位

2017 年中国信息社会指数为 0.4749，在全球 126 个测评国家中排名第 81 位，比 2016 年前进两位，比 2011 年前进 20 位。在 55 个“一带一路”沿线国家中排第 35 位，比上年提升 1 位。在亚洲 35 个国家中排第 19 位，与 2016 年相同（见图 8）。

中国信息社会发展虽然仍处于全球中下游水平，但是近年来保持了较高增长速度。2016—2017 年中国信息社会指数增速为 4.6%，高于“一带一路”国家、金砖国家、G20 国家和亚洲国家的发展速度，也明显高于全球平均增速（见图 9）。

从四大领域来看，中国的信息经济、网络社会、在线政府、数字生活指数分别为 0.4112、0.4250、0.6071、0.5443，其中在线政府指数明显高于“一带一路”国家和亚洲国家的平均水平。信息经济和网络社会发展仍较为落后，与其他亚洲国家以及“一带一路”沿线国家相比存在较大差距（见表 16）。

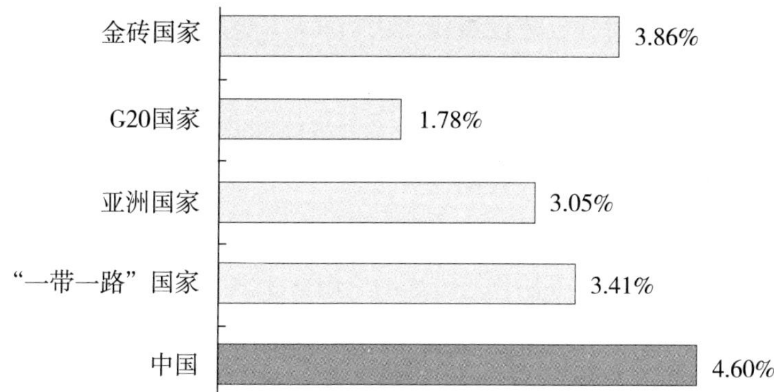

图 8　中国、“一带一路”国家、亚洲国家、G20、金砖国家 ISI 增幅对比

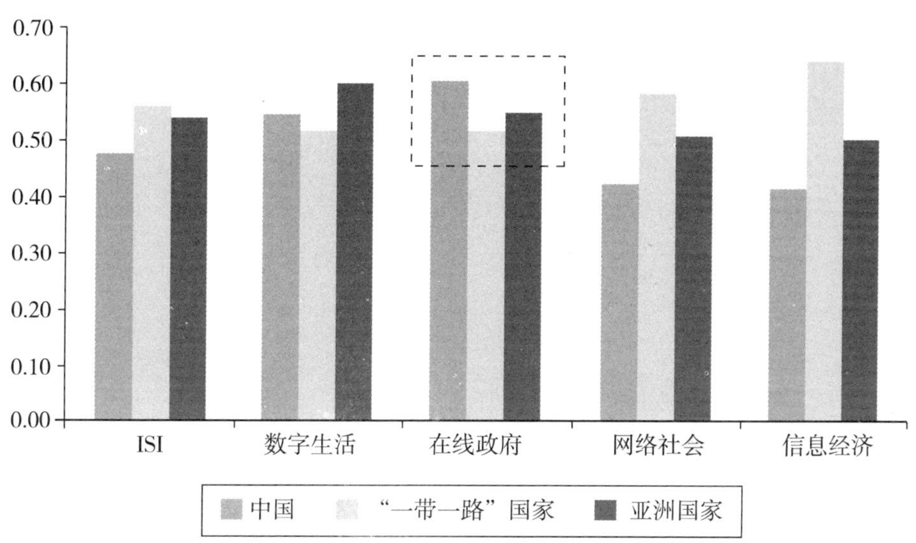

图 9　中国、“一带一路”国家、亚洲国家各领域指数值对比

表 16　2011—2017 年中国信息社会各领域指数值及增幅对比

年份	2011	2012	2013	2014	2015	2016	2017	年均增幅
信息经济	0. 3119	0. 3322	0. 3470	0. 3684	0. 3803	0. 3874	0. 4112	4. 03%
网络社会	0. 3109	0. 3353	0. 3617	0. 3810	0. 3852	0. 4085	0. 4250	4. 47%
在线政府	0. 4700	0. 5030	0. 5359	0. 5405	0. 5450	0. 5496	0. 6071	3. 76%
数字生活	0. 3015	0. 3528	0. 4141	0. 4589	0. 5038	0. 5341	0. 5443	7. 43%
ISI	0. 3243	0. 3564	0. 3904	0. 4165	0. 4353	0. 4540	0. 4749	5. 29%

近年来，中国信息社会建设步伐加快。一是信息化发展越来越受到国家的高度重视，出台了“互联网 +”行动计划、大数据发展战略规划纲要、智能制造 2025、国家信息化发展战略纲要等一系列战略和政策文件，强调以信息化驱动现代化，加快释放信息化发展的巨大潜能。二是面向公共服务和改善民生的若干重要信息化系统初见成效。中国的政务大数据、电子政务，包括利用微博、微信等实现信息共享、业务协作等方面的应用不断推广。三是新经济蓬勃发展。移动互联网技术的充分发展在生活服务、交通出行、医疗教育、旅行住宿等领域催生了电子商务、分享经济等新业态、新模式，人们的数字生活日益便捷丰富。

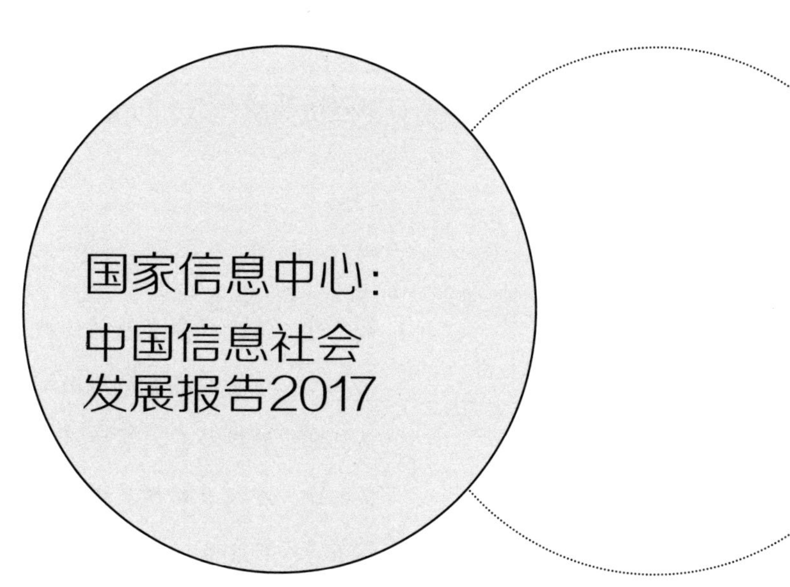
国家信息中心：
中国信息社会
发展报告2017

第一章　信息社会发展总体概况

本次全国测评包括中国大陆 31 个省份（含省、自治区、直辖市）、336 个地级以上城市，未包括香港特别行政区、澳门特别行政区和台湾省。

一、全国

2017 年中国信息社会指数（ISI）达到 0.4749，同比增长 4.61%，处于从工业社会向信息社会的加速转型期。较之 2016 年，全国信息社会发展有所加快，信息社会指数同比增速提高 0.32 个百分点。2007—2017 年年均增长率为 8.35%，预计 2020 年全国信息社会指数将达到 0.6，整体上进入信息社会初级阶段（见图 1）。

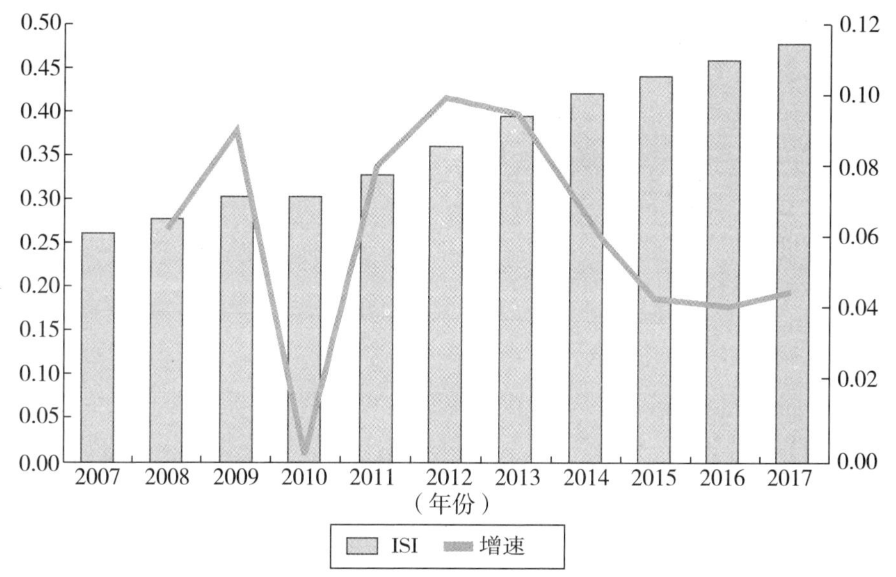

图 1　全国信息社会指数发展趋势（2007—2017 年）

从信息社会发展的四个重点领域看，2017 年全国信息经济、网络社会、在线政府、数字生活指数分别为 0.411、0.425、0.607、0.544，其中，在线政府领域发展最快，同比增长 10.5%（见图 2）。

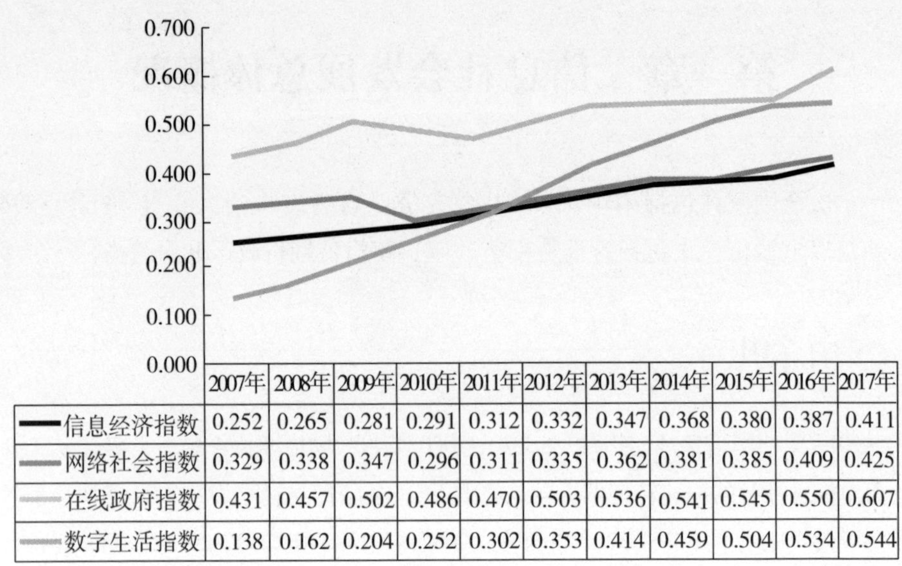

	2007年	2008年	2009年	2010年	2011年	2012年	2013年	2014年	2015年	2016年	2017年
信息经济指数	0.252	0.265	0.281	0.291	0.312	0.332	0.347	0.368	0.380	0.387	0.411
网络社会指数	0.329	0.338	0.347	0.296	0.311	0.335	0.362	0.381	0.385	0.409	0.425
在线政府指数	0.431	0.457	0.502	0.486	0.470	0.503	0.536	0.541	0.545	0.550	0.607
数字生活指数	0.138	0.162	0.204	0.252	0.302	0.353	0.414	0.459	0.504	0.534	0.544

图 2　信息社会四大领域发展情况（2007—2017 年）

二、东、中、西区域比较

2017 年东、中、西部地区信息社会指数分别为 0.6024、0.4372、0.4190，不同区域之间信息社会发展水平差距明显。其中，东部地区信息社会指数比全国平均水平高 26.9%，比中、西部地区分别高 37.8% 和 43.8%。中、西部地区信息社会指数大体相当，比全国平均水平分别低 7.9% 和 11.8%（见图 3）。

从发展速度上看，2007—2017 年，东、中、西部地区信息社会指数年均增长率分别为 7.5%、8.3%、9.2%，西部地区信息社会发展速度显著高于东部地区和中部地区，东、西部地区信息社会指数差值从 0.1261 逐步扩大到 0.1834（见图 4）。

三、“一带一路”沿线省份

2017 年“一带一路”沿线省份信息社会指数为 0.4829，超过全国信息社会

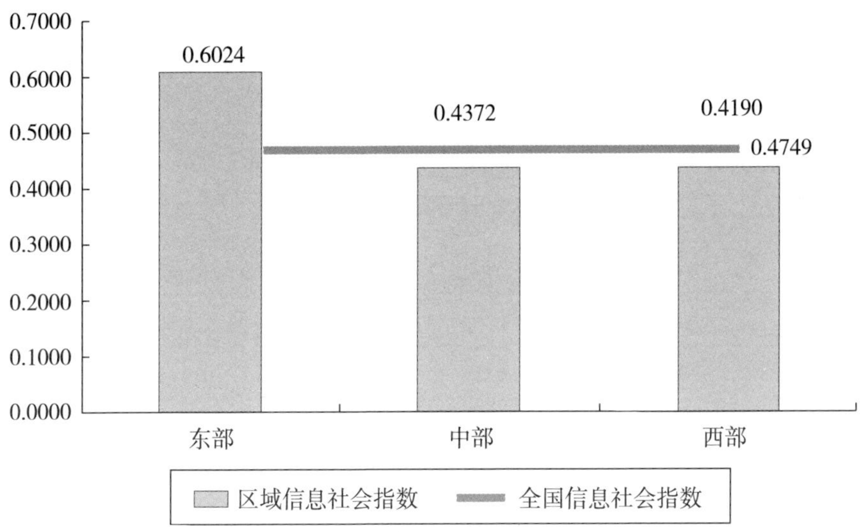

图3　2017年东、中、西部地区信息社会发展情况

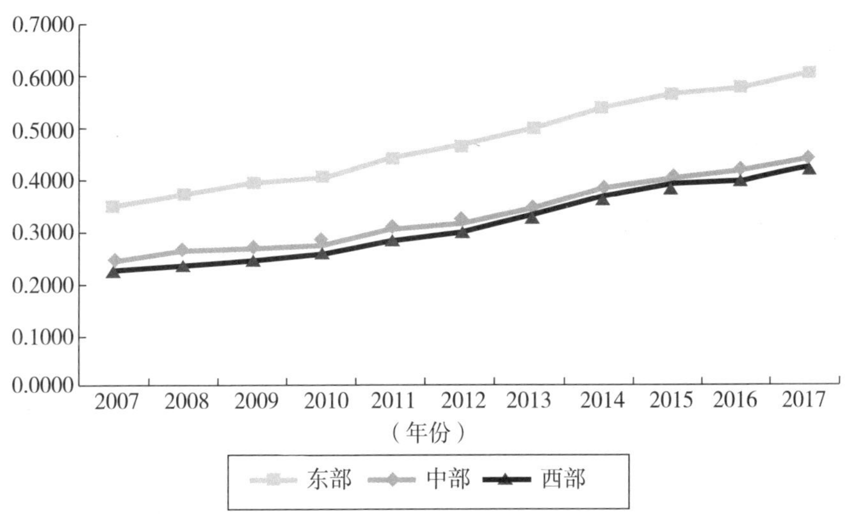

图4　东、中、西部地区信息社会指数发展趋势（2007—2017年）

指数平均水平，反映了沿线省份较高的信息社会发展速度。从信息社会四大领域看，"一带一路"省份信息经济指数为0.3881，比全国均值低5.6%；网络社会指数为0.4406，比全国均值高3.7%；在线政府指数为0.6691，比全国均值高10.2%；数字生活指数为0.5579，比全国均值高2.5%（见表1）。

"一带一路"沿线省份的信息社会发展明显不平衡，各省份信息社会发展的差异系数为22.6%，不平衡程度略高于全国平均水平。信息社会指数最高的地区是上海，达到0.7629，是最低省市西藏的2.31倍，上海、广东、浙江是“一带一路”沿线省市中进入信息社会初级阶段的地区，除上海、广东、浙江、福建、辽宁、内蒙古、海南7个地区外，“一带一路”沿线的其他11个地区信息社会发展程度均低于全国平均水平。

表1　　“一带一路”沿线省市2017年信息社会发展指数情况

地　区	信息经济指数	网络社会指数	在线政府指数	数字生活指数	2017年ISI
上　海	0.7032	0.6721	0.8800	0.8743	0.7629
广　东	0.4540	0.5327	0.8800	0.8795	0.6479
浙　江	0.5004	0.5460	0.8570	0.7863	0.6355
福　建	0.4059	0.5156	0.8470	0.7015	0.5716
辽　宁	0.3894	0.4937	0.6570	0.6015	0.5111
内蒙古	0.3668	0.5270	0.7420	0.5130	0.4962
陕　西	0.4008	0.4049	0.7120	0.5181	0.4683
海　南	0.3594	0.4525	0.8350	0.4961	0.4759
吉　林	0.3521	0.4283	0.5436	0.5329	0.4484
重　庆	0.3904	0.4418	0.6390	0.5329	0.4734
黑龙江	0.3530	0.4103	0.6350	0.4965	0.4414
青　海	0.3272	0.3774	0.5481	0.4849	0.4117
宁　夏	0.3447	0.3936	0.3342	0.5142	0.4092
广　西	0.3195	0.3776	0.7720	0.4481	0.4207
新　疆	0.3622	0.3555	0.4278	0.4869	0.4042
云　南	0.3173	0.3605	0.7020	0.3959	0.3923
甘　肃	0.3486	0.3173	0.6940	0.4069	0.3912
西　藏	0.2916	0.3236	0.3375	0.3719	0.3299
全　国	0.4112	0.4250	0.6071	0.5443	0.4749
沿线省市均值	0.3881	0.4406	0.6691	0.5579	0.4829

与全国平均水平相比，"一带一路"沿线省市在教育投入、空气质量、在线政府、互联网普及、移动电话普及等方面具有一定优势，在研发投入、产值结构、创新能力等方面存在一些劣势（见表2）。

表2　"一带一路"沿线省市2017年信息社会发展指数与全国的比较

指标体系	全国	沿线省份均值
经济发展指数	0.3114	0.3225
成人识字指数	0.8916	0.8443
教育投入指数	0.5214	0.6352
大学生指数	0.3775	0.3833
产值结构指数	0.6713	0.5869
就业结构指数	0.1767	0.1988
研发投入指数	0.5906	0.3652
创新指数	0.1412	0.1083
能效指数	0.2065	0.1754
固定宽带支付能力指数	0.3351	0.3470
移动电话支付能力指数	0.3089	0.3200
人均寿命指数	0.7634	0.7561
城镇化指数	0.5905	0.5910
空气质量指数	0.2299	0.2960
在线政府指数	0.6071	0.6691
移动电话指数	0.5781	0.6055
电脑指数	0.4960	0.4772
互联网指数	0.5589	0.5909

四、省市比较

2017年，广东、浙江信息社会指数首次超过0.6，与北京、上海、天津一道进入信息社会的初级阶段。除此之外，江苏、福建、辽宁、山东、内蒙古、海南6个省份信息社会指数也高于全国平均水平（见图5）。

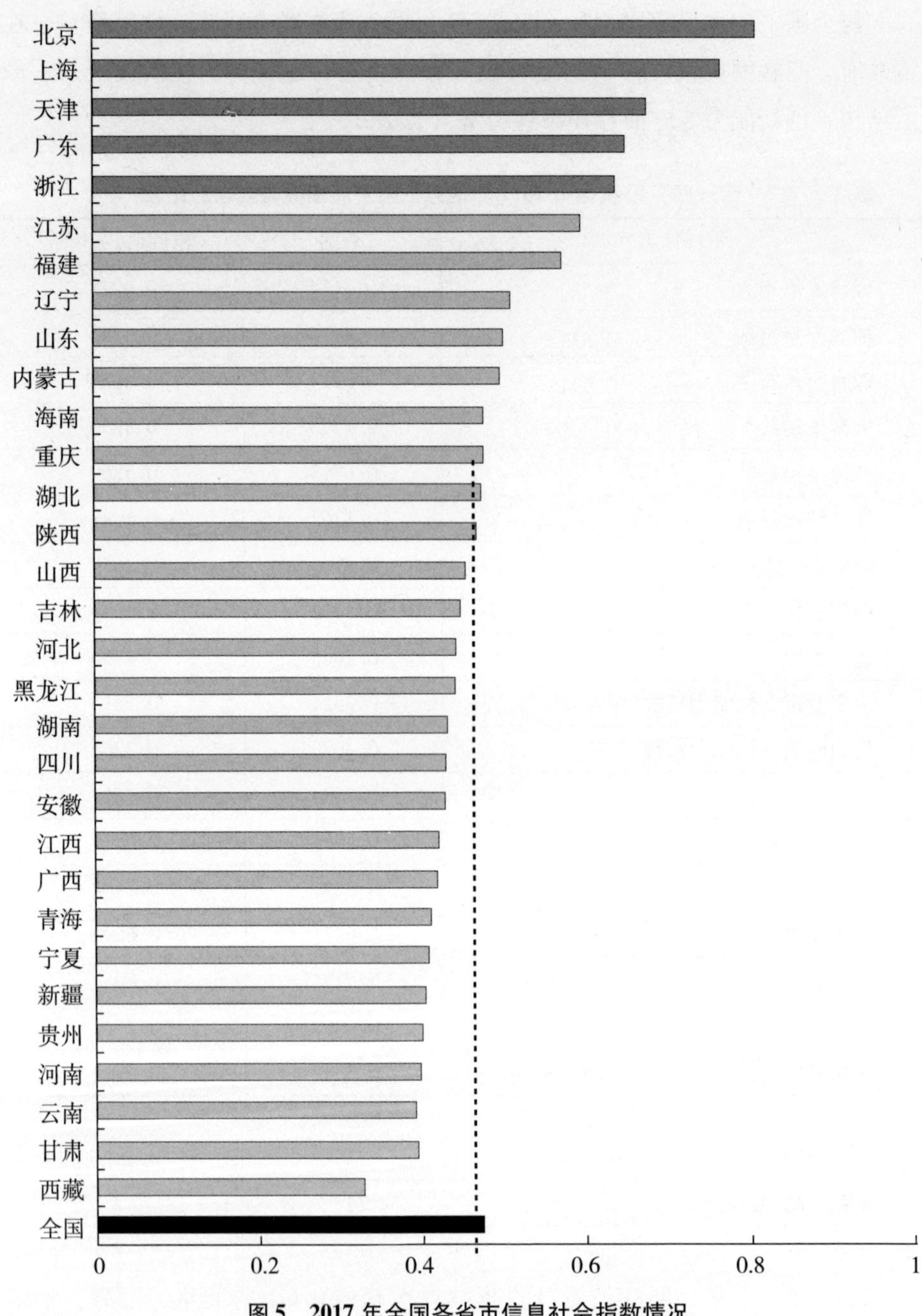

图 5　2017 年全国各省市信息社会指数情况

从排名情况看，与 2016 年相比，2017 年排名前 10 位的省市没有变化，河北、江西等省份排名进步较大，青海、陕西等省份排名有所下滑（见表 3）。

表 3　　2017 年全国各省市信息社会指数及排名情况

省　市	信息社会指数		
	指　数	排　名	排名变化
北　京	0. 8083	1	0
上　海	0. 7629	2	0
天　津	0. 6753	3	0
广　东	0. 6479	4	0
浙　江	0. 6355	5	0
江　苏	0. 5945	6	0
福　建	0. 5716	7	0
辽　宁	0. 5111	8	0
山　东	0. 5014	9	0
内蒙古	0. 4962	10	0
海　南	0. 4759	11	1
重　庆	0. 4734	12	2
湖　北	0. 4723	13	0
陕　西	0. 4683	14	-3
山　西	0. 4528	15	2
吉　林	0. 4484	16	-1
河　北	0. 4418	17	5
黑龙江	0. 4414	18	-2
湖　南	0. 4338	19	-1
四　川	0. 4312	20	-1
安　徽	0. 4293	21	0
江　西	0. 4228	22	5
广　西	0. 4207	23	2
青　海	0. 4117	24	-4
宁　夏	0. 4092	25	-2
新　疆	0. 4042	26	-2
贵　州	0. 3994	27	2
河　南	0. 3972	28	-2

续 表

省 市	信息社会指数		
	指 数	排 名	排名变化
云 南	0.3923	29	-1
甘 肃	0.3912	30	0
西 藏	0.3299	31	0
全 国	0.4749	—	—

第二章　信息经济发展概况

一、全国

2017 年全国信息经济指数为 0.4112，同比增长 6.15%，增速企稳。2007—2017 年年均增长率为 6.31%（见图 6）。

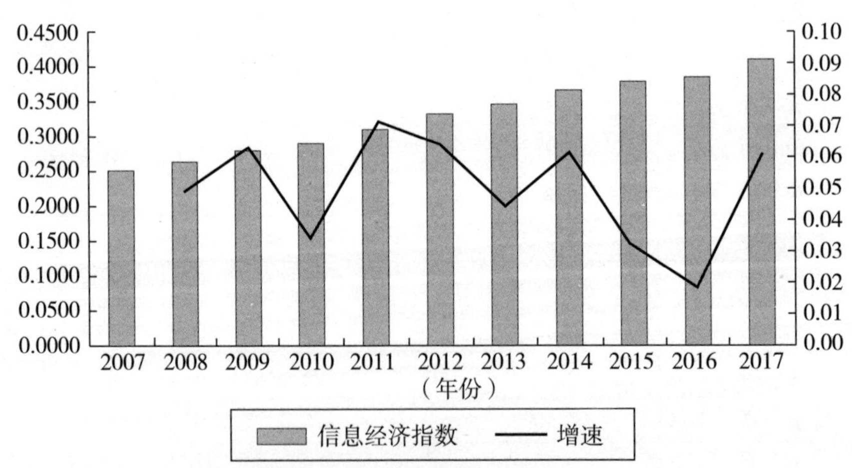

图 6　全国信息经济指数发展趋势（2007—2017 年）

从衡量信息经济发展的四个重要领域看，产业结构指数增幅较大，同比提高 10.01%，这反映了结构调整初见成效；经济发展指数保持了较高速度，印证了经济发展处于中高速；发展方式指数提高幅度稍低，但是创新指数增幅较大，达到18.81%；比较而言，人力资源指数增幅最小（见表4）。

表4　　2017年全国信息经济发展情况

指　　标	指数值（%）	同比增长（%）
1. 信息经济指数	41.12	6.16
1.1 经济发展指数	31.14	5.73
1.2 人力资源指数	59.68	4.36
1.2.1 成人识字指数	89.16	-1.11
1.2.2 教育投入指数	52.14	6.56
1.2.3 大学生指数	37.75	16.24
1.3 产业结构指数	42.40	10.01
1.3.1 产值结构指数	67.13	11.64
1.3.2 就业结构指数	17.67	4.24
1.4 发展方式指数	31.28	5.03
1.4.1 研发投入指数	59.06	2.27
1.4.2 创新指数	14.12	18.81
1.4.3 能效指数	20.65	4.79

二、东、中、西区域比较

2017年东、中、西部地区信息经济指数分别为0.497、0.353、0.344，同比增长率分别为3.8%、5.4%、5.0%，2007—2017年年均增长率分别为5.6%、5.5%、5.2%（见图7）。

区域之间信息经济发展水平差距明显。东部地区比全国平均水平高20.9%，比中、西部地区分别高40.7%、44.2%。东部与中、西部之间差距持续扩大，从2007年相差0.09至2017年相差0.15左右。

从衡量信息经济发展的四个重要领域看，2017年西部地区经济发展指数、产业结构指数、发展方式指数与东部地区存在明显差距。在发展方式上，中、西部地区存在差异（见图8）。

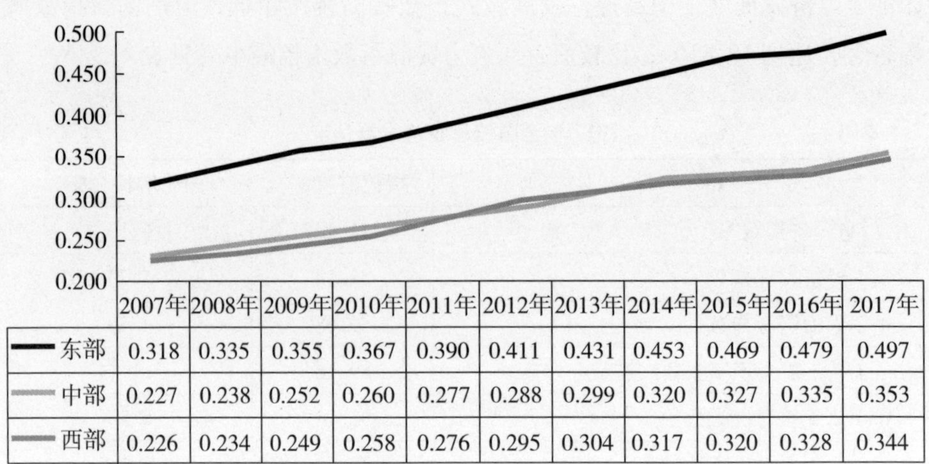

	2007年	2008年	2009年	2010年	2011年	2012年	2013年	2014年	2015年	2016年	2017年
东部	0.318	0.335	0.355	0.367	0.390	0.411	0.431	0.453	0.469	0.479	0.497
中部	0.227	0.238	0.252	0.260	0.277	0.288	0.299	0.320	0.327	0.335	0.353
西部	0.226	0.234	0.249	0.258	0.276	0.295	0.304	0.317	0.320	0.328	0.344

图7　东、中、西部地区信息经济指数发展趋势（2007—2017 年）

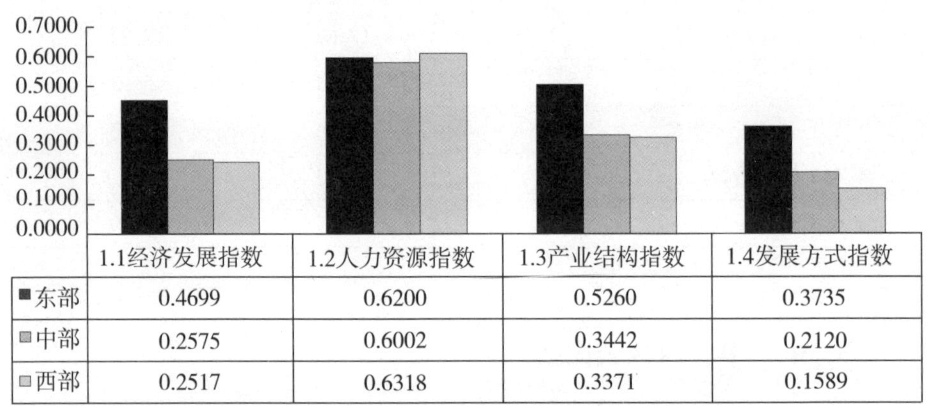

	1.1经济发展指数	1.2人力资源指数	1.3产业结构指数	1.4发展方式指数
东部	0.4699	0.6200	0.5260	0.3735
中部	0.2575	0.6002	0.3442	0.2120
西部	0.2517	0.6318	0.3371	0.1589

图8　2017 年东、中、西部地区信息经济指数比较

三、省市比较

2017 年全国共有北京、上海、天津、江苏、浙江、广东 6 个省市信息经济指数高于全国平均水平，北京、上海、天津三市信息经济水平在全国遥遥领先，分别达到 0. 7827、0. 7032、0. 6288（见图 9）。

从全国排名看，2017 年大部分省市排名变化不大。山西前进 5 位，发展较为明显。青海、辽宁、贵州分别下降 6 位、4 位、3 位（见表 5）。

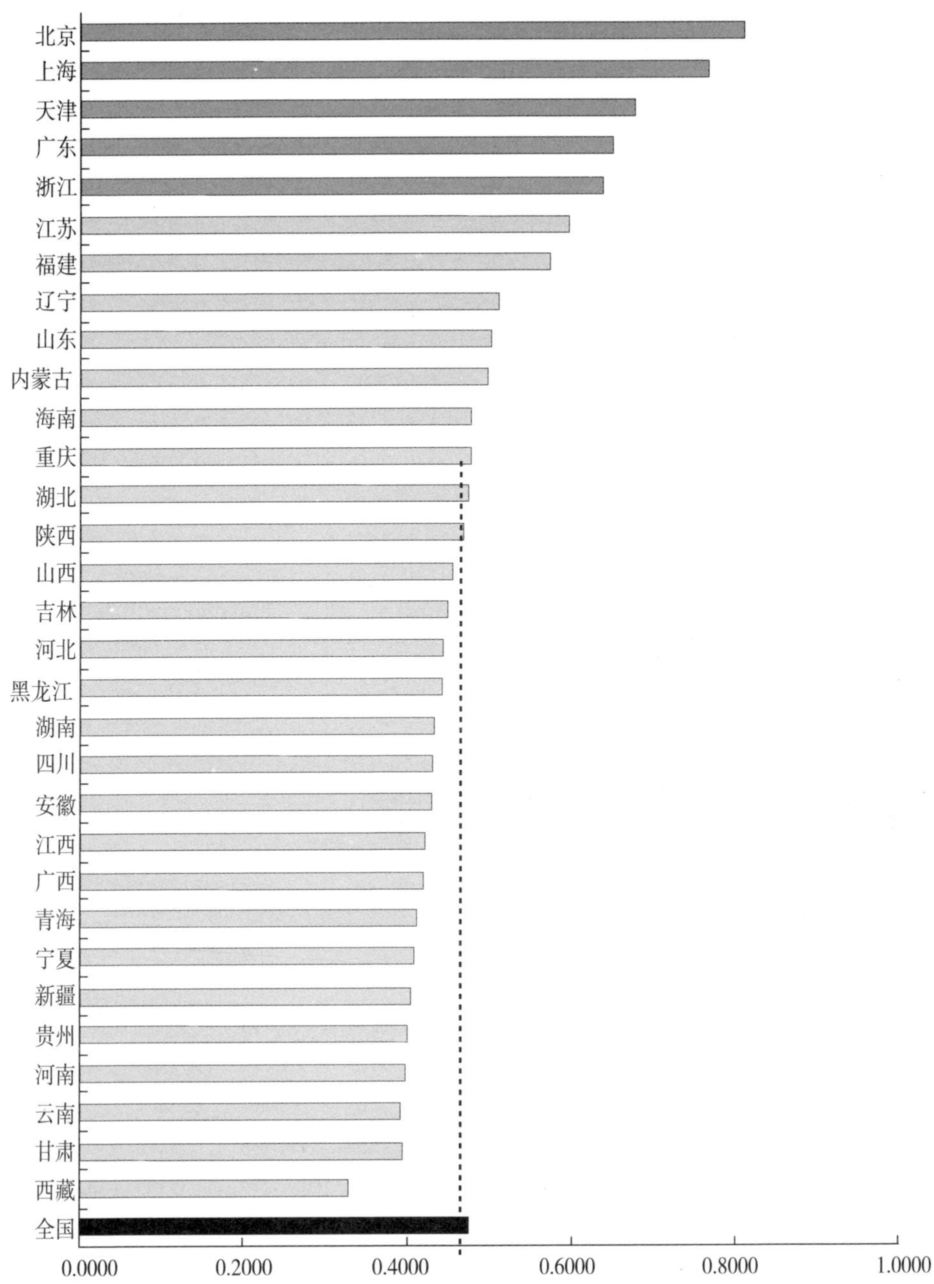

图 9　2017 年全国各省市信息经济指数情况

表5　　2017年全国各省市信息经济指数及排名情况

地区	信息经济指数			经济发展指数	人力资源指数	产业结构指数	发展方式指数
	指数	排名	排名变化				
全国	0.4112	—	—	0.3114	0.5968	0.4240	0.3128
北京	0.7827	1	0	0.6633	0.8322	0.9978	0.6375
上海	0.7032	2	0	0.6465	0.7179	0.9235	0.5248
天津	0.6288	3	0	0.6724	0.6726	0.6638	0.5066
江苏	0.5091	4	0	0.5481	0.5709	0.4397	0.4777
浙江	0.5004	5	0	0.4836	0.5697	0.4954	0.4530
广东	0.4540	6	0	0.4204	0.5549	0.4295	0.4110
山东	0.4081	7	1	0.3997	0.5377	0.3676	0.3275
福建	0.4059	8	1	0.4233	0.5480	0.3719	0.2803
陕西	0.4008	9	2	0.2966	0.6653	0.3203	0.3211
重庆	0.3904	10	0	0.3259	0.5818	0.3793	0.2747
辽宁	0.3894	11	-4	0.4071	0.5791	0.3761	0.1955
湖北	0.3767	12	0	0.3155	0.5813	0.3345	0.2757
内蒙古	0.3668	13	0	0.4429	0.5862	0.3168	0.1212
新疆	0.3622	14	0	0.2494	0.7706	0.3362	0.0928
安徽	0.3618	15	1	0.2242	0.5884	0.3222	0.3126
海南	0.3594	16	-1	0.2542	0.6661	0.3933	0.1241
山西	0.3564	17	5	0.2175	0.6648	0.4026	0.1408
湖南	0.3562	18	1	0.2663	0.5796	0.3584	0.2203
黑龙江	0.3530	19	-2	0.2458	0.6095	0.3837	0.1731
吉林	0.3521	20	-2	0.3182	0.5986	0.3131	0.1786
四川	0.3502	21	2	0.2291	0.5850	0.3378	0.2489
甘肃	0.3486	22	3	0.1630	0.7088	0.3514	0.1711
江西	0.3463	23	-2	0.2287	0.6313	0.3232	0.2018
宁夏	0.3447	24	0	0.2728	0.6482	0.3344	0.1234
河北	0.3300	25	3	0.2507	0.5714	0.3271	0.1708
青海	0.3272	26	-6	0.2569	0.6416	0.3286	0.0814
河南	0.3251	27	0	0.2437	0.5477	0.3154	0.1935
广西	0.3195	28	1	0.2192	0.6172	0.2919	0.1495
贵州	0.3191	29	-3	0.1859	0.6637	0.3224	0.1044
云南	0.3173	30	0	0.1794	0.6276	0.3287	0.1333
西藏	0.2916	31	0	0.1993	0.4853	0.3969	0.0847

第三章　网络社会发展概况

一、全国

2017 年全国网络社会指数为 0. 4250，同比增长 4%。2007—2017 年网络社会指数的年均增长率为 2. 92%。除 2010 年外，波动较小（见图 10）。

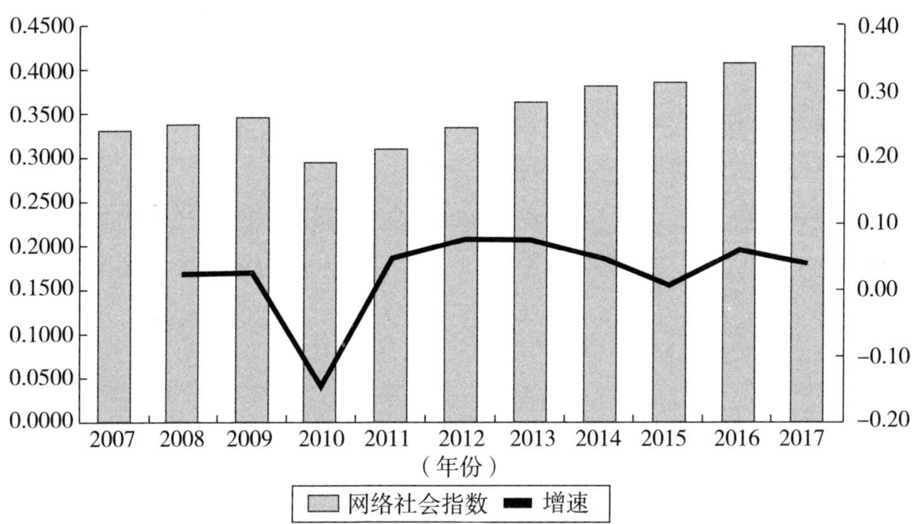

图 10　全国网络社会指数发展趋势（2007—2017 年）

从衡量网络社会发展的几个重要领域看，2017 年我国支付能力指数继续保持较快提高，涨幅达到 6. 31%；社会发展指数增长略缓（2. 67%），其中空气质量指数提高较快，达到 7. 36%（见表 6）。

表 6　2017 年全国网络社会发展情况

指　标	指数值	同比增长（%）
2. 网络社会指数	0. 4250	4. 02
2. 1 支付能力指数	0. 3220	6. 31
2. 1. 1 固定宽带支付能力指数	0. 3351	6. 38

续 表

指 标	指数值	同比增长（%）
2. 1. 2 移动电话支付能力指数	0. 3089	6. 24
2. 2 社会发展指数	0. 5279	2. 67
2. 2. 1 人均寿命指数	0. 7634	1. 52
2. 2. 2 城镇化指数	0. 5905	2. 43
2. 2. 3 空气质量指数	0. 2299	7. 36

二、东、中、西区域比较

2017 年我国东、中、西部地区网络社会指数分别为 0. 538、0. 392、0. 383，区域之间网络社会发展水平差距明显（见图 11）。

从发展趋势上看，2007—2017 年东、中、西部地区网络社会指数年均增长率分别为 3. 14%、2. 37%、3. 18%。尽管三大区域网络社会指数均稳步提高，但是东部与中、西部差距持续扩大，而中、西部之间差距缩小。

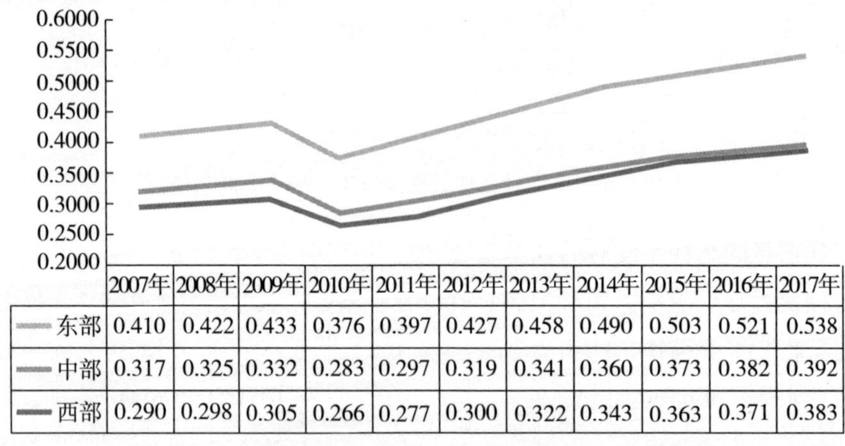

	2007年	2008年	2009年	2010年	2011年	2012年	2013年	2014年	2015年	2016年	2017年
东部	0.410	0.422	0.433	0.376	0.397	0.427	0.458	0.490	0.503	0.521	0.538
中部	0.317	0.325	0.332	0.283	0.297	0.319	0.341	0.360	0.373	0.382	0.392
西部	0.290	0.298	0.305	0.266	0.277	0.300	0.322	0.343	0.363	0.371	0.383

图 11　东、中、西部地区网络社会指数发展趋势（2007—2017 年）

从影响网络社会发展的因素看，支付能力和城镇化水平继续扮演导致不同区域间网络社会发展不平衡的重要因素。2017 年东、中、西部地区的支付能力指数分别是 0.4860、0.2663 和 0.2603，东部地区表现明显优于中西部地区。东部地区社会发展指数比中西部地区分别高出 14.00%、16.96%（见图 12）。

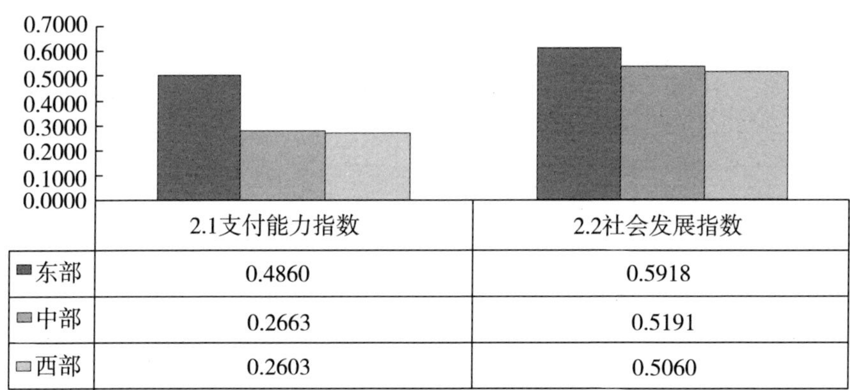

图 12　2017 年东、中、西部地区网络社会指数比较

三、省市比较

2017 年上海、北京和天津 3 个省市网络社会指数超过 0.6，13 个省份网络社会指数超过全国平均水平。从排名情况看，2017 年全国各省市网络社会指数排名较之 2016 年变化不大。安徽、广西分别前进了 3 位和 2 位（见表 7、图 13）。

表 7　2017 年全国各省市网络社会指数及排名情况

地　区	网络社会指数			支付能力指数	社会发展指数	空气质量指数
	指数得分	排　名	排名变化			
上　海	0.6721	1	0	0.6686	0.6756	0.2899
北　京	0.6632	2	1	0.6859	0.6405	0.1970
天　津	0.6549	3	-1	0.6954	0.6144	0.1724
江　苏	0.5645	4	0	0.5668	0.5621	0.2083
浙　江	0.5460	5	0	0.5001	0.5919	0.2941
广　东	0.5327	6	1	0.4348	0.6306	0.3922
内蒙古	0.5270	7	-1	0.4580	0.5960	0.3976

续 表

地 区	网络社会指数			支付能力指数	社会发展指数	空气质量指数
	指数得分	排 名	排名变化			
福 建	0.5156	8	0	0.4378	0.5933	0.3520
辽 宁	0.4937	9	0	0.4209	0.5665	0.2151
山 东	0.4615	10	0	0.4133	0.5097	0.1527
海 南	0.4525	11	0	0.2629	0.6421	0.5714
重 庆	0.4418	12	1	0.3370	0.5466	0.2299
吉 林	0.4283	13	-1	0.3290	0.5276	0.2273
湖 北	0.4232	14	1	0.3263	0.5202	0.2020
黑龙江	0.4103	15	1	0.2542	0.5663	0.3087
陕 西	0.4049	16	-2	0.3068	0.5031	0.1835
湖 南	0.3941	17	1	0.2754	0.5128	0.2444
宁 夏	0.3936	18	-1	0.2821	0.5050	0.1887
江 西	0.3836	19	0	0.2365	0.5307	0.2941
广 西	0.3776	20	2	0.2267	0.5286	0.3279
青 海	0.3774	21	-1	0.2657	0.4892	0.2278
安 徽	0.3732	22	3	0.2319	0.5146	0.2500
河 北	0.3710	23	1	0.2593	0.4828	0.1471
山 西	0.3698	24	-3	0.2249	0.5146	0.2041
四 川	0.3640	25	-2	0.2369	0.4912	0.2128
云 南	0.3605	26	2	0.1855	0.5355	0.4444
河 南	0.3591	27	0	0.2520	0.4662	0.1483
新 疆	0.3555	28	-2	0.2579	0.4531	0.1278
贵 州	0.3542	29	0	0.1922	0.5162	0.3846
西 藏	0.3236	30	1	0.2061	0.4410	0.3390
甘 肃	0.3173	31	-1	0.1685	0.4661	0.2105
全 国	0.4250	—	—	0.3220	0.5279	0.2299

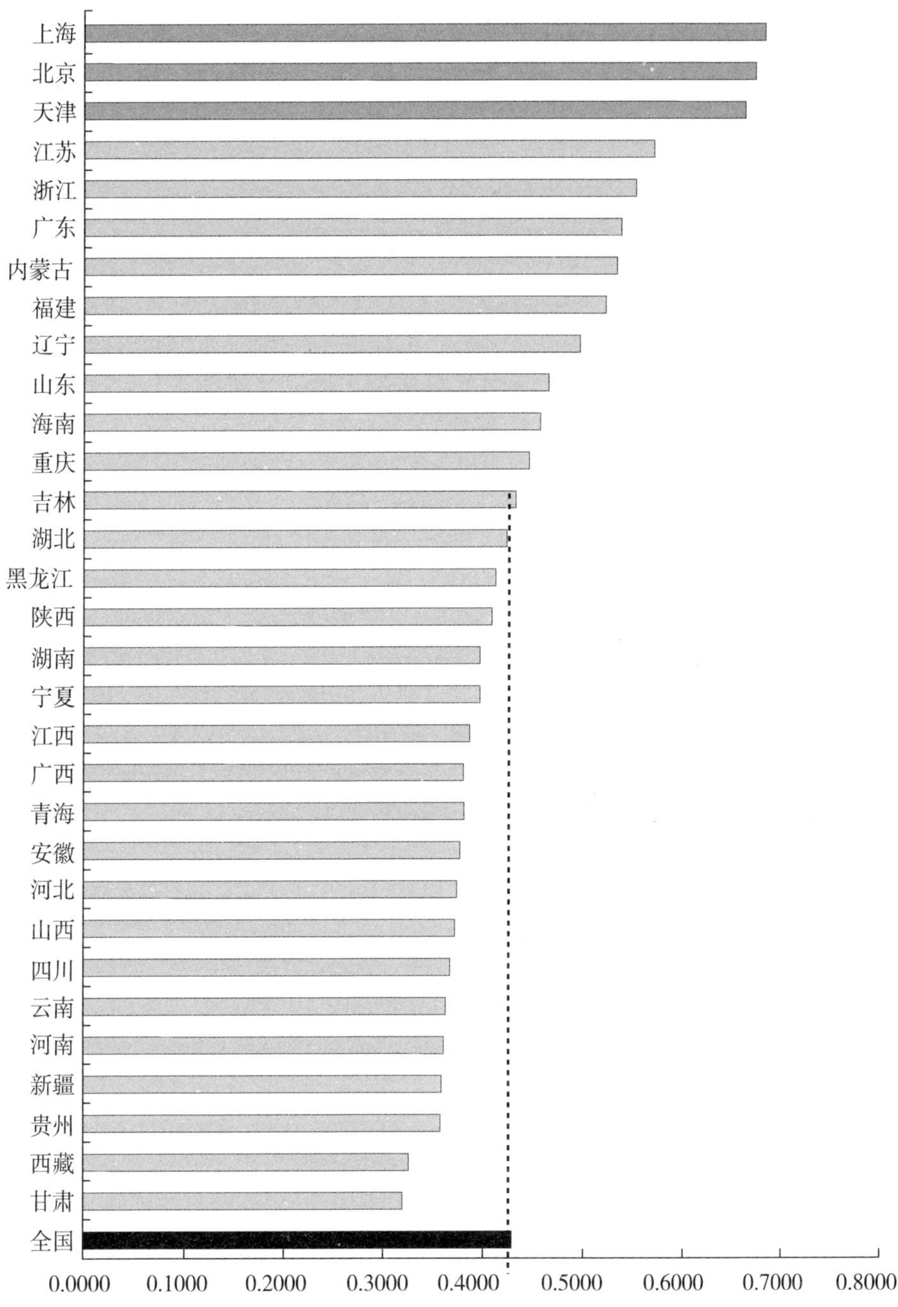

图 13　2017 年全国各省市网络社会指数情况

第四章　在线政府发展概况

一、全国

2017 年全国在线政府指数为 0. 6071，同比增长 10. 5%。2007—2017 年年均增长率为 4. 1%。10 年间出现了两轮缓慢增长期，分别是 2010—2011 年和 2014—2016 年（见图 14）。

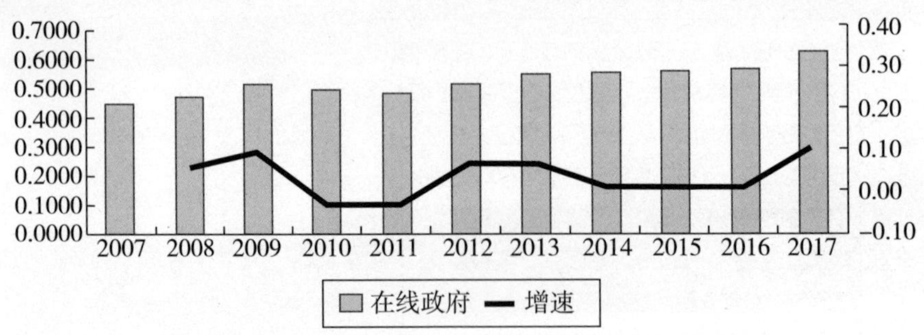

图 14　全国在线政府指数发展趋势（2007—2017 年）

二、东、中、西区域比较

2017 年东、中、西部地区在线政府指数分别为 0. 796、0. 706、0. 628。从发展趋势上看，2007—2017 年东、中、西部地区在线政府指数年均增长率分别为 5. 68%、5. 96%、7. 81%，西部地区增速明显快于东、中部地区。近年来，东、西部之间在线政府指数差距保持在 0. 16 左右（见图 15）。

三、省市比较

2017 年全国共有 25 个省市在线政府指数超过 0. 6，只有青海、吉林、河南、新疆、西藏、宁夏 6 个省区尚不足 0. 6（见图 16）。

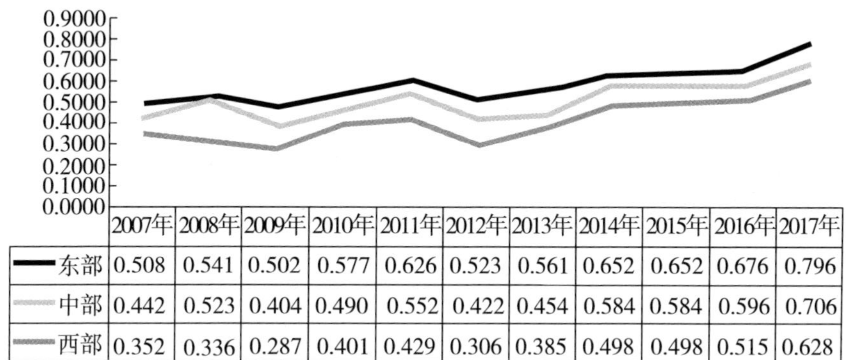

	2007年	2008年	2009年	2010年	2011年	2012年	2013年	2014年	2015年	2016年	2017年
东部	0.508	0.541	0.502	0.577	0.626	0.523	0.561	0.652	0.652	0.676	0.796
中部	0.442	0.523	0.404	0.490	0.552	0.422	0.454	0.584	0.584	0.596	0.706
西部	0.352	0.336	0.287	0.401	0.429	0.306	0.385	0.498	0.498	0.515	0.628

图 15　东、中、西部地区在线政府指数发展趋势（2007—2017 年）

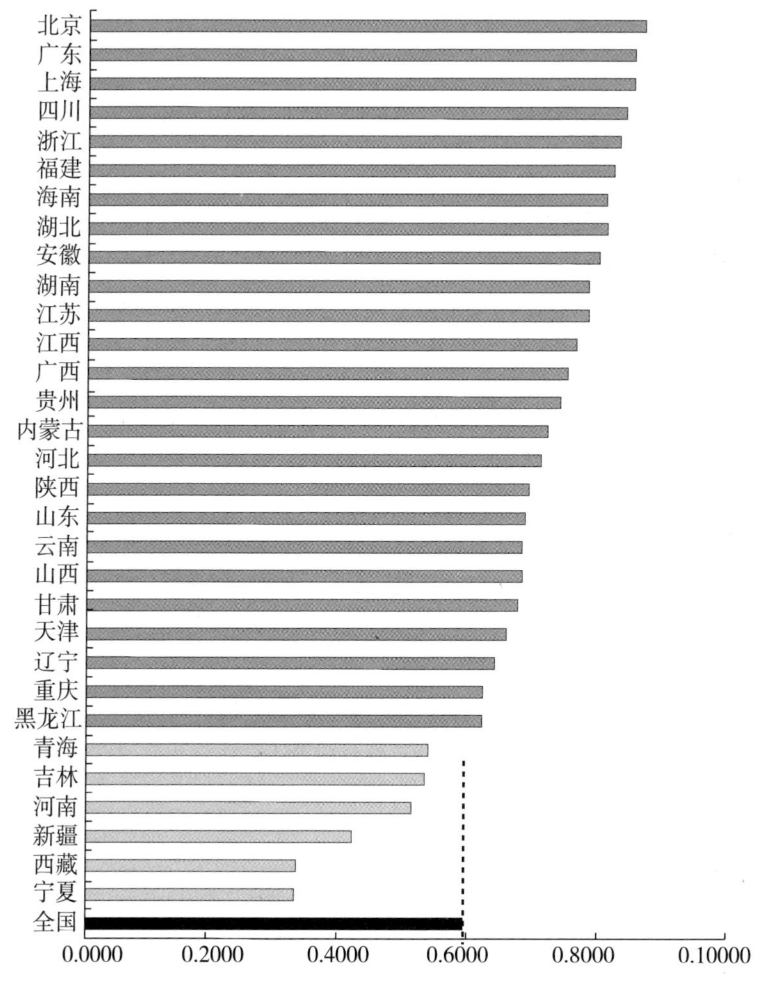

图 16　2017 年全国各省市在线政府指数情况

第五章　数字生活发展概况

一、全国

2017 年全国数字生活指数为 0. 5443，同比增长 2%。尽管 2007—2017 年数字生活指数年均增长 30%，但是从 2009 年起，该指数增速开始明显放缓（见图 17）。

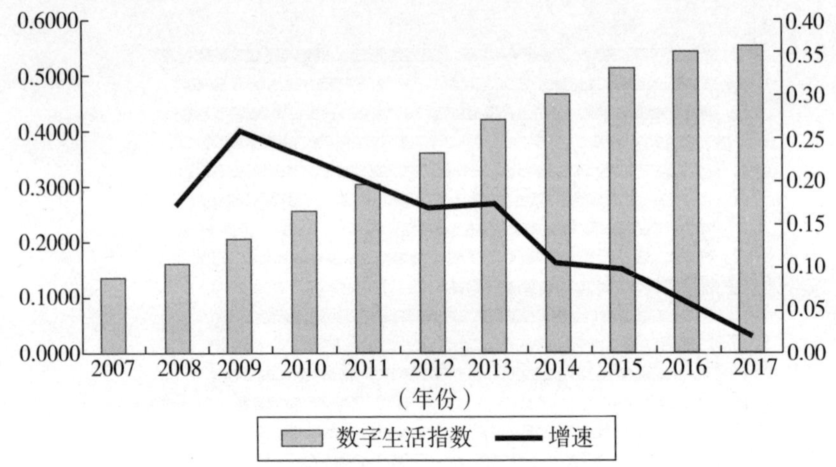

图 17　全国数字生活指数发展趋势（2007—2017 年）

从二级指标看，2017 年全国移动电话指数、电脑指数和互联网指数分别为 0. 5781、0. 4960、0. 5589；移动电话指数开始出现负增长[①]，电脑指数有所提高，互联网指数继续提升（见表 8）。

表 8　2017 年全国数字生活发展情况

指　　标	指数值	同比增长（%）
4. 数字生活指数	0. 5443	1. 92
4. 1 移动电话指数	0. 5781	-1. 63
4. 2 电脑指数	0. 4960	2. 83
4. 3 互联网指数	0. 5589	5. 01

① 根据国家统计局数据，2014 年全国移动电话普及率为 94. 03%，2015 年该普及率为 92. 49%。

二、东、中、西区域比较

2017 年东、中、西部地区数字生活指数分别为 0.706、0.475、0.459，同比增长率分别为 0.7%、2.5%、2.6%，2007—2017 年年均增长率分别为 18.3%、36.7%、40.3%。中、西部地区的数字生活指数与东部地区相比增速明显较快，但是由于起点较低，中、西部地区和东部地区的绝对差距并没有缩小（见图 18、图 19）。

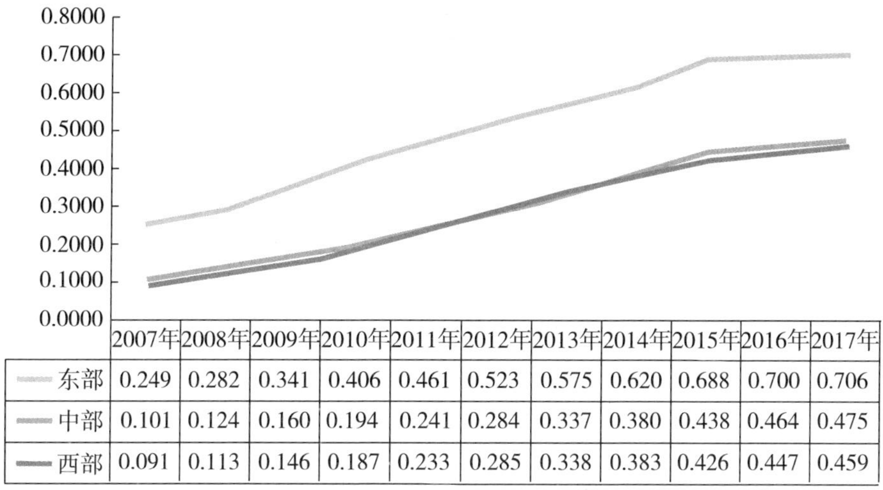

	2007年	2008年	2009年	2010年	2011年	2012年	2013年	2014年	2015年	2016年	2017年
东部	0.249	0.282	0.341	0.406	0.461	0.523	0.575	0.620	0.688	0.700	0.706
中部	0.101	0.124	0.160	0.194	0.241	0.284	0.337	0.380	0.438	0.464	0.475
西部	0.091	0.113	0.146	0.187	0.233	0.285	0.338	0.383	0.426	0.447	0.459

图 18　东、中、西部地区数字生活指数发展趋势（2007—2017 年）

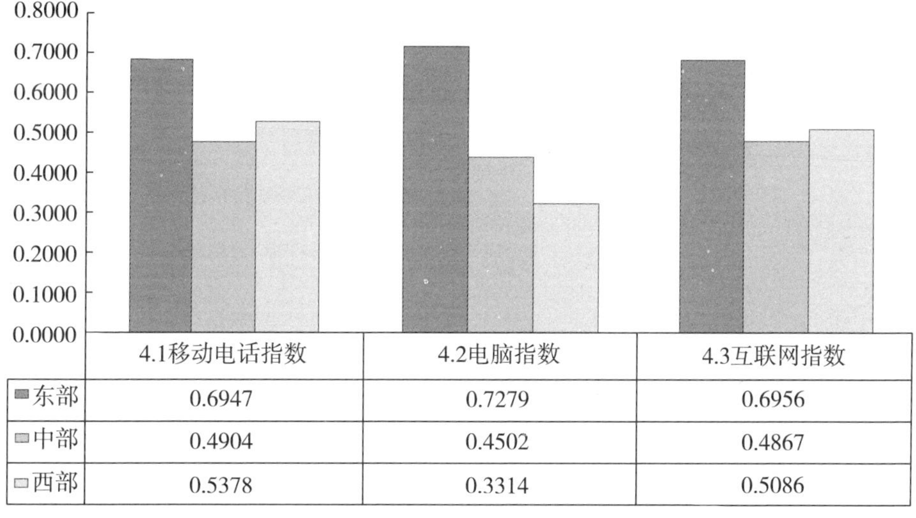

	4.1移动电话指数	4.2电脑指数	4.3互联网指数
东部	0.6947	0.7279	0.6956
中部	0.4904	0.4502	0.4867
西部	0.5378	0.3314	0.5086

图 19　2017 年东、中、西部地区数字生活指数比较

分领域看，2017 年中西部与东部差距依然明显，如电脑指数东、西部地区差距将近 2 倍。相比之下，移动电话指数的差距较小，手机作为更轻便、价格更低廉的移动设备，将会在提高信息识字率的过程中起到越来越重要的作用。

三、省市比较

2017 年全国共有 8 个省市数字生活指数超过 0.6，依次为北京、上海、广东、浙江、天津、福建、江苏、辽宁。其中，江苏和辽宁首次超过 0.6。各省市间数字生活指数发展水平参差不齐，有 21 个省市数字生活指数低于全国平均水平。

2017 年，全国 31 个省市数字生活指数排名相对稳定。重庆前进 3 位，陕西、海南、甘肃前进 2 位；宁夏退后 3 位，内蒙古、青海退后 2 位（见表 9、图 20）。

表 9　2017 年全国各省市数字生活指数及排名情况

地　区	数字生活指数			移动电话指数	电脑指数	互联网指数
	指数	排名	排名变化			
北　京	0.9500	1	0	1.0000	1.0000	0.8500
广　东	0.8795	2	1	0.8342	1.0000	0.8044
上　海	0.8743	3	-1	0.8106	1.0000	0.8122
浙　江	0.7863	4	0	0.8219	0.8114	0.7256
天　津	0.7424	5	0	0.5534	0.9739	0.7000
福　建	0.7015	6	0	0.6763	0.6549	0.7733
江　苏	0.6391	7	0	0.6263	0.6744	0.6167
辽　宁	0.6015	8	0	0.6118	0.5017	0.6911
山　东	0.5670	9	0	0.5769	0.5807	0.5433

续 表

地 区	数字生活指数			移动电话指数	电脑指数	互联网指数
	指数	排名	排名变化			
山 西	0.5491	10	1	0.5529	0.4923	0.6022
吉 林	0.5329	11	-1	0.5701	0.4987	0.5300
重 庆	0.5329	12	3	0.5672	0.4948	0.5367
河 北	0.5287	13	0	0.5165	0.5087	0.5611
陕 西	0.5181	14	2	0.5878	0.4109	0.5556
宁 夏	0.5142	15	-3	0.5958	0.3991	0.5478
内蒙古	0.5130	16	-2	0.5917	0.3885	0.5589
黑龙江	0.4965	17	0	0.5460	0.4492	0.4944
海 南	0.4961	18	2	0.6135	0.3015	0.5733
湖 北	0.4959	19	-1	0.4839	0.4839	0.5200
新 疆	0.4869	20	1	0.5372	0.3135	0.6100
青 海	0.4849	21	-2	0.5492	0.3000	0.6056
河 南	0.4659	22	0	0.4969	0.4653	0.4356
广 西	0.4481	23	0	0.4685	0.4002	0.4756
四 川	0.4344	24	0	0.5179	0.3409	0.4444
湖 南	0.4268	25	0	0.4323	0.4047	0.4433
安 徽	0.4217	26	0	0.4261	0.4014	0.4378
江 西	0.4170	27	0	0.4148	0.4062	0.4300
甘 肃	0.4069	28	2	0.5062	0.2835	0.4311
贵 州	0.4040	29	-1	0.5209	0.2645	0.4267
云 南	0.3959	30	-1	0.4930	0.2791	0.4156
西 藏	0.3719	31	0	0.5183	0.1018	0.4956
全 国	0.5443			0.5781	0.4960	0.5589

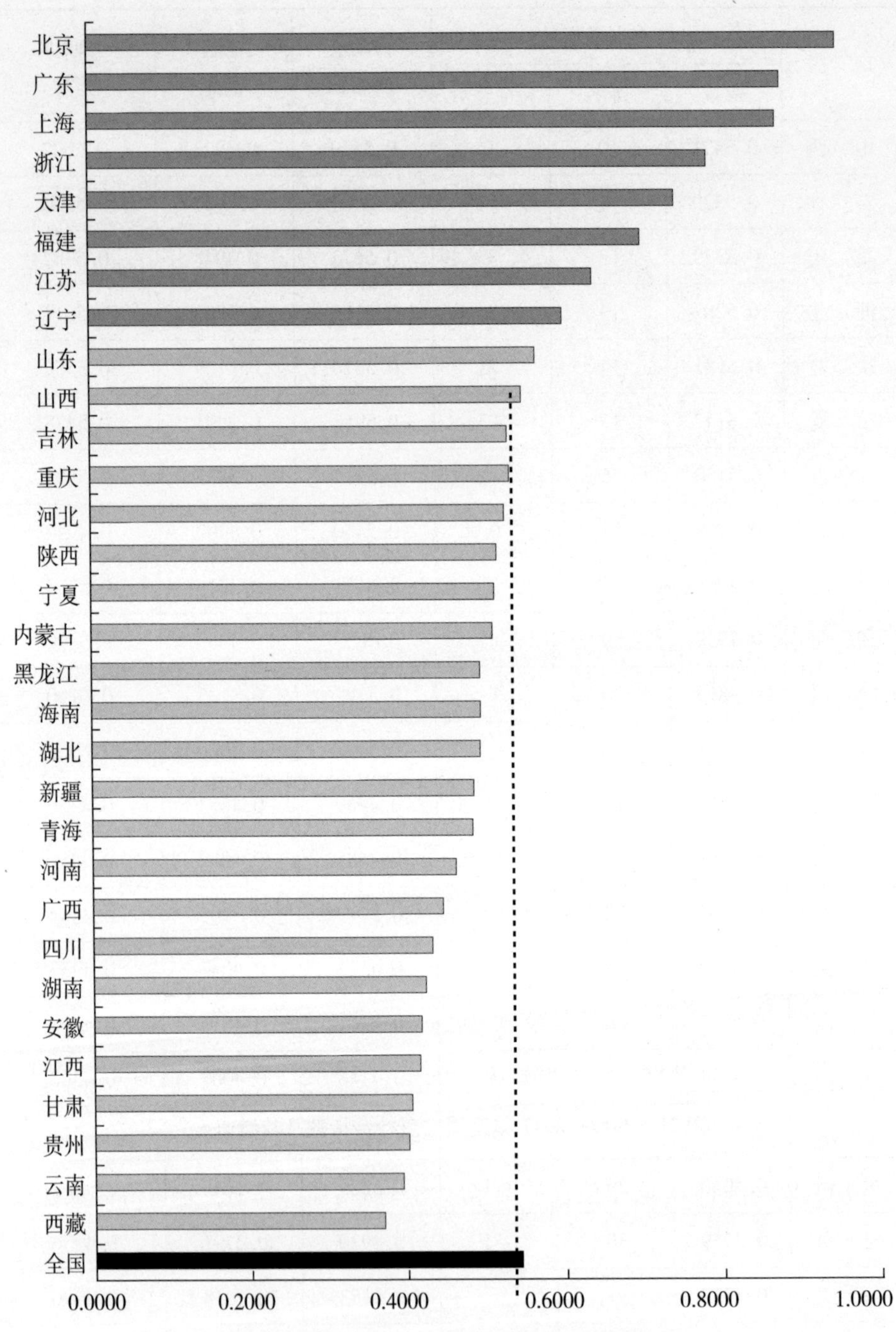

图 20 2017 年全国各省市数字生活指数情况

第六章　中国信息社会测评结论

2017 年全国信息社会发展提速，已有 38 个城市迈入信息社会。信息社会发展的不平衡性有所缓和，但城乡差距依然较大。推进信息社会建设，助力精准扶贫脱贫，逐渐成为新的发展亮点。

一、全国信息社会发展增速加快

2017 年全国信息社会指数为 0. 4749，总体上仍处于从工业社会向信息社会过渡的转型期。从发展速度看，2017 年增速为 4. 61%，较 2016 年增加 0. 32 个百分点，自 2013 年持续 4 年下降后首次回升（见图 21）。

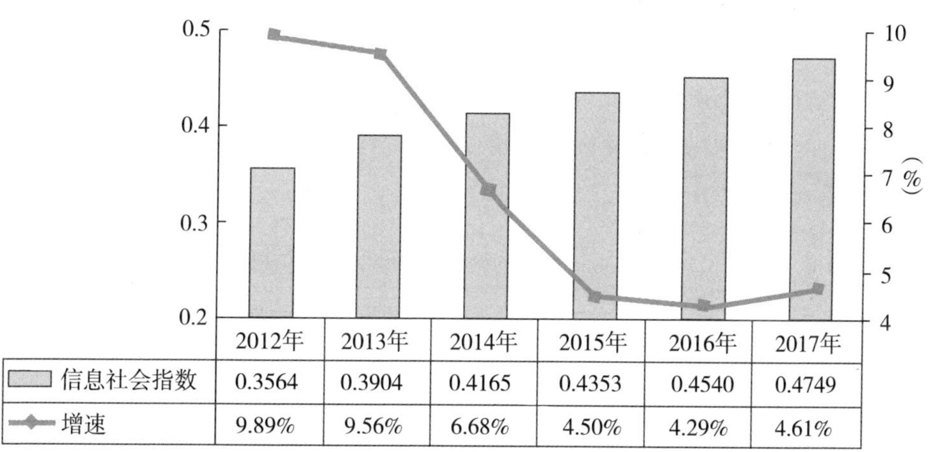

	2012年	2013年	2014年	2015年	2016年	2017年
信息社会指数	0.3564	0.3904	0.4165	0.4353	0.4540	0.4749
增速	9.89%	9.56%	6.68%	4.50%	4.29%	4.61%

图 21　2012—2017 年全国信息社会指数及其增速

2017 年全国 31 个省市信息社会指数均有所增加。其中，北京市信息社会指数为 0. 8083，首次进入信息社会中级阶段；上海、天津、广东、浙江四个省市处于信息社会初级阶段，其余 26 个省市仍处于从工业社会向信息社会过渡的转型期。

从发展速度看，2017 年全国有 24 个省市信息社会指数增速较 2016 年有所提升，有7个省份的信息社会指数增速比2016年下滑，其中江西、山西、甘肃、河北、广西五个省份的增速提升了5个百分点。

从分领域看，2017年信息经济发展取得了较大进步。测评表明，全国有27个省份信息经济指数增速较2016年有所增加，陕西、山西、云南、四川、甘肃进步明显，增速提升超过5个百分点。

全国信息社会稳健发展主要有以下原因：一是近年来国家出台了《国家信息化发展战略纲要》《关于积极推进"互联网+"行动的指导意见》等众多与信息社会相关的国家战略设计与政策措施，开始落地实施并取得初步效果；各地方也在围绕大数据、云计算、电子商务等制定并出台了一系列发展规划，完善了信息社会发展的大环境。二是生物技术、信息技术、分享经济、智能制造等一批新技术、新业态、新模式发展动力强劲，助力经济增长动能平稳接续，形成新旧动能协调拉动经济增长的良好格局。

二、全国有38个城市进入信息社会

2017年，全国有深圳、广州、北京、珠海、宁波等38个城市（含直辖市）信息社会指数超过0.6，已经进入信息社会。其中，成都、沈阳、太原、呼和浩特为新进入城市；深圳、广州、北京三个城市信息社会指数超过0.8，进入信息社会发展中级阶段（见表10）。

表10　　2017年38个进入信息社会的城市与全国比较

城市	ISI	信息经济指数	网络社会指数	在线政府指数	数字生活指数
38个城市	0.6973	0.5777	0.6639	0.7288	0.8390
全国	0.4749	0.4112	0.4250	0.6071	0.5443
38个城市÷全国	146.83%	140.49%	156.21%	120.05%	154.14%

38个城市的信息社会指数均值为0.6973，是全国平均水平的1.46倍左右，信息社会四大领域发展水平明显高于全国，其中网络社会和数字生活发展最为突出，是全国平均水平的1.56倍和1.54倍。

38个城市主要分布在东部沿海地区。其中，广东省有深圳、广州、珠海、佛山、中山、东莞6个城市，浙江省有杭州、宁波、舟山、嘉兴、绍兴5个城市，江苏省有苏州、无锡、南京、常州、镇江5个城市，山东省有东营、青岛、威海、济南4个城市。在中西部地区，内蒙古自治区有包头、鄂尔多斯、阿拉善盟、乌海、呼和浩特5个城市，西安、成都、太原等均在此列。

从全国336个测评城市来看，2017年排名前进幅度最大的30个城市中，河北省有保定、承德、衡水、廊坊、秦皇岛、邢台6个城市，山西省有临汾、吕梁、忻州、运城、长治5个城市，广西自治区有北海、桂林、柳州和南宁4个城市。

排名下降幅度最大的30个城市大多集中在东北地区和中西部省份，导致下降的原因，主要是研发投入指数、支付能力指数以及移动电话指数出现下滑（见表11）。

表11　　2017年全国排名变化较大的城市信息社会发展情况

城　市	年　份	信息经济指数	网络社会指数	在线政府指数	数字生活指数	ISI
排名前进幅度最大的30个城市	2016	0.2972	0.3573	0.4661	0.4592	0.3807
	2017	0.3229	0.3738	0.5885	0.4874	0.4141
	2016—2017	0.0257	0.0165	0.1224	0.0282	0.0334
排名下降幅度最大的30个城市	2016	0.3137	0.4010	0.4016	0.4798	0.3985
	2017	0.3123	0.3812	0.4506	0.4754	0.3958
	2016—2017	-0.0013	-0.0198	0.0489	-0.0044	-0.0027

近年来，在国家电子商务示范城市、信息惠民试点城市、国家智慧城市试点城市等项目建设的带动下，各个城市依托试点示范项目不断推进交通、教育、医疗、文化等公共服务领域信息化建设，给信息社会发展注入了强大推动力。

三、全国信息社会发展的不平衡状况有所改善

2017 年全国信息社会指数相对差距为 0. 4755，即最低城市比全国平均水平落后 47. 55%①。分领域看，信息经济和网络社会的相对差距较小，分别为 0. 4881 和 0. 5120，数字生活和在线政府的相对差距较大，分别为 0. 7677 和 0. 7525（见图 22）。

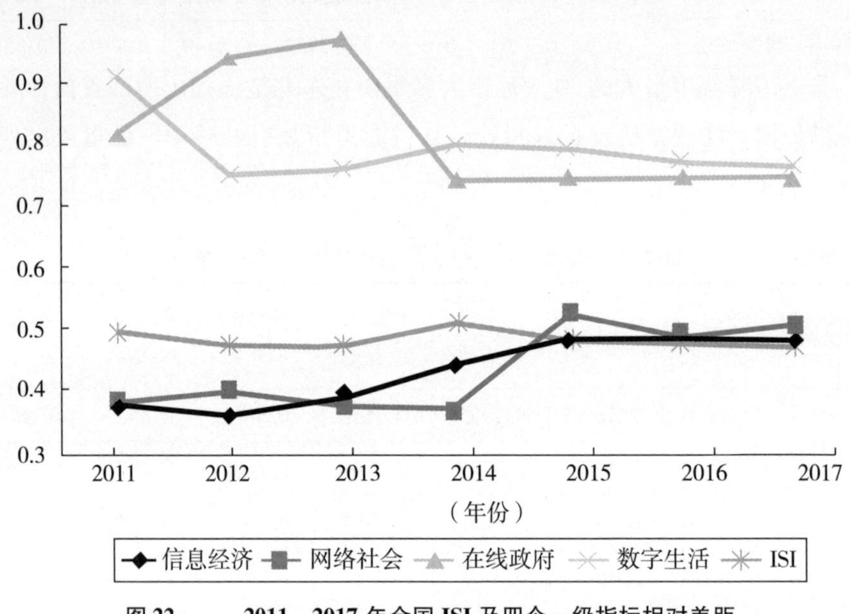

图 22　　2011—2017 年全国 ISI 及四个一级指标相对差距

从总体趋势看，全国信息社会指数相对差距呈下降态势。2011—2013 年，信息社会指数相对差距从 0. 4995 小幅下降至 0. 4796；2014—2017 年从 0. 5133 下降至 0. 4755；最大差距也从 0. 7588 下降至 0. 7172，表明信息社会发展的不平衡状态有所改善（见表 12）。

① 相对差距指数表示最低水平城市与全国平均水平间的差距程度，介于 0 ~ 1 之间。0. 2 以下，表示差距不明显，0. 2 ~ 0. 4 表示存在“明显差距”，0. 4 ~ 0. 6 表示存在“严重差距”，0. 6 以上表示存在“巨大差距”。

表 12　　2011—2017 年全国信息社会发展差距测算

指标	维度	2011 年	2012 年	2013 年	2014 年	2015 年	2016 年	2017 年
信息经济	全国	0. 3119	0. 3322	0. 3470	0. 3684	0. 3803	0. 3874	0. 4112
	最高城市	0. 6580	0. 6792	0. 6994	0. 7189	0. 7468	0. 7624	0. 7827
	最低城市	0. 1931	0. 2123	0. 2120	0. 2054	0. 1946	0. 1971	0. 2105
	相对差距	0. 3808	0. 3609	0. 3891	0. 4424	0. 4884	0. 4912	0. 4881
	最大差距	0. 7065	0. 6875	0. 6969	0. 7143	0. 7395	0. 7415	0. 7311
网络社会	全国	0. 3109	0. 3353	0. 3617	0. 3810	0. 3852	0. 4085	0. 4250
	最高城市	0. 7155	0. 7765	0. 8655	0. 8952	0. 8140	0. 8310	0. 8582
	最低城市	0. 1907	0. 1996	0. 2235	0. 2385	0. 1810	0. 2093	0. 2074
	相对差距	0. 3866	0. 4046	0. 3820	0. 3739	0. 5300	0. 4876	0. 5120
	最大差距	0. 7335	0. 7429	0. 7417	0. 7335	0. 7776	0. 7481	0. 7583
在线政府	全国	0. 4700	0. 5030	0. 5359	0. 5405	0. 5450	0. 5495	0. 6071
	最高城市	0. 7429	0. 7270	0. 7708	0. 7849	0. 7849	0. 8385	0. 9292
	最低城市	0. 0841	0. 0274	0. 0137	0. 1366	0. 1366	0. 1366	0. 1503
	相对差距	0. 8210	0. 9455	0. 9744	0. 7474	0. 7494	0. 7515	0. 7525
	最大差距	0. 8868	0. 9623	0. 9822	0. 8260	0. 8260	0. 8371	0. 8383
数字生活	全国	0. 3015	0. 3528	0. 4141	0. 4589	0. 5038	0. 5341	0. 5443
	最高城市	0. 9640	0. 9820	1. 0000	1. 0000	1. 0000	1. 0000	1. 0000
	最低城市	0. 0261	0. 0853	0. 0977	0. 0899	0. 1015	0. 1181	0. 1265
	相对差距	0. 9135	0. 7583	0. 7641	0. 8042	0. 7986	0. 7789	0. 7677
	最大差距	0. 9729	0. 9132	0. 9023	0. 9101	0. 8985	0. 8819	0. 8735
ISI	全国	0. 3243	0. 3564	0. 3904	0. 4165	0. 4353	0. 4540	0. 4749
	最高城市	0. 7512	0. 7769	0. 8179	0. 8404	0. 8394	0. 8510	0. 8809
	最低城市	0. 1623	0. 1849	0. 2032	0. 2027	0. 2228	0. 2357	0. 2491
	相对差距	0. 4995	0. 4812	0. 4796	0. 5133	0. 4882	0. 4809	0. 4755
	最大差距	0. 7839	0. 7620	0. 7516	0. 7588	0. 7346	0. 7231	0. 7172

注：最大相对差距指数表示的是指样本中最低水平与最高水平间的差距程度，介于 0 ~ 1 之间，数值越大表明差距越大。

2017年，全国信息社会指数前30位城市均值达到0.7183，后30位城市均值仅为0.2940，两者之间相差59.07%。分领域看，信息经济、网络社会、在线政府和数字生活的相对差距分别为0.5818、0.6058、0.6309和0.6853，数字生活差距最大（见表13）。

表13　2011—2017年信息社会前30位与后30位城市发展对比

指标	维度	2011年	2012年	2013年	2014年	2015年	2016年	2017年
信息经济	前30位	0.4663	0.4996	0.5304	0.5501	0.5699	0.5847	0.6042
	后30位	0.2129	0.2272	0.2344	0.2396	0.2428	0.2456	0.2527
	相对差距	0.5434	0.5452	0.5581	0.5644	0.5740	0.5800	0.5818
网络社会	前30位	0.5643	0.6214	0.6799	0.7358	0.6825	0.6853	0.6955
	后30位	0.2311	0.2542	0.2656	0.2866	0.2575	0.2683	0.2742
	相对差距	0.5905	0.5909	0.6094	0.6105	0.6227	0.6085	0.6058
在线政府	前30位	0.6439	0.5513	0.6187	0.6672	0.6672	0.6715	0.7966
	后30位	0.1415	0.0774	0.1552	0.2520	0.2505	0.2505	0.2940
	相对差距	0.7802	0.8596	0.7492	0.6223	0.6246	0.6270	0.6309
数字生活	前30位	0.6198	0.6874	0.7447	0.7730	0.8321	0.8806	0.8799
	后30位	0.1032	0.1429	0.1713	0.2011	0.2334	0.2682	0.2769
	相对差距	0.8335	0.7921	0.7700	0.7398	0.7195	0.6954	0.6853
ISI	前30位	0.5455	0.5847	0.6316	0.6667	0.6728	0.6955	0.7183
	后30位	0.1952	0.2110	0.2349	0.2614	0.2674	0.2811	0.2940
	相对差距	0.6422	0.6391	0.6281	0.6079	0.6026	0.5958	0.5907

从趋势上看，城市间信息社会的不平衡程度也有所缓解。2011—2017年，连续7年间前30位城市与后30位城市的信息社会指数相对差距不断缩小，从2011年的0.6422，逐渐下降到0.5907。从分领域看，信息经济相对差距连续7年有小幅扩大，与之相反，数字生活相对差距连续多年一直大幅下降；网络社会相对差距变化不大，近年来始终保持在0.6左右；在线政府的相对差距从2012年至2014年大幅缩小，而后呈现出扩大趋势（见图23）。

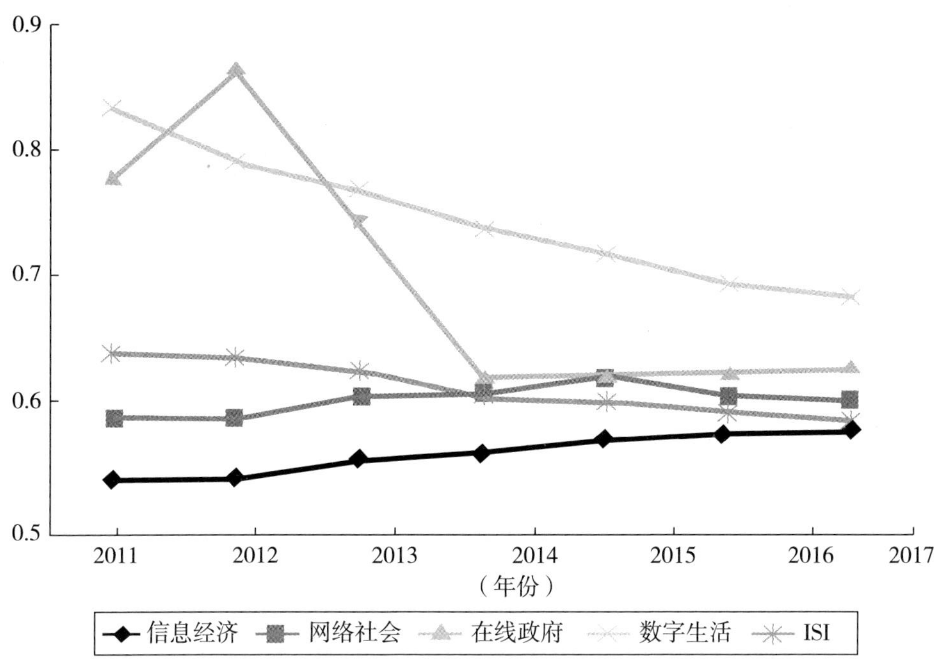

图 23　信息社会前 30 位与后 30 位城市相对差距

四、“一带一路”沿线地区信息社会发展保持快速增长

测评发现，2017 年“一带一路”沿线 18 个重点省份信息社会发展水平保持较快增长，信息社会指数均值为 0.4829，略高于全国。近 10 年来，“一带一路”沿线地区信息社会发展一直保持快速增长，信息社会指数均值较 2008 年有明显提升（见图 24）。

从分领域看，2017 年“一带一路”沿线 18 个重点省份在线政府指数为 0.6691，同比增速 17.29%，在四大领域中绝对值和增长速度均领先；数字生活指数为 0.5579，同比增速仅 1.29%，增速最慢；网络社会指数为 0.4406，同比增速 2.85%；信息经济指数为 0.3881，同比增速 4.65%。与全国相比，网络社会指数、在线政府指数和数字生活指数均高于全国，但信息经济指数与全国相比差距较大（见表 14）。

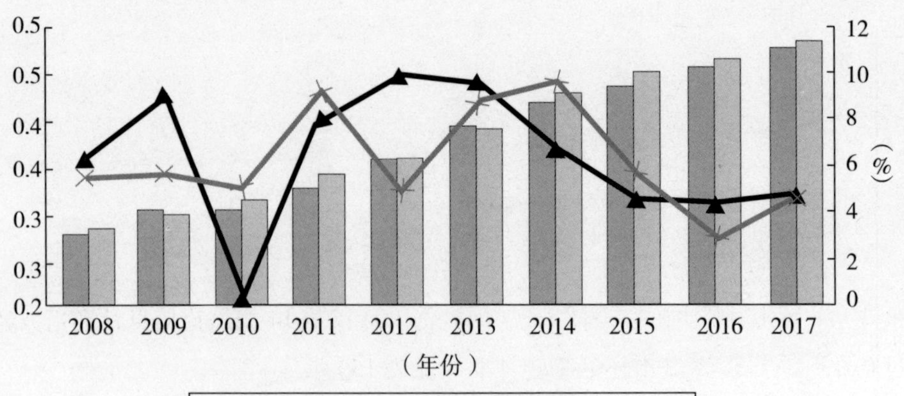

图 24 "一带一路"沿线省份信息社会发展水平（2008—2017 年）

表 14　　2017 年"一带一路"沿线重点地区 ISI 及排名情况

地　区	信息经济	网络社会	在线政府	数字生活	ISI	排名	排名变化
上　海	0. 7032	0. 6721	0. 8800	0. 8743	0. 7629	2	0
广　东	0. 4540	0. 5327	0. 8800	0. 8795	0. 6479	4	0
浙　江	0. 5004	0. 5460	0. 8570	0. 7863	0. 6355	5	0
福　建	0. 4059	0. 5156	0. 8470	0. 7015	0. 5716	7	0
辽　宁	0. 3894	0. 4937	0. 6570	0. 6015	0. 5111	8	0
内蒙古	0. 3668	0. 5270	0. 7420	0. 5130	0. 4962	10	0
海　南	0. 3594	0. 4525	0. 8350	0. 4961	0. 4759	11	1
重　庆	0. 3904	0. 4418	0. 6390	0. 5329	0. 4734	12	2
陕　西	0. 4008	0. 4049	0. 7120	0. 5181	0. 4683	14	－3
吉　林	0. 3521	0. 4283	0. 5436	0. 5329	0. 4484	16	－1
黑龙江	0. 3530	0. 4103	0. 6350	0. 4965	0. 4414	18	－2
广　西	0. 3195	0. 3776	0. 7720	0. 4481	0. 4207	23	2
青　海	0. 3272	0. 3774	0. 5481	0. 4849	0. 4117	24	－4
宁　夏	0. 3447	0. 3936	0. 3342	0. 5142	0. 4092	25	－2
新　疆	0. 3622	0. 3555	0. 4278	0. 4869	0. 4042	26	－2
云　南	0. 3173	0. 3605	0. 7020	0. 3959	0. 3923	29	－1
甘　肃	0. 3486	0. 3173	0. 6940	0. 4069	0. 3912	30	0
西　藏	0. 2916	0. 3236	0. 3375	0. 3719	0. 3299	31	0

2017 年，“一带一路”沿线 18 个重点省份中仅有上海、广东、浙江 3 个地区信息社会指数超过 0.6，其余 15 个省市均处于从工业社会向信息社会转型期。从排名情况看，海南、重庆和广西三个地区排名有所上升，分别提升 1 位、2 位和 2 位；上海、广东、浙江、福建、辽宁、甘肃等 8 个省份排名较 2016 年没有变化；青海、陕西、黑龙江等 7 个省份排名有不同程度下滑。

从 26 个节点城市看，2017 年信息社会指数均值为 0.6224，明显高于全国平均水平；其中深圳、广州、宁波 、上海、武汉等 14 个城市信息社会指数超过 0.6，其余 12 个城市还处于转型期（见表 15）。

表 15　　2017 年“一带一路”节点城市信息社会发展情况

城　市	信息经济	网络社会	在线政府	数字生活	ISI	排名	变化
深　圳	0.7790	0.8582	0.8971	1.0000	0.8809	1	0
广　州	0.6602	0.7746	0.8694	0.9914	0.8148	2	1
宁　波	0.6893	0.7437	0.8255	0.8850	0.7779	5	-1
上　海	0.7032	0.6721	0.8800	0.8743	0.7629	9	-1
武　汉	0.6026	0.6476	0.8095	0.9556	0.7427	11	1
青　岛	0.5721	0.6331	0.9292	0.9134	0.7303	13	4
厦　门	0.6347	0.6442	0.8403	0.8572	0.7249	14	0
长　沙	0.5331	0.6539	0.7974	0.8293	0.6856	19	2
天　津	0.6288	0.6549	0.6750	0.7424	0.6753	21	-1
舟　山	0.5015	0.6614	0.6781	0.8294	0.6655	22	-9
成　都	0.4847	0.5229	0.8111	0.8413	0.6358	29	5
大　连	0.5200	0.6629	0.7371	0.6724	0.6303	32	0
西　安	0.5271	0.4967	0.6773	0.8364	0.6258	34	-3
福　州	0.4299	0.5493	0.7867	0.7749	0.6046	38	-1
烟　台	0.4471	0.5791	0.6114	0.7053	0.5806	43	2
海　口	0.4485	0.5171	0.6283	0.7335	0.5726	46	0
南　昌	0.4551	0.5411	0.7865	0.6182	0.5630	48	11
合　肥	0.5041	0.5222	0.7445	0.5818	0.5569	50	7
郑　州	0.4685	0.5170	0.5908	0.6656	0.5544	51	-1
兰　州	0.3900	0.4755	0.5309	0.7791	0.5465	56	7
泉　州	0.4050	0.5364	0.6622	0.6524	0.5443	58	0
三　亚	0.4141	0.5479	0.4971	0.6626	0.5371	62	2

续 表

城 市	信息经济	网络社会	在线政府	数字生活	ISI	排名	变化
汕 头	0.3358	0.4253	0.6756	0.6672	0.4961	82	6
重 庆	0.3904	0.4418	0.6390	0.5329	0.4734	103	12
西 宁	0.3534	0.4390	0.3977	0.4829	0.4224	158	-16
湛 江	0.2987	0.3810	0.5460	0.4023	0.3792	220	17
均 值	0.5068	0.5807	0.7125	0.7495	0.6224	—	—
最大差距	0.6165	0.5560	0.5720	0.5977	0.5695	—	—
相对差距	0.4106	0.3439	0.4417	0.4632	0.3908	—	—

测评发现，“一带一路”沿线省份间信息社会发展水平存在较大差异。2017 年，18 个重点省份最大差距和相对差距分别为 0.5676 和 0.3169；26 个节点城市最大差距为 0.5695，相对差距为 0.3908。从趋势上看，省份间差距在不断缩小，较 10 年前均有明显收缩（见表 16）。

表 16　“一带一路”沿线重点省份 ISI 差距测算

年份	2008	2009	2010	2011	2012	2013	2014	2015	2016	2017
平均	0.2808	0.2968	0.3117	0.3403	0.3568	0.3880	0.4255	0.4496	0.4620	0.4829
最高省市	0.5697	0.6062	0.6049	0.6469	0.6654	0.6732	0.7112	0.7258	0.7428	0.7629
最低省市	0.1746	0.2005	0.2138	0.2330	0.2482	0.2739	0.2947	0.3127	0.3149	0.3299
最大差距	0.6935	0.6693	0.6465	0.6399	0.6270	0.5931	0.5856	0.5692	0.5761	0.5676
相对差距	0.3783	0.3246	0.3139	0.3155	0.3046	0.2941	0.3075	0.3046	0.3185	0.3169

五、推进信息社会建设，助力打赢脱贫攻坚战

当前，贫困问题依然是我国经济社会发展中最突出的“短板”，脱贫攻坚形势复杂严峻。根据国家公布的 14 个集中连片特困区名单，本次测评涵盖涉及其中 112 个城市，基本可以反映贫困地区信息社会发展的总体情况。

测评发现，“集中连片特困区”信息社会发展水平偏低，2017 年信息社会指数为 0.3606，低于全国平均水平。从发展速度看，2017 年增速为

5.23%，超过全国平均水平（见图25）。

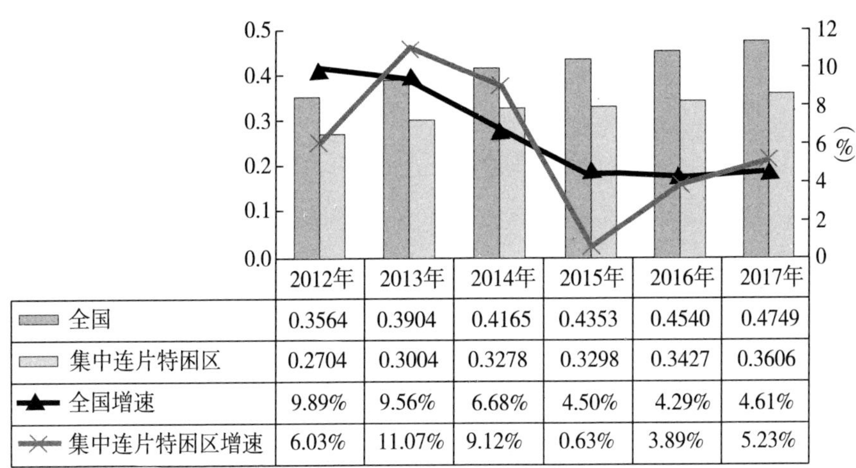

	2012年	2013年	2014年	2015年	2016年	2017年
全国	0.3564	0.3904	0.4165	0.4353	0.4540	0.4749
集中连片特困区	0.2704	0.3004	0.3278	0.3298	0.3427	0.3606
全国增速	9.89%	9.56%	6.68%	4.50%	4.29%	4.61%
集中连片特困区增速	6.03%	11.07%	9.12%	0.63%	3.89%	5.23%

图25　“集中连片特困区”覆盖城市信息社会发展总体水平（2012—2017年）

从分领域看，2012年以来“集中连片特困区”信息经济、网络社会与全国的相对差距在不断拉大。其中，信息经济的相对差距从0.2011扩大到0.2544，网络社会的相对差距从0.0200扩大到0.1896。进一步分析发现，主要原因在于经济发展水平、就业结构、能效水平、支付能力等指标的相对差距在扩大。2014年以来，“集中连片特困区”的数字生活发展水平与全国的差距在不断缩小，但相对差距仍然较大（见表17）。

表17　分领域看“特困区”覆盖城市信息社会发展水平①

指标	维度	2012年	2013年	2014年	2015年	2016年	2017年
信息经济	全国	0.3322	0.3470	0.3684	0.3803	0.3874	0.4112
	特困区	0.2654	0.2722	0.2858	0.2898	0.2958	0.3066
	相对差距	0.2011	0.2156	0.2242	0.2380	0.2364	0.2544
网络社会	全国	0.3353	0.3617	0.381	0.3852	0.4085	0.4250
	特困区	0.3286	0.3467	0.3619	0.3270	0.3337	0.3444
	相对差距	0.0200	0.0415	0.0501	0.1511	0.1831	0.1896

① 本表测算结果涵盖14个集中连片特困区涉及的112个城市。

续 表

指标	维度	2012 年	2013 年	2014 年	2015 年	2016 年	2017 年
在线政府	全国	0. 5030	0. 5359	0. 5405	0. 5450	0. 5495	0. 6071
	特困区	0. 1938	0. 2989	0. 4031	0. 4000	0. 4001	0. 4701
	相对差距	0. 6147	0. 4422	0. 2542	0. 2661	0. 2719	0. 2257
数字生活	全国	0. 3528	0. 4141	0. 4589	0. 5038	0. 5341	0. 5443
	特困区	0. 2429	0. 2827	0. 3105	0. 3493	0. 3794	0. 3945
	相对差距	0. 3115	0. 3173	0. 3234	0. 3067	0. 2896	0. 2752

进一步分析发现，14 个集中连片特困区的移动电话普及率、电脑普及率以及互联网普及率均低于全国平均水平。从全国范围来看，我国城乡互联网普及率差异依然较大。截至 2016 年 12 月，我国城镇地区互联网普及率为 69. 1%，农村地区互联网普及率为 33. 1%，城乡普及率差异较 2015 年的 34. 2% 扩大为 36. 0%（见图 26）。

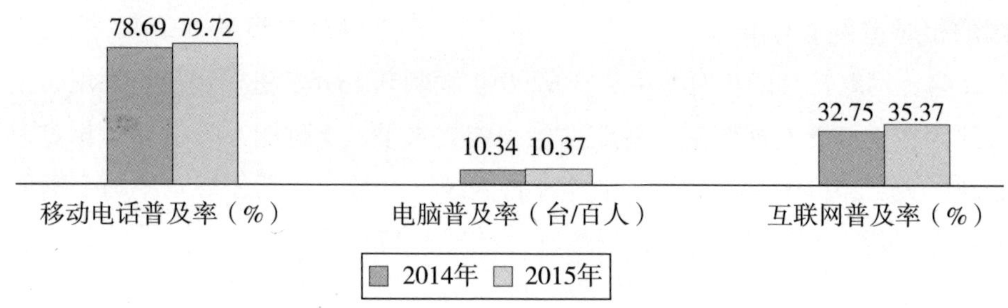

图 26　2014—2015 年“特困区”数字生活发展水平

当前，以互联网为代表的信息基础设施能够解决信息不对称的问题，边远山区、贫困地区的人们可以通过网络获取知识，借助电子商务平台实现农产品进城和工业品下乡，依靠众包、众筹、众创、众扶等分享经济模式实现创新创业。网络扶贫能够有效地帮助贫困地区群众“武装脑袋、丰富口袋”，增强贫困地区的内生动力。

2016 年 10 月发布的《网络扶贫行动计划》明确提出实施“网络覆盖工程、农村电商工程、网络扶智工程、信息服务工程、网络公益工程”五大工程。到 2020 年，实现宽带网络覆盖 90% 以上的贫困村，通过加大对贫困县的政策和资金倾斜，优先支持少数民族地区、边疆地区、革命老区和贫困地区的网络覆盖工程，带动农村及偏远地区经济社会发展和信息化水平提升，让互联网红利逐步惠及全民。

加快信息社会建设，推进老少边穷地区的信息基础设施建设，从根本上解决贫困、农村及偏远地区居民“没有网、上不起网、不会上网、不愿上网、不敢上网”等一系列问题，通过信息惠民、电商扶贫，实现互联网助力精准扶贫脱贫。